中村稔

私の日韓歴史認識

増補新版

青土社

私の日韓歴史認識　増補新版　目次

目次

第一章　陸奥宗光『蹇蹇録』

1

東学党の乱（一八九四年）、混成旅団八千名の朝鮮出兵、日清戦争、三浦公使らの閔妃殺害など……11

2

旅順虐殺事件、第二次農民戦争、講和会談、李鴻章狙撃、日清講和条約締結（一八九五年）、その結果、朝鮮に対する清国の支配力が排除されたことなど……39

第二章　マッケンジー『朝鮮の悲劇』

1

丸山薫の詩「朝鮮」と丸山の回想記、一九〇四年日露開戦、一九〇

五年ポーツマス講和条約、その第二条によりロシアが日本の朝鮮における利益を承認したこと、朝鮮の保護国化への過程など……………… 71

2
一九〇五年一二月統監府開府と伊藤博文の統監就任、統監府の治政方針とその実態、高宗帝の退位、純宗帝即位、韓国軍解散詔書、義兵の全国的蜂起、一九一〇年八月日韓併合条約など……………… 104

第三章　吉野作造『朝鮮論』

1
吉野作造の朝鮮総督府の失政批判、日本人と朝鮮人の待遇の不平等、言論の自由の抑圧、同化政策の極度に困難なこと、キリスト教宣教師、キリスト教徒対策の誤りなど……………… 141

2
三・一暴動（一九一九年）、死者七五〇九名に及ぶ弾圧による暴動の収束、水原虐殺、石橋湛山の論評、三・一暴動後の斎藤実総督の文化政策に対する吉野の批判、朝鮮神宮の創建など……………… 169

3
関東大震災における朝鮮人虐殺、吉野・石橋湛山の論評、吉村昭の記述、萩原朔太郎の詩、吉野が記している流言を盲信した日本人の心理、朝鮮農村の窮乏、その原因としての総督府の施策、朝鮮人労働者の流出、在日朝鮮人の境遇など …………………… 203

第四章 鈴木武雄『朝鮮の経済』
朝鮮における憲兵・警察官の人員の推移、一九三九年度職業別人口、七二・五％を占める農民、渡鮮日本人人口の推移、朝鮮農業と封建的土地所有制度、総督府による土地調査事業の内容と失敗、日本資本による高率小作料の維持、一九二〇年を境に朝鮮経済が日本内地の流通経済にくみこまれたこと、一九三六年から三九年にかけ農産物が五二％から四二％に低下、工業生産物が三二％から三九％に増加、急激な重化学工業の発展、高額小作料と地価の高騰、一九三八年度における朝鮮人児童の就学率三八・一％、低い日本語理解率など …………………… 233

第五章　パーマー『日本統治下朝鮮の戦時動員』
山本七平『洪思翊中将の処刑』と創氏改名、朝鮮の徴兵制と動員、朝鮮の特別志願兵制と応募、朝鮮人の労働動員、その強制的性格、渡日した人数、労働条件など……………………273

第六章　『日本軍「慰安婦」関係資料集成』上・下巻
一九九三年の河野洋平官房長官談話、植民地支配と従軍慰安婦問題、中国大陸の軍人の強姦事件、軍の慰安所設置、慰安婦の募集、引率、渡航、契約、朝鮮人慰安婦募集の状況、軍ないし日本国の法的責任、軍人倶楽部規定、従軍慰安婦の就業条件と状況、女子挺身隊の渡日、人数、就業条件、その強制的性格、日韓基本条約にもとづく日本政府の建前、植民地支配に対する日本人の良心など……………………315

第七章　徴用工事件・韓国大法院二〇一八年一〇月三〇日判決
徴用工事件に関し、韓国大法院判決の理由にふかい関心を持っていたところ、判決の翻訳等を収めた著書を入手、精読したこと、判決が認定した原告らの「強制連行」による来日の経緯、判決が認定し

た原告らの強制労働、判決が記述している請求権協定と会議議事録にしたがい、韓国政府が元徴用工に二五億ウォンをこす金額を支払ったこと、二〇〇三年に民官共同委員会が設けられ、二〇〇五年にそれまでの韓国政府の解釈と異なる公式見解を発表したこと、その見解の内容、この見解に対する疑問、この判決は第二次判決とみるべきもので第一時判決で控訴審判決を破棄して差し戻した判決に対する上告の結果の判決であること、第一次判決の理由とこれに対する疑問、日本の裁判所の判決に対する判断とこれに対する疑問、第二次大法院判決の論旨とこれに対する疑問、日韓両国政府間で紛争解決の見込みがないこと、両政府間で報復的措置を応酬していること、紛争解決のための私の考え、など……355

後記……389

増補新版のための後記……395

私の日韓歴史認識　増補新版

第一章　陸奥宗光『蹇蹇録』

I

韓国と日本との歴史認識の問題について考えてみたい。従軍慰安婦の問題がさしあたり関心となっているが、歴史認識問題ははるかに根がふかい。そのために日清戦争当時外務大臣であった陸奥宗光の回想記『蹇蹇録』をまず手がかりとしたい。『蹇蹇録』については『萩原延壽集』第三巻「陸奥宗光」下巻（朝日新聞社刊）にその評釈ともいうべき「陸奥宗光　日本人の記録」が収められているので、参照した。いうまでもなく日清戦争、日韓関係については夥しい著書が刊行されているので、私が目にした若干の著書からも多くを教えられている。これらからも適宜引用するつもりである。

『蹇蹇録』はその「第一章　東学党の乱」にはじまる。陸奥は「要するにこの名称を有する一種の乱民は、明治二十七年四、五月の交より朝鮮国全羅、忠清両道の各処より蜂起し、所在民舎を劫掠《ごうりゃく》し地方官を駆逐し、漸《ようや》くその先鋒本部を京畿道の方に進め、全羅道の首府たる全州府もまた一時はその手裡《しゅり》に落ち、勢いすこぶる猖獗《しょうけつ》なりしは事実なり」と記し、続いて次のとおり記している。（引用は岩波文庫・新訂版による。以下同じ。）

「東学党の勢い、日に月に強大となり朝鮮の官軍は到る所に敗走し、乱民終《つい》に全羅道の首府を陥れたりとの報、我が国に達するや、本邦の新聞紙は争いてこれを紙上に伝え、物議ために騒然、あるいは朝鮮政府の力、到底これを鎮圧する能わざるべければ、我は隣邦の誼《よしみ》を以て兵を派しこれを平定すべしと論じ、あるいは東学党は韓廷暴政の下に苦しむ人民を塗炭の中より救い出さんとする真実の改革党なれば、よろしくこれを助けて弊政改革の目的を達せしむべしといい、特に平素政府に反対せる政党者流はこの機に乗じて当局者を困蹙《こんしゅく》せしむるを以て臨機の政略と考えたるにや、頻《しき》りに輿論《よろん》を煽動して戦争的気勢を張らんことを勉めたるものの如し。当時朝鮮駐箚《ちゅうさつ》公使大鳥圭介《おおとりけいすけ》は賜暇《しか》帰朝中にて任所にあらざれども、臨時代理公使杉村濬《すぎむらふかし》は朝鮮に在勤すること前後数年、すこぶるその国情に通暁するを以て政府は勿論《もちろん》その報告に信拠し居たり。而して杉村が五月頃の諸報告に拠れば、東学党の乱は近来朝鮮に稀《まれ》なる事件なれども、この乱民は現在の政府を顚覆《てんぷく》するほどの勢力を有するものと認むる能わず、またその乱民の進行する方向に因り、あるいは我が公使館、領事館および居留人民を保護するため、我が国より多少の軍隊を派遣すべき必要を生じ来ることあるべきやも測りがたけれども、目下の処にては京城は勿論、釜山、仁川といえどもそれほどの懸念なしといえるが故に、我が政府はこの時において出兵の問題を議するはやや太早《たいそう》たるを免れずとなせり。しかれども常に乱雑なる朝鮮の内治、ややもすれば軌道外に奔馳《ほんち》する清国の外交に対しては、予《あらかじ》めこれが計をなさざるべからずと信じ、余は杉村に内訓し、東学党の挙動を十分に注目すると同時に、韓廷のこれに対する処分如何《いかん》および韓廷と清国使臣との関係如何を怠らず視察すべきことを以てせり。」

萩原延壽によれば、この背景は次のとおりであった。

「明治二十七年（一八九四）五月二十八日、陸奥は朝鮮の京城に駐在する代理公使杉村濬《ふかし》から一通の報告を受けとった。

杉村によれば、もし「東学党」の叛乱がこのまま継続し、今後もその勢力を低下させないような場合には、朝鮮政府は清国に援軍の派遣をもとめるかもしれない。そうなれば、朝鮮の政情に重大な変化がおきることは十分に予想できる。そこで、日本としても、このような事態にそなえるために、朝鮮に軍隊を派遣する可能性について、あらかじめ協議しておいた方がよいのではないか。

ここのところを、杉村のことばによって語らせてみると、つぎのようになる。

「支那兵ガ万一入韓（公然通知ノ手続ヲ践《ふ》ミ）スルニ至ラバ、朝鮮将来ノ形勢ニ向テ或《あるい》ハ変化ヲ来《きた》スモ計リ難キニ付《つき》、我ニ於テモ、差当リ我官民保護ノ為《た》メ、又《また》日清両国ノ権衡ヲ保ツガ為メ、民乱鎮定、清兵引揚迄、公使館護衛ノ名義ニ依リ、旧約ニ照シ出兵相成ル可キヤ、又ハ清兵入韓候トモ、我政府ハ別ニ派兵ノ御沙汰ニ及バレザルヤ。右ハ大早計ニ似タルト雖《いえど》モ、予《かね》テ御詮議相

成候様致度候。」（『日本外交文書』第二十七巻・第二冊、四九七）

ここで杉村が述べている「東学党」の叛乱というのは、朝鮮政府の圧制に抗してたち上った一連の農民による武装蜂起のことで、この年の二月以来、朝鮮半島の南部にある全羅道を中心に猛威をふるっていたのである。」

私は東学党の叛乱は腐敗堕落していた韓国政府の圧制に対し蜂起したものと理解していたが、岩波新書の「シリーズ日本近現代史③」として刊行されている原田敬一『日清・日露戦争』に次の記述があることに気づいた。

「一八九四年一月全羅道古阜《コブ》で、全琫準《チョンボンジュン》の指導のもと武装蜂起が始まる。数百の民衆が郡衙《ぐんが》を襲い、武器を入手し、官倉の米穀を分け与えたところ、たちまち一万人の蜂起軍が形成された。三月二〇日に「輔国《ほこく》安民をもって死生の誓いとする」布告文を発して、民衆の参加を呼びかけ、「八路〔全国〕同心」しての農民戦争の様相を見せ始めた。彼らは、①人を殺さず、物を害さず、②忠孝ともに全《まっと》うし、世を済《すく》い民を安んず、③倭夷《わい》（日本軍）を駆滅して聖道を澄清《ちょうせい》す、④京に入り、権貴《けんき》（閔《ミン》氏政権）を尽滅す、という四カ条の行動綱領を決めた。」

『蹇蹇録』によれば、「東学党は韓廷暴政の下に苦しむ人民を塗炭の中より救い出さんとする真実の改革党なれば、よろしくこれを助けて弊政改革の目的を達せしむべし」といった議論がわが国の新聞紙上の論説中に見られたとのことだが、右の記述によれば、とはいえ、この行動綱領は私が目にした他の書物には紹介されていないのだが、閔氏政権を尽滅する目的以前に、倭夷駆滅が東学党の目的であったというのだから、わが国新聞人の状況の無智は嗤うべきものであった。

ただ、「倭夷（日本軍）」とあるのはどうか。この時点で韓国に日本軍はほとんど派遣されていないのだから、これは日本人を意味すると解すべきではないか。そういう意味では、直接的に日本人排斥の原因となったのは、一八八九（明治二二）年の防穀令事件であり、遡れば、日本が列強に強制された、治外法権等を定めた不平等条約を、そのまま韓国に強制したにひとしい一八七六（明治九）年締結の日朝修好通商条規に原因があるのではないか（注）。防穀令事件については、山辺健太郎『日韓併合小史』（岩波新書）に次の記述がある。

「これは一八八九年（明治二十二年）に咸鏡、黄海両道で、大豆が不作だったので、地方官が大豆の日本への輸出を禁止した事件である。この禁止は一八八三年（明治十六年）五月二十五日竹添弁理公使と朝鮮代表閔永穆《びんえいぼく》とのあいだで調印した日韓通商章程第三十七款では、米糧の輸出を禁止する場合は、朝鮮の地方長官が一ヵ月前に予告すればよい事になっている。

したがって、条約からいっても朝鮮側の処置は違法ではない。この禁止予告は一ヵ月前にやっている。ところがこの禁令を元山の日本領事に通達する日時について朝鮮の地方官にも手落ちがあってその予告期間が一ヵ月にたりなかった。

そのために大豆の買付をした日本商人は集荷ができずに損害をうけたというのである。この損害約十四万七千円余を日本の代理公使近藤真鋤から朝鮮政府に要求した。この賠償の解決した年が日清戦争の前年、すなわち一八九三年だから、交渉期間のながかったこともこの事件の特長であろう。

それにこの事件は日本の国会でも問題になって、対外硬派の政府攻撃材料となった。また事件解決までに日本の公使は三人もかわったが最後の公使大石正巳は、日本国内の対外強硬論におされて、もともと外交問題の素人であったのが、みずから公使をかってでたのである。したがって、大石公使の交渉は外交官としての習慣や儀礼を無視したもので、当時ソウルにいた列国の外交団からは馬鹿にされるくらい無茶な強硬方針をもって朝鮮との交渉にのぞんでいる。

たとえば、この局地的な元山の商人がうけた十四万円余りの損害賠償の要求で最後通牒を朝鮮政府にだしたりした。そのため交渉は危機にひんして、日本の国内から伊藤博文が清国の李鴻章と妥協して、やっと十一万円の賠償金をとって解決したのである。しかもその妥協の条件というのが、事件解決後に大石公使を召還することになったのだから、結局この交渉は日本外交の信用をおとしただけだった、というべきであろう。」

私が問題意識をもつのは防穀令事件の外交交渉の拙劣さや、期日不足を理由に損害賠償を要求する日本商人の貧欲に対してではない。防穀令というような取極をしなければならないほどに、韓国から日本へ米穀類が輸出されていたという事実である。同書はまた、東学党の叛乱にふれ、

「東学のひろまった地方は、忠清・全羅・慶尚の三道で、これを三南といい朝鮮の主要米穀生産地であった。前述のように日本との貿易がさかんになるにつれ、おもにこの地方の米穀が輸出され、そのため穀価が二倍、三倍になることもあったという。このために困るのは都市住民だけではない。農民の大部分は困窮していたので、穀類はたいてい収穫前に不当な安値で仲買人に売っていたので、その困難はいっそうひどかった」とも記している。

日本人は一八九〇年代にすでに朝鮮半島において「倭夷駆滅」が叛乱のスローガンとなるほどに、怨恨・憎悪の標的となっていた。この怨恨・憎悪が年を追うごとにふかまっていくのが日本と朝鮮・韓国の間の歴史であった。

＊

『蹇蹇録』の続きを読む。

「この時に方《あた》りて我が邦《くに》は正に議会開会中にして、衆議院は例に依り政府に反対するもの多数を占め種々の紛争を生じたれども、政府はなるべく寛容して衝突を避けんことを試みたりしに、六月一日に至り衆議院は内閣の行為を非難するの上奏案を議決するに至りたれば、政府はやむをえず最後の手段を執り議会解散の詔勅を発せられんことを奏請するの場合に至り、翌二日、内閣総理大臣の官邸において内閣会議を開くこととなりたるに、会ゝ《たまたま》杉村より電信ありて朝鮮政府は

援兵を清国に乞いしことを報じ来れり。」（第一章）

萩原延壽の著書を引用して、背景を説明する。

「第二次伊藤内閣は、前年の十二月に第五議会を解散し、この年の三月に第三回の総選挙を実施していたが、五月に発足したあたらしい第六議会においても、はげしい議会側の抵抗に直面しなければならなかった。

政府攻撃の中心にいたのは、自由党をのぞくいわゆる対外硬派と呼ばれる勢力であったが、第五議会を解散した政府の措置にたいしては、自由党もこの勢力と合流するにいたり、この措置を非難する決議は、賛成二五二、反対一七という圧倒的な多数で、すでに衆議院を通過していた。

これに追打ちをかけたのは、五月三十一日の衆議院で、自由党のつよい反対を押し切り、賛成一五三、反対一三九で可決された政府弾劾の上奏案である。この上奏案は、行政整理と経費の節減を要求し、あわせて、外交上の失態、つまり、条約改正交渉の行きづまりをはげしいことばで非難していたのである。」

日米間の条約改正交渉は、一八八〇—八七（明治一三—二〇）年の井上馨外務卿・外相時代の第二期交渉が寺島宗則外務卿時代の第一期交渉に続き、陸奥宗光外相による一八八七—九四（明治二〇—二七）年の第三期にひきつがれ、日清戦争中に行われ、締結に至った。締結直前の旅順虐殺事件により締結が危ぶまれたことは後にふれるとおりである。

『蹇蹇録』からの引用を続ける（第一章）。

「これ実に容易ならざる事件にして、もしこれを黙視するときは既に偏傾なる日清両国の朝鮮における権力の干繫《かんけい》をしてなお一層甚だしからしめ、我が邦は後来朝鮮に対しただ清国のなすがままに任するの外なく、日韓条約の精神もためにあるいは蹂躙《じゅうりん》せらるるの虞《おそれ》なきに非ざれば、余は同日の会議に赴《おもむ》くや、開会の初めにおいて先ず閣僚に示すに杉村の電信を以てし、なお余が意見として、もし清国にして何らの名義を問わず朝鮮に軍隊を派出するの事実あるときは、我が国においてもまた相当の軍隊を同国に派遣し、以て不虞《ふぐ》の変に備え、日清両国が朝鮮に対する権力の平均を維持せざるべからずと述べたり。閣僚皆この議に賛同したるを以て、伊藤内閣総理大臣は直ちに人を派して参謀総長熾《たる》仁《ひと》親王殿下および参謀本部次長川上陸軍中将の臨席を求め、その来会するや乃ち今後朝鮮へ軍隊を派出するの内議を協《かな》え、内閣総理大臣は本件および議会解散の閣議を携え直ちに参内して、式に依り　聖裁を請い、制可の上これを執行せり。」

右の文章で注目しなければならないのは、「日清両国が朝鮮に対する権力の平均を維持せざるべからず」という発言であり、閣僚一同がこの意見に賛成した事実である。元来、中国皇帝に周辺国の国王が朝貢し、中国皇帝が周辺国の国王に官位・爵位を与えて冊封し、君臣関係を結び、中国が宗主国、周辺国が属国という支配・従属関係によって、中国を頂点とする秩序が成立していた。しかし、一九世紀に入って、欧米諸国の進出と清朝の衰退により、中国を宗主国とする国は韓国以外には存在しないような状態になっていた。しかも、韓国は「自主の邦」と考えていた。そういう意味で、近代的な国家という意識をもつに至っていなかった。大谷正『日清戦争』（中公新書）によれば、一八七六（明治九）年に締結された日朝修好条規第一款は「朝鮮国ハ自主ノ邦ニシテ日本国ト平等ノ権ヲ保有セリ」と規定していたので、「これを根拠として日本側は、朝鮮政府は西欧基準の独立国として開国し、日本と外交関係を結んだと理解し、そのうえで不平等条約を朝鮮に押しつけた」ということであり、また、「朝鮮の欧米諸国との最初の条約締結交渉は、アメリカとの間で行われた。このとき朝鮮とアメリカが直接交渉するのではなく、まず一八八二年三月から四月にかけて、中国の天津でアメリカ海軍提督ロバート・ウィルソン・シューフェルトと、朝鮮の宗主国である清の北洋大臣李鴻章の間で交渉が行われた。交渉に入ると李鴻章は、条約に「朝鮮は久しく中国の属邦であるが、内政外交はこれまで自主を得てきた」という条項を入れることを主張した。これについて、朝鮮から派遣されてきた吏曹《りそう》（官吏の人事を司る機関）参議金允植《キムユンシク》も賛成した。しかし、シューフェルトはこのような条項は西欧的外交の概念とは相容れないという意向を示したので、朝鮮が清の「属邦」であるという文言は条約案に明記されなかった。その代わりに、五月に朝鮮の仁川《インチョン》で、李鴻章の部下でフランスに留学して国際法に詳しかった馬建忠《ばけんちゅう》が仲介して、朝鮮側とシューフェルトの間で朝米修好通商条約が調印される際に次のような措置がとられた。すなわち、条約とは別に、朝鮮国王は馬建忠が起草した「朝鮮は清朝の属邦であるが、内治外交は朝鮮の自主である」という内容の親書をアメリカ大統領に送り、朝鮮は自主の国であると同時に、清の属国でもあることを確認したのである。」この後、イギリス、ドイツにも同様の文書が送られたという。「内治外交」の「外交」の権限が朝鮮にあるなら、なぜ清国がかわって交渉するのか、不可解だし、また、条約と別に送った文書がいかなる効力をもつのかも不可解だが、ともかく、清国は韓国を属国と、韓国は清国を宗主国と認めていたわけである。

そこで『蹇蹇録』の文章に戻ると、韓国において、日本は清国と「権力の平均を維持せざるべからず」とは、日本が清国と平衡ないし平等の関係になければならない、という意であり、清韓両国政府の意識とは大いに違っていたはずである。

*

ところで日清両国間には一八八五（明治一八）年に天津条約が締結されていた。天津条約の要旨は、韓国からの日清両軍の撤退、軍事教官派遣の停止、出兵時の相互事前通知を定めたものであり、相互事前通知を「行文知照」と称している。『蹇蹇録』では、天津条約において「互いに行文知照すべしと定めたるは、とにかく両国が朝鮮に対する均等の権力を示したる唯一の明文にして、これを除きては朝鮮に対する権力平均に就き日清両国の間に何らの保障だも存することなし」と記されている（第二章）。

萩原延壽の著書によれば、出兵の準備は急速にすすめられ、六月五日、大鳥公使が海兵隊約三〇〇名、警官二〇名をしたがえ、軍艦八重山に搭乗して仁川に向かい、同日、大本営が設置され、朝鮮に派遣される混成旅団の編成が命じられた。六月七日、日本駐劄清国公使汪鳳藻《おうほうそう》によって出兵の通告が正式になされ、清国が援軍の派遣をもとめる朝鮮政府の要請を受諾したことが確認され、日本側では六月九日に先発一大隊が宇品を出発して仁川にむかい、大島少将のひきいる混成旅団の本隊が一六日に仁川に上陸、日本軍の総数は約四〇〇〇名であったという。ところが、萩原はこれに続けて、『侍従長徳大寺実則日誌』に「六日　広島第五師団ノ内、混成旅団トシテ出張ス、凡《およそ》三千人余」とあるのに「二十三日　我邦《くに》ヨリ八千余出師、混成一旅団隊大島少将之《これ》ヲ率ヒ、仁川ニ滞在ノ処《ところ》、京城ニ赴（ク）ト云《い》（フ）」とある記事の三〇〇〇人と八〇〇〇人の人員の相違を指摘、他資料も調査し、「三千名は混成旅団を、八千名は混成旅団をふくむ第五師団の全員をあらわすものではないか」と書き、「六月十二日の大本営の決定、結局第五師団の全員を動員することになる決定は、かなり長いあいだ伏せられていたのであろうか。そうだとすれば、それが首相伊藤博文や陸奥にもつたわらず、しばらくふたりが混成旅団の派遣とばかり思いこまされていたことも、十分考えられることである」と記している。

萩原は、この兵力は参謀次長川上操六の謀略によると伝えられていると言い、川上は「清国との武力衝突をおそれ、大軍の派遣をのぞまない首相伊藤博文の反対を回避するため、約二千名乃《ない》至《し》三千名という平時編成にしたがうように装いながら、じつは戦時編成にもとづく約八千名の大部隊を用意させた」のだという。萩原はまた、次のとおり書いている。

「他方、直隷《ちょくれい》総督葉志超のひきいる約二千五百名の清国軍が、京城の南方約八十キロの牙山に集結をおえたのは、十二日である。つまり、日本軍の主力部隊の到着は、清国軍におくれることわずかに四日にすぎず、すでにその兵力は後者を上回っていたわけである。」

つまり、平時編成の兵力であれば、日清両国の兵力はほぼ拮抗したわけだが、川上操六の謀略により、日本は東学党の叛乱を機として、戦時体制に入ったかのようにみえる。いわば朝鮮半島を日本の支配・勢力下におくことが、川上操六参謀次長の目的であった。陸奥宗光が謀略に加担していたかどうかは分らないと萩原は書いているが、萩原ももちろん目にしている、当時の外務次官林董の『後は昔の記』（東洋文庫、平凡社刊）には次の記述がある。

「当時賜暇帰朝中の駐劄京城公使大鳥圭介氏をして、海軍陸戦隊五百許《ばかり》と共に帰任せしむ。総理大臣は、親しく公使に戒飭《かいちょく》して、清国駐在官袁世凱と協議して、成丈け平和に事を纏むることを令す。外務大臣も亦た、同様の意を以て書面の訓令を附与し、且つ口頭を以て訓令して曰く、「成丈平穏終局を望むと雖も、我国は前二回に毀損したる面目を回復せざるべからず。韓国に於ては、優勢を取らざるべからず。之れ最も等閑に附すべからざる大主眼なるを以て、或は干戈に訴うるの已むを得ざるに至るとも、予は辞せざる決心なり。故に、閣下の措置にして、縦《よ》し此方向に進んで平和の破るることあるとも、其は予が十分に責任を負うが故に、閣下は寧ろ過激と思うも顧慮する処なく、断然たる措置を執らるべし」と云う。」

これからみると、陸奥はかなりに戦争に積極的であったようにみえる。『蹇蹇録』はこの大鳥公使に対する口頭の訓令についてはふれていない。かえって清国から「日本政府派兵の理由は、公使館、領事館および商民を保護すというにあれば、必ずしも多数の軍隊を派出するを要せざるべく、かつ朝鮮政府の請求に出でたるに非ざれば、断じて日本軍隊を朝鮮内地に入り込ましめ人民を驚駭《きょうがい》せしむべからず、また万一清国軍隊と相遇《あ》うときに当り、言語不通等のためにあるいは事を生ぜんことを恐る」との苦情をうけたのに対し、「今回我が政府が朝鮮に軍隊を派出するは済物浦《さいもっぽ》条約上の権利にこれ依り、またこれを派出するについては天津条約に照準して行文知照したるの外、我が政府は自己の行わんと欲する所を行うにあるを以て、その軍隊の多少および進退動止については毫《ごう》も清国政府の掣肘《せいちゅう》を受くべきいわれなし」などと強硬な回答をしたのであった（第二章）。

＊

ところが、大鳥公使が京城に帰任したとき、「朝鮮の官軍は近日ややその勇気を回復したる模様あり。ために東学党は大いにその勢いを挫折し、殆どその進行を止め、京城、仁川等の如きは固《もと》より平穏なりしが、清韓両政府は共にその予想に反し大鳥公使が大兵を率いて帰任したるを見てすこぶる驚愕《きょうがく》し、種々の口実を設けて大鳥公使の帯兵入京を拒まんとせり」という展開となった（第三章）。大谷正『日清戦争』によれば、「農民軍は二七ヵ条の弊政改革請願を国王に上達することを条件に、六月一一日に和約に応じ、全州から撤退した」とある。そこで『蹇蹇録』の記述に戻れば、「大鳥公使は帰任の後（中略）京城に入るや既にその本国出発の時に予想せし所と違い、朝鮮国は意外に平穏にして清国派出の軍隊も牙山に滞陣するまでにて、いまだ内地に進行するに至らず。而して第三者たる外国人の情状は既に以上述ぶる如くなるを知りたるに依り、同公使は頻りに我が政府に電報し、当分の内余り多数の軍隊を朝鮮に派出し朝鮮政府および人民に対し特に第三者たる外国人に向かい、謂《いわ》れなきの疑団を抱かしむるは、外交上得策に非ざる旨を勧告したり」という（第三章）。ここにいう外国人の情況とは、「彼らは我が政府出兵の名義およびその真意の如何を問わず、日本政府は平地に波瀾《はらん》を起し時宜に依り朝鮮を侵略せんとするの意ありと妄想したり」と記されているとおりの朝鮮駐在の欧米外交官、領事官等の推測を意味する。大鳥公使の勧告をうけた陸奥は「しかれども飜って我が国の内情を視《み》れば、最早騎虎の勢い既に成り、中途にして既定の兵数を変更する能わざるのみならず、従来清国政府の外交を察すれば（中略）何時《いつ》如何なる不慮の変化を発生するやも計りがたく」などと記し、種々述べた上で、「さればとてここに急迫の原由もなく、または単に外観上なりとも至当の口実もなきに互いに交戦するに至るべき由もなければ、この内外の情形に対してその措置を尽さんとせば、到底何とか一種の外交政略を施し事局を一転するの道を講ずるの外、策なきの場合となりぬ。」（第二章）

陸奥外交はまさに窮地に陥っていた。陸奥は総理大臣伊藤博文と協議、「朝鮮内乱は日清両国の軍隊共同勠力《りくりょく》して速やかにこれを鎮圧すべし、乱民平定の上は同国の内政を改革するため日清両国より常設委員若干名を朝鮮に派出し、大略同国の財政を調査し、中央政府および地方官吏を沙汰《さた》し、必要なる警備兵を設置して国内の安寧を保持せしむべし、同国の財政を整頓し出来得るだけの公債を募集して国家の公益を起すべき目的に使用せしむべし、等の数項を以てし、これを我が政府の提案として清国政府に商議すべきや如何と閣僚に内示したり。閣僚いずれもこれに賛同せり」とある（第四章）。いわば日清両国政府による韓国政府の共同統治の如き案だが、韓国を属国とみる宗主国としての清国政府がこうした提案に同意しないことは目に見えており、いま私がこの文章の関心の対象としている歴史認識の問題としては、陸奥の提案には、韓国政府の意向がまったく無視されているということに注意したい。韓国政府もその国民も日清両国の合意したところに従うことが前提となっている。ところでこの提案を清国政府は拒否するものと陸奥は予想していた。そこで『蹇蹇録』の記述によれば、「清国政府との商議の成否にかかわらずその結果如何《いかん》を見るまでは、目下韓国に派遣しある我が軍隊は決して撤回すべからず、またもし清国政府において我が提案に賛同せざるときは、帝国政府は独力を以て朝鮮政府をして前述の改革をなさしむるの任に当るべし」という項目を追加し、閣議の決定、総理大臣から上奏、裁可を得た。当然のことながら、清国政府はこの提案を拒否し、三項目の理由をあげたと『蹇蹇録』は記している。

「第一に朝鮮の内乱は既に平定せり、今や清国の軍隊が朝鮮政府に代りこれを剿伐《そうばつ》するに及ばざるに至れり、この際日清両国が相互に協力してこれを鎮圧するの必要を見ずといい、第二に日本政府が朝鮮国に対する善後の策はその意美なりといえども、朝鮮の改革は朝鮮をして自《みずか》らこれを行わしむべし、中国すらなおその内政に干預せず、日本国は素《もと》より朝鮮の自主の国たるを認めおれり、尤《もっと》もその内政に干預すべきの権利なかるべしといい、第三に事変平定すれば各〻軍隊を撤回すべしとは天津条約の規定する所なり、この際無論互いに撤兵すべきことは更に議論を容れずといい、以て我が提案を拒絶したり。」(第四章)

清国政府の回答はまことに理路整然、ことに第二の日本こそ朝鮮は自主の国と認めていたではないか、といわれては、反論の余地もないようにみえる。『蹇蹇録』は、「翌二十二日余は彼が列挙したる条項に対し一々論駁《ろんばく》を加えたる公文を汪公使に送れり」として(第四章)、その趣意を記しているが、それに先立ち、「日本は朝鮮の自主国たるを認むるが故に尤もその内政に干預するの権なしといい、痛く我が国の権利を抑えんとしたるは、清国政府特に李鴻章がその平素倨傲《きょごう》の常套《じょうとう》を脱する能わず、このとき日本政府が已に最後の決心を確定し居ることを覚知せずして、なお当初の妄想迷夢に耽《ふけ》り、這般《しゃはん》の大事を壮語虚声の間に了し得べしと速断したるの愚を見るべし」と記していることに注目せざるをえない。「日本政府が已に最後の決心を確定し居る」とは、日清開戦の決定をしていたとしか解せられない。そうとすれば、約八〇〇〇名の混成旅団を派遣したのは参謀次長川上操六の策謀だったとしても、これは川上の独断ではなかったのかもしれない。あるいは、混成旅団が仁川に到着したときに東学党の叛乱が終結していることを知り、「騎虎の勢い」で対清戦争の開始を内閣が決定したのかもしれないが、そうした記述は『蹇蹇録』にはみられない。約八〇〇〇名の混成旅団の派遣を決めたのは川上の謀略というより、むしろ内閣の意志だったのではないか。そこで、陸奥は清国に対する回答の末尾に「本大臣がかくの如く胸襟《きょうきん》を披《ひら》き誠衷を吐くに及び、仮令《たとい》貴国政府の所見に違うことあるも、帝国政府は断じて現在の朝鮮国に駐在する軍隊の撤去を命令すること能わず」と加えた。「これ我が政府が最早清国政府と歩武を同じくする能わず、向来彼は如何なる方向を取るも我は単独に我が自信する針路を直進し、日清両国相互に提携することは最早我より望むことをなさざるべしとの決意を示したる宣言にして、これを清国政府に対する日本政府の第一次絶交書というを得べし」とこの章を陸奥は結んでいる（第四章）。

その後、ロシアからの干渉があり、英国による仲裁が行なわれた。ロシアからの干渉は措き、北京駐劄英国公使オコンナルは在日英国臨時代理公使パゼットに陸奥と会談させ、陸奥から「倘《も》し清国政府にして朝鮮の内政改革のため日清両国より共同委員を派出することを承諾し、かつその主義に基づき彼の国より先ず提議をなすにおいては、我が政府は再びこれと商議を開くを拒まざるべし」との回答をえた旨報告をうけていた（第七章）。他方オコンナルは北京の小村臨時代理公使と協議し、清国政府総理衙門に周旋の労をとり、小村が総理衙門に赴いたところ、清国政府は「彼らが言わんと欲する所を聞かんとし」たが、「彼らは何らの新案を提起せざるのみならず、単に清国政府は日本がその軍隊を朝鮮より撤去するの後に非ざれば何らの提議をなす能わずというに止まり、一も要領を得ず。小村はこの意外なる言語を聞きたれども彼らと弁論するの無益なるを察し」、帰途オコンナルと面会、「同公使も喫驚一番しこの上は最早他日の機会を俟《ま》つの外なしといえり、との旨を具《つぶさ》に余に電稟《でんぴん》したり」と陸奥は記した上で、次のとおり続けている（第七章）。

「余は当初より清国の誠意を疑いたれども、何の理由もなく英国公使の仲裁を峻拒するの妥当ならざるがため、姑《しばら》くその成行き如何を冷視し居たることなれば、この仲裁の失敗はむしろ我が国将来の行動上漸く自由を得たるを喜び、かつ近日朝鮮における事局は日清両国が商議のために徒《いたずら》に日月を遷延する能わざるほどに切迫し居たれば、この機に乗じ一旦清国との関係を断つの得策なるを信じ、内閣同僚と協議の上、直ちに小村に電訓して清国政府に」次のとおり宣言せしめた、という。これは清国政府に誠意がないかあるか、ということではなく、外交の拙劣さ、見通しの愚かさによるであろう。この機に乗じるにしかず、というのが陸奥の判断であり、日本政府の判断であった。

「朝鮮の内訌《ないこう》変乱しばしば起るは、畢竟《ひっきょう》その内政の治まらざるに職由す。故に帝国政府は、該国における利害の関係の密接なる日清両国がその内政の改革に助力を与うるの必要あるを信じ、かつて清国政府に提議する所ありしも、清国政府は截然《せつぜん》これを擯斥《ひんせき》し、近日また貴国に駐在する英国公使は日清両国に対する友誼を重んじ好意を以て居中周旋の労を取り、日清両国の紛議を調停せんと努めたるも、清国政府は依然なお我が国の軍隊を朝鮮より撤去すべしと主張するの外、何らの商議もなさざるは、則ち清国政府が徒に事を好むものに非ずして何ぞや。事局既にここに至る。将来不測の変生ずるあるも、日本政府はその責に任ぜざるべし」（第七章）

陸奥はこれを第二次絶交書とよび、「余が大鳥公使に向かい、英国の仲裁は失敗したり、今は断然たる処置を施すの必要あり云々、との電訓を発したるは正にこれこの日の事なり」と『蹇蹇録』に記している（第七章）。

こうして、日清両国は戦争状態に入るのだが、その餌食が韓国とその人民に他ならなかった。なお、「当時のロシアには、この勧告からさらに一歩をすすめ、日本軍の撤兵を強要するところまで朝鮮問題に介入する意志も、準備も、まだできていなかった。そこで、撤兵の勧告が日本政府によって拒絶されてしまうと、もはやロシアにとって打つべき手はなくなってしまった」と萩原延壽は書いている。

＊

日清戦争の経緯を辿るのが本稿の目的ではない。主として陸奥宗光の『蹇蹇録』にもとづき、日韓両国の歴史認識の問題に関連する事実を確認しようと私は試みている。

日清戦争はいわゆる豊山沖海戦ではじまったが、本稿がまず問題として採り上げるのは七月二三日の王宮襲撃事件である。『蹇蹇録』から引用する。

「余はこの危急の際、徒に弁論討議に日子を空費するの無益なるを感じ、内閣同僚の意見に従い、七月十九日を以て、大鳥公使に向かい更に一の電訓を発したり。その要概は、「貴官は自ら相当と認むる手段を執らるべし。しかしながら兼て電訓し置きたる通り、他の外国との紛擾を生ぜざるよう十分注意すべし。我が軍隊を以て王宮および漢城を囲むは得策に非ずと思考するが故に、これを決行せざることを望む」との意を以てせり。しかれども韓地の形勢は最早この訓令に従いその方針を変改する能わざる時機に達し居たり。あたかも余が電訓を発したると同日（即ち七月十九日）を以て、大鳥公使は既に朝鮮政府に対し、「保護属邦」の名を以て清軍が永く朝鮮国内に駐在するは朝鮮の独立を侵害するものなれば、速やかにこれを国外に駆逐すべしと要求し、かつ七月二十二日を期しこれに確答すべしと迫りたる次第を余に電稟し、その末文中に、もし朝鮮政府が該期限に至りなお満足なる回答をなさざれば、本使は大いに同政府に迫りこの機会に乗じて大改革を行わしむるつもりなりと附言したり。尋で七月二十三日午前の来電には、朝鮮政府は竟に我が要求に対し甚だ不満足なる回答をなしたり、よってやむをえず断然王宮を囲むの強手処分を施したりといい、また同日午後の来電には、日韓両兵の争闘は凡そ十五分間にして終了し、今は総て静謐《せいひつ》に帰したり、本使は直ちに王宮に趨《おもむ》きたるとき大院君自ら本使を迎え、国王より総て国政および改革の事業を挙げて専任せられたる旨を述べ、爾後万事本使と協議すべしと約したり、という如き電報は続々来り、余が十九日に発したる電訓は果して十日の菊となれり。而してその後、数日ならず大鳥公使および大島旅団長より各〻その筋に向かい牙山、成歓の戦捷を電報し来りたるに由り、今は大鳥公使が使用したる高手的外交手段もその実効を奏し、牙山戦捷の結果は京城近傍には最早一個の清兵を見ず、朝鮮政府は全然我が帝国手中の物となりたりとの快報一時に我が国内に伝播し、また彼の欧米各国政府も、日清の交戦実存の今日となりては容《よう》喙《かい》干渉すべき余地なく、暫く傍観の地位に立ちたれば、さきに強迫手段を以て韓廷を改革するの可否を説き、我が軍より先ず清軍を進撃するの得失を陳じたる諸般の議論も、全国一般都《と》鄙《ひ》到る処に旭旗を掲げ帝国の戦勝を祝する歓声沸くが如きの中に埋没せられ、共に姑《しば》らく愁眉を開きたり。」（第十章）

韓国政府に対し清国の保護属邦でない以上、清国の軍隊を朝鮮国内から撤去させよと要求するなら、日本軍駐留の大義もないはずだが、もともと日本政府は韓国政府に無理無道の要求をしたのであった。「朝鮮政府は全然我が帝国手中の物となりたりとの快報」といった表現からみると、やはり陸奥も朝鮮半島支配の野望に同調していたように思われ、私としてはかなりの失望を禁じえない。

王宮襲撃の実状を大谷正『日清戦争』は次のとおり記している。

「大鳥公使は、二〇日、清軍の退去を朝鮮政府に求めることなどの照会を行い、回答期限を七月二二日とした。受け入れ不可能な要求を朝鮮政府が拒絶することを予想した行動である。これと同時に、大鳥公使は本野一郎参事官を大島混成第九旅団長のもとに派遣し、朝鮮政府が要求を受け入れない場合、まず一大隊の兵を進めて王宮を囲み、朝鮮側が屈服しなければ旅団の全力をもって王宮を囲むことを依頼した。大鳥はその後に、高宗の父で閔氏政権と対立していた大院君を王宮に入れて政府の首脳とし、朝鮮政府に牙山にいる清軍への攻撃を日本に依頼させ、対清開戦の口実を得る計画を考えていた。大島旅団長はこの計画を承諾して、七月二二日から牙山に進軍する計画を一時延期。一大隊ではなく、はじめから全旅団兵力を動員して朝鮮王宮攻撃を実行する。

七月二二日夜、朝鮮政府の回答が日本公使館に届く。予想通り拒否の回答であった。二三日午前〇時三〇分、大鳥公使より大島旅団長宛に「計画通り実行せよ」との電報が到着すると、混成第九旅団は龍山を出発して漢城へ向かい、大島旅団長は日本公使館に入り指揮を執った。
歩兵第二一連隊長武田《たけだ》秀山《ひでのぶ》中佐が率いた第二大隊と工兵一小隊が、午前五時頃に王宮の迎秋門《ヨンチュムン》から侵入、警備の朝鮮軍と交戦のうえ占領し、国王を拘束した。朝鮮軍との戦闘は散発的に午後まで続き、日本軍兵士一名が戦死した。同日、日本公使館の杉村濬書記官が、日本による担ぎ出し工作を頑強に拒絶していた大院君を連れ出して王宮に入り、翌二四日、大院君の下で新内閣が組織された。」

ちなみに高宗は当時の韓国王、大院君は高宗の実父であり、高宗が幼少で即位したので摂政として韓国政府を事実上支配していたが、のち高宗の王妃閔妃が成長するに至って、閔妃とその一族が政治的権力を大院君から奪った。大院君と閔妃との間の抗争、高宗の温和で優柔不断な性格、そのための政治的な混乱が、日本政府につけいられる原因となったものと思われる。

それにしても、王宮を攻撃、国王を拘束し、内閣の改造を強制されるということは、朝鮮国およびその国民に対する最大の侮辱であり、朝鮮国民の怨恨を買うに充分な暴挙であった。しかも、陸奥によれば「日韓両兵の争闘は凡そ十五分間」とはいえ、大谷正によれば未明から散発的に午後まで続いたのだから、日清戦争は日韓戦争という側面ももっていたわけであった。

*

歴史認識の問題として、私たちが忘れてならない事件として閔妃殺害がある。イザベラ・バードの『朝鮮紀行』(時岡敬子訳、講談社学術文庫)は、閔妃についてすぐれた観察の記録を含んでいる。彼女は三週間中、四回にわたり閔妃と謁見する機会をえたという。

「どのときもわたしは王妃の優雅さと魅力的なものごしや配慮のこもったやさしさ、卓越した知性と気迫、そして通訳を介していても充分に伝わってくる話術の非凡な才に感服した。その政治的な影響力がなみはずれてつよいことや、国王に対してもつよい影響力を行使していること、などなどは驚くまでもなかった。王妃は敵に囲まれていた。国王の父大院君《テウォングン》を主とする敵対者たちはみな、政府要職のほぼすべてに自分の一族を就けてしまった王妃の才覚と権勢に苦々しい思いをつのらせている。王妃は毎日が闘いの日々を送っていた。魅力と鋭い洞察力と知恵のすべてを動員して、権力を得るべく、夫と息子の尊厳と安全を守るべく、大院君を失墜させるべく闘っていた。多くの命を粛清してきたとはいえ、そのために朝鮮の伝統と慣習を破るということはなく、また粛清の口実として、国王の即位直後に大院君が王妃の実弟宅に時限爆弾をひそませた美しい箱を送り、王妃の母、弟、甥をはじめ数名の人間を殺害したという事実がある。その事件以来大院君は王妃自身の命をねらっており、ふたりのあいだの確執は白熱の一途をたどっていた。」

閔妃殺害事件は日清講和条約締結後の一八九五(明治二八)年一〇月八日に発生した。陸奥はこの事件にふれていないので、大谷正『日清戦争』から引用する。

「三浦公使と杉村濬一等書記官が中心となって、ロシアと結んだ閔妃排除を計画し、朝鮮政府顧問の岡本柳之助《おかもとりゅうのすけ》を中心に、領事館員と領事警察官、熊本国権党員で漢城日報社長の安《あ》達謙蔵《だちけんぞう》などの日本人浪人、漢城駐留の後備歩兵第一八大隊（三個中隊）が実行にあたった。

後備歩兵第一八大隊は、禹《ウ》範善《ボムソン》の率いる第二訓練隊と合流し、光化門《クァンファムン》付近で訓練隊と戦闘、連隊長の洪啓《ホンケ》薫《フン》を戦死させて撃破、次いで侍衛隊を打ち破って王宮に侵入した。王宮を警護する訓練隊と侍衛隊を無力化した後、浪人と警察官の一団はさらに王宮内を進んで、閔妃を殺害し、死体に石油をかけて焼き払った。

三浦公使は閔妃殺害を、大院君の指示の下に起こされた朝鮮政府内の権力闘争にともなうクーデタのように見せかけようとしたが、王宮内では侍衛隊教官のダイやロシア人建築家サバティンに目撃されて、そのような企みは失敗した。また、閔妃事件の詳細と日本政府の真実を隠そうとする不誠実な対応は、当時朝鮮を訪問していた『ニューヨーク・ヘラルド』紙の大物記者ジョン・アルバート・コッカリル（かつて『ニューヨーク・ワールド』紙の著名編集者。日清戦争期の『ヘラルド』紙は日本政府と関連を持って、旅順虐殺事件の弁護を行った親日新聞）の記事によって世界に伝えられ、厳しく批判される。

日本政府は関係者を召還し、三浦公使以下四九名の民間人は広島地方裁判所の予審に、軍人八名は第五師団軍法会議に付された。しかし、一八九六年一月、軍法会議は八人全員を無罪とし、地裁の予審は三浦らの事件関与を認めたものの、殺害時の状況が不明のため証拠不十分として全員を免訴した。また、朝鮮では閔妃殺害事件の後で成立した第四次金弘集内閣の下で裁判が行われ、李周会《イチュフェ》ら三名が処刑されて幕引きが図られた。」

いったいわが国の公使の指示によって異国の王宮に侵入、王妃を殺害するなどという常軌を逸した暴力行為について、私たち日本人は朝鮮の人々にいかなる償いができるのか。私たちにはいかなる弁解の余地もない。閔妃がロシアと手を結ぼうとしていたかどうかは問題ではない。こうした無法無謀な行為をした私たちの祖父たちについて私たちは責任を負わなければならない、と私は考える。

また、彼らを免訴としたわが国の裁判官たちの行為は破廉恥であるばかりか、わが国の裁判の公正さに強い疑問を抱かせるもので、私たちはこうした行為についても恥じなければならない。

注　欧米列強と徳川幕府との間で締結されたいわゆる安政不平等条約が不平等とされたのは、治外法権と関税自主権がないためであった。日米修好通商条約議定書において、第六条に「日本人に対し、法を犯せる亜墨利加人は、亜墨利加コンシュル裁断所にて吟味の上、亜墨利加の法度を以て罰すべし。亜墨利加人へ対し、法を犯したる日本人は、日本役人糺の上、日本の法度を以て罰すべし。日本奉行所亜墨利加コンシュル裁断所は、双方商人逋債等の事をも、公けに取扱ふべし」と定めているのが治外法権の規定であり、第四条第一項に「総て国地に輸入輸出の品々、別冊の通、日本役所へ、運上を納むべし」とあり、「日本開きたる港々に於て、亜墨利加商民貿易の章程」の第七則に「惣て日本開港の場所へ陸揚する物品には、左の運上目録に従ひ、其地の運上役所に、租税を納むべし」とあり、物品を第一類から第四類に分類し、第一類の「貨幣に造りたる金銀」等は「運上なし」、第二類の「パン幷にパンの粉」等は五分、第三類の「都て蒸留或は醸し種々の製法にて造りたる一切の酒類」は三割五分、といったことが定められている。

これに対し、一八七六（明治九）年二月の日朝修好条規では、その第十款に「日本国人民朝鮮国指定ノ各口ニ在留中若《も》シ罪科ヲ犯シ朝鮮国人民ニ交渉スル事件ハ総テ日本国官員ノ審断ニ帰スベシ。若シ朝鮮国人民罪科ヲ犯シ日本国人民ニ交渉スル事件ハ均《ひと》シク朝鮮国官員ノ査弁ニ帰スベシ。尤《もっとも》双方トモ各其国律ニ拠リ裁判シ、毫モ回護袒庇スルコトナク、務メテ公平允当ノ裁判ヲ示スベシ」との治外法権を定めているが、関税についての規定は存在しない。その後同年八月、締結された通商章程付録の往復文書で日本との物品の輸出入については関税が課せられない旨が定められた。（なお、口は港の意。）

2

閔妃殺害事件については、大谷正『日清戦争』において、旅順虐殺事件の弁護を行なった親日新聞『ニューヨーク・ヘラルド』紙の記者ジョン・アルバート・コッカリルの記事によって世界に伝えられ、厳しく批判された旨が記載されていることは前述したので、旅順虐殺事件についてふれたい。これはむしろ中国との関係における歴史認識の問題に関連するが、陸奥は『蹇蹇録』においてこの事件について記している。条約改正による新日英条約が一八九四（明治二七）年七月に調印され、ひき続き日米間の条約改正交渉も最終局面に入っていた。陸奥は次のとおり記している。

「而して余が筆端已にここに及びたる上は、事のついでに更に日清交戦中に起りたる一事件が、復《また》如何に日米条約改正の問題に対し妨障を及ぼしたるかを略述すべし。

米国は我が国に対し最も好意を懐《いだ》くの一国なり。従来条約改正の事業の如きも他の各国において許多《あまた》の異議ある時にも、独り米国のみは毎《つね》に我が請求をなるだけ寛容せんことを努めたり。特に明治二十七年、華盛頓《ワシントン》において彼我両国の全権委員が条約改正の会商を開始せし以来、何ら重大なる故障もなく着々その歩を進め、遂に同年十一月二十二日を以て調印するを得たり。しかるに彼の国の憲法に拠り総て外国条約は元老院の協賛を待つべき規定なるを以て、米国政府はこの新条約を元老院に送附したり。その後いくほどもなく、不幸にも彼の旅順口虐殺事件という一報が世界の新聞紙上に上るに至れり。何事にも輿論の向背を視て進退するに敏速なる米国の政治家は、かかる驚愕すべき一報を新聞にて閲読し決して対岸の火災として坐視する能わず、元老院はやや日米条約を協賛するに逡巡《しゅんじゅん》したり。同年十二月十四日を以て、在米栗野公使は余に電稟して曰く、「米国国務大臣は本使に告ぐるに、もし日本兵士が旅順口にて清国人を残殺せしとの風聞真実なれば、必定《ひつじょう》元老院において至大の困難を引き起すに至るべし」と。余は直ちに同公使に電訓し、「旅順口の一件は風説ほどに夸大ならずといえども、多少無益の殺戮ありしならん。しかれども帝国の兵士が他の所においての挙動は到る処常に称誉を博したり。今回の事は何か憤激を起すべき原因ありしことならんと信ず。被殺者の多数は無辜《むこ》の平民に非ずして清兵の軍服を脱したるものなりという。かかる出来事より更に許多の流説を傍生せざる内に貴官は敏捷の手段を執り、一日も早く新条約が元老院を経過するよう尽力すべし」といい送りたり。」（第九章）

その後若干の経緯を経て改正条約が米国との間で締結されたが、『蹇蹇録』には旅順虐殺事件について小さな活字で注記しているので、以下にこの部分を示す。

「この虐殺事件の虚実、また仮令事実ありとするもその程度如何はここに追究するの必要なし。しかれども特に米国の新聞紙中には、痛く日本軍隊の暴行を非難し、日本国は文明の皮膚を被り野蛮の筋骨を有する怪獣なりといい、また日本は今や文明の仮面を脱し野蛮の本体を露したりといい、暗に今回締結したる日米条約において全然治外法権を抛棄するを以てすこぶる危険なりとの意を諷するに至れり。而してこの悲歎すべき事件は特に欧米各国一般の新聞上に痛論せらるるに止まらずして、社会の指導者たる碩学高儒の注目を惹くを免れざるに至り、当時英国において国際公法学の巨擘と知られたる博士チー・イー・ホルランドの如きは、今回日清交戦の事件に関し初めより日本の行動に対し毎事賛賞を惜しまざりし人なりしも、この旅順口一件については如何に痛歎せしや、同博士が「日清戦争における国際公法」と題する論述中に、「当時日本の将卒の行為は実に常度の外に逸出せり。而して彼らは仮令旅順口の塁外において同胞人の割断せられたる死屍を発見し、清国軍兵が先ずかくの如き残忍の行為ありしというも、なお彼らの暴行に対する弁解となすに足らず、彼らは戦勝の初日を除きその翌日より四日間は、残虐にも非戦者、婦女、幼童を殺害せり。現に従軍の欧羅巴軍人並びに特別通信員はこの残虐の状況を目撃したれども、これを制止するに由なく空しく傍観して嘔吐に堪えざりし由なり。この際に殺戮を免れたる清人は全市中僅かに三十有六人に過ぎず。しかもこの三十有六個の清人は全くその同胞人の死屍を埋葬するの使役に供するがために救助し置かれたる者にして、その帽子に「この者殺すべからず」といえる標札を附着し僅かにこれを保護せり」という。これ過大の酷論なるべし。しかれどもこの事件が当時如何に欧米各国の社会を聳動せしやを見るべきなり」（第九章）

萩原延壽によれば、日清戦争のさい、「宣戦布告の詔勅の中には、つぎの一句をよむことができる。

「苟《いやしく》モ国際法ニ戻《もと》ラザル限リ、各々権能ニ応ジテ一切ノ手段ヲ尽スニ於テ必ズ遺漏ナカラムコトヲ期セヨ。」

この「国際法ニ戻ラザル限リ」という限定は、近代日本が経験した日清、日露、太平洋という三つの戦争のうち、最後の場合にいたって宣戦布告の文面からも姿を消してしまう。」

こうした趣旨から、日清、日露戦争においては、日本の国際法学者も従軍し、先進諸国の軍人、新聞記者も従軍したので、旅順虐殺を諸外国の軍人、新聞記者が目撃したのであり、報道は真実であった。陸奥のいうアメリカの「元老院の協賛」とは上院の批准の意味にちがいないが、大谷正が記しているところからみれば、アメリカ合衆国上院が批准に逡巡し、修正を試みたとはいえ、翌年二月「彼我共に満足すべき再修正を議決」、条約改正に至ったことは奇蹟とさえ思われる。以下、大谷正の記述を引用する。

「旅順虐殺事件は、現代の中国では「旅順大屠殺《とさつ》」、欧米ではPort Arthur MassacreまたはPort Arthur Atrocitiesと呼ばれる。一八九四年一一月二一日の攻撃で日本軍は旅順の主要部を制圧し、その日の夕方と翌日以降市街と周辺の掃討を行った。この掃討の過程で、日本軍は捕虜と非戦闘員（婦人や老人を含む）を無差別に殺害したと欧米の新聞雑誌が非難したのだ。現在、中国側は旅順大屠殺の被害者を約二万人としている。

この事件は中国では学校教育のなかに取り入れられ、旅順には事件を展示する巨大な万忠墓博物館も作られている。博物館の題字は設立当時の李鵬《りほう》首相の筆である。愛国主義教育を受けた世代の中国人には、この事件は日本軍国主義の侵略性を示す象徴的な事件として記憶されている。」

「欧米の報道によって旅順虐殺が問題になったとき、大本営トップである参謀総長有栖川宮が大山第二軍司令官に宛てた書簡（一二月二〇日）で、「旅順口陥落之際、第二軍は妄《みだ》りに殺戮を加え、捕縛之儘《ままふ》俘虜《りょ》を焼殺し、又は人民の財貨を奪掠《だつりゃく》し頗《すこぶ》る野蛮之振舞」があったことについて釈明を求めた。第二軍が旅順で行った、無差別の殺人、捕虜の殺害、略奪の三点に対する回答を求めたのである。

これに対する大山の具申書は、旅順市街の兵士と民間人を「混一して殺戮」したこと（つまり無差別の殺人）と、懲戒のために捕虜を殺害した事実があることを認めたが、略奪については否定した。第二軍司令部も虐殺と非難される事実があったことは認めていたのである。そのうえで、薄暮のなかの戦闘であったことや、清軍兵士は軍服を脱ぎ捨てて逃亡したので民間人と区別がつかなかったことを中心に、さまざま弁明に努めている（『参謀本部歴史草案十七』）。

旅順半島は付け根部分の柳樹屯や蘇家屯のあたりが狭くなった袋状の地形だったので、清軍の敗残兵が逃亡するのは困難であったが、日本軍は兵力が少なく清兵の逃亡を阻止する力を持っていなかった。結果的に旅順防衛軍の姜桂題・除邦道・程允和などの諸将や兵士の多くは無事に北へ逃れ、金州の北方の蓋平《がいへい》で宋慶軍に合流する。

したがって、犠牲者数が一万を超えることも、ましてや二万に達することはあり得ない。一方で旅順とその周辺で日本軍が殺害した清軍兵士は四五〇〇名を超える可能性があり、そのなかには正当な戦闘による死者だけでなく、捕虜にすべき兵士に対する無差別な殺害や、捕虜殺害と民間人殺害（婦女子、子ども、老人を含む）が含まれていたことは確かな事実である。

大谷は項を改めて「なぜ日本兵は虐殺行為に出たのか　兵士の従軍日記を読む」という項で、「清軍が一一月一八日の土城子で倒れた日本兵士に対して行った残虐な行為を見て、日本の兵士が怒り、復讐を誓ったというのが原因の一つであることは確かである。しかし、虐殺の原因はそれだけではない」といい、土城子で清軍に首と手足を切り取られ、腹を割かれた日本兵の死体を見て、下級指揮官や下士官・兵士が興奮し、敵を「皆殺」にする、復讐すると言っていたところ、第一師団長山地中将から「今よりは土民といえども我軍に妨害する者は不残《のこらず》殺すべし」との命令があったと記し、これが無差別の殺害となった、と書いている。中国兵士が民家に逃げこみ、軍服を脱いで民間人の服装になると、兵士も民間人も区別がつかないから無差別に殺さざるをえなかったとは、後の南京大虐殺についていわれていることだが、その先例はすでに日清戦争の旅順虐殺にあった。それにしても老人、子どもの殺害や婦女暴行は弁解の余地がない。私たち日本人は平常は常識的な人間であっても、いったん頭に血が上ると分別を無くし、野獣のようになる性格をもっているのであろうか。私は広島、長崎の原爆、東京大空襲なども無差別、非人道的犯罪と考えているけれども、これらは充分に計算づくの意識的な攻撃であり、旅順、南京等における殺戮とは性質が違う。逆上すると分別を失うのは浅野内匠頭長矩も同じである。私は私たちの国民性に、欧米市民社会の倫理感と適合しない欠陥があるのではないか、と考えている。

＊

陸奥は『蹇蹇録』において次のとおり書いている（第十二章）。

「一将功成りて万骨枯る、これ古《いにしえ》の詩人が戦争の結果を詠じたるものなり。しかれども如今列国の交際、錯雑繁劇を極むる時代にありては、戦争の結果が内外社会万般の事項に波及する度の広大なるは、啻《ただ》に万骨枯るの惨状に止まらず、もしそれこれを誤用すれば、勝者がかえって敗者よりも危険の位置に陥るの恐れあり。」

萩原は右の言葉を解説して次のようにいう。

「陸奥外交のリアリズムは、おそらく、この最後の一句に要約されている。戦闘における勝利は、かならずしも、戦争という一層大きな事業における勝利を意味しない。戦捷のしらせに目がくらんで、外交指導の運用をあやまるならば、戦争における「勝者」と「敗者」の地位は逆転することになりかねない。」

「それでは、「勝者」と「敗者」の地位を逆転することになりかねない事情、つまり、日本外交にとってのつまずきの石はどこにころがっているのか。

それは、第一に、いまや清国にかわってアジアの一角に擡頭した日本という新興勢力にたいする欧米列強の「猜疑心」であり、第二に、あいつぐ戦捷のしらせによって、異常なまでに昂進した国内の「愛国心」である。」

ふたたび『蹇蹇録』から引用する（第十二章）。

「平壌、黄海戦勝以前において窃かに結局の勝敗を苦慮したる国民が、今は早将来の勝利に対し一点の疑いだも容れず、余す所は我が旭日軍旗が何時を以て北京城門に進入すべきやとの問題のみ。ここにおいて乎、一般の気象は壮心快意に狂躍し驕肆《きょうし》高慢に流れ、国民到る処喊声凱歌《かんせいがいか》の場裡に乱酔したる如く、将来の欲望日々に増長し、全国民衆を挙げ、クリミヤ戦争以前に英国人が綽号《しゃくごう》せるジンゴイズムの団体の如く、唯これ進戦せよという声の外は何人の耳にも入らず。この間もし深慮遠謀の人あり、妥当中庸の説を唱うれば、あたかも卑怯未練、毫も愛国心なき徒と目せられ、殆ど社会に歯《よわい》せられず、空しく声を飲んで蟄息《ちっそく》閉居するの外なきの勢いをなせり。」

ジンゴイズムとは好戦的愛国心をいう。「社会に歯せられず」とは「歯《よわい》」が並び立つを意味するから、社会に容れられない、といった意味であろう。

萩原は解説する。

「「愛国心」という怪物が国内輿論の大道をわがもの顔に横行している――これが、陸奥の眼に映じた当時の国民の姿であったわけである。陸奥は、つぎのようにも書いている。」

こうして萩原は『蹇蹇録』から次の文章を引用する。

「当時外国政府および人民の眼裡に映写せる日本国民は、毫も謙譲抑遜する所なく、殆ど世界に特立独行し、何らの希望も達し得べく何らの命令も行い得べきが如き驕慢の気風を暴《あら》わしたるものの如く見えしは争うべからず。」

萩原が引用を省略した、右の文章の続きを引用する（第十二章）。

「けだし我が国民がかくまでに空望の熱度を昇騰したるは、我が国古来特種の愛国心の発動せしに因るなるべし。政府は固よりこれを鼓舞作興すべく、毫もこれを擯斥《ひんせき》するの必要なし。しかれどもその愛国心なるものが如何にも粗豪尨大にしてこれを事実に適用するの注意を欠けば、往々かえって当局者に困難を感ぜしめたり。スペンサー、かつて露国人民が愛国心に富めるを説きたる末、そもそも愛国心とは蛮俗の遺風なりといえり。これすこぶる酷評なりといえども、徒に愛国心を存してこれを用いるの道を精思せざるものは、往々国家の大計と相容れざる場合あり。

即ち当時国民の熱情より発動したる言行が、欧洲強国の感情に対し多少の不快を与えたることなしとは言いがたかるべし。」

萩原延壽は次のように指摘している。

「この国内における「愛国心」の異常な高揚とうらはらの関係にあるのは、アジアの新興勢力としての日本にたいする欧米列強の「猜疑心」である。

清国にたいする軍事的な勝利によって、これまで「極東に於ける山水美麗の一大公園」としてしか評価されていなかった日本が、「世界に於ける一大勢力」としてみとめられるようになったことは、うたがいえない。しかし、同時に忘れることができないのは、つぎの事実である。

「今や我国は列国より尊敬の標幟と成りたると共に、嫉妬の目的と成れり。我国の名誉は此に進張する間に、我国の責任は彼に増加せり。」」

欧米列強の「猜疑心」とは、日本が中国における利権獲得の競争者として登場するのではないかという警戒心ではなかろうか。

こうした状況の中で、日清両国は講和条約の交渉に入ることとなる。

*

『蹇蹇録』は次のとおり記述している。

「かかる時において、欧米各国はいずれも眼孔を放ち東方の事局に注ぎ、その意中に期する機会を窺《き》探《たん》し、これを捕捉するを怠らず。清国政府が各強国に仲裁を哀訴するに方《あた》り、英国は近来ロースベリー伯爵の内閣末運に際し、その議会に対する勢力のすこぶる脆弱《ぜいじゃく》なりしにかかわらず、さすがに東方問題において人後に落つるを肯んぜず、第一番に日清両国の間に居中周旋する所あらんと欲したり。八月中旬の頃、英国新任公使トレンチが東京に到着するや、余を外務省に訪い、英国政府は近日の内日清両国戦局を終了する事に関し、一の提案を差出すことあるべしと半公半私の体裁を以て予告したり。」(第十四章)

「居中周旋」とは両者の間で中介することをいう。『蹇蹇録』は続けていう。

「尋で十月八日において、英国公使は本国政府の内訓と称し、(一)各強国にて朝鮮の独立を担保する事、(二)清国より軍費を日本政府へ償還せしむる事、の二条件を以て、日本政府は戦争を息止することを承諾すべきや聞き合すべしと命ぜられたり、かつこの事について英国政府は既に欧洲各強国と商議中なれば、不日露国公使も必ず同様の勧告をなすべしといえり。」

これに対し、陸奥は回答案として、甲乙丙三案を伊藤総理に示し、協議した結果、一〇月二三日、次の回答を英国公使に手渡した、と萩原は記している。

「帝国政府ハ英国皇帝陛下ノ政府ヲシテ質議ヲ発セシムルニ至リタル所ノ好誼ヲ十分ニ感謝ス。今日ニ至ルマデ勝利ハ日本ノ軍隊ニ伴ヒタリ。然レドモ帝国政府ハ戦争ノ現状ニ於テハ、尚《な》ホ事体ノ進歩ヲ以テ満足ナル談判上ノ結果ヲ保証スルニ足ルモノト思考スル能ハズ。仍《よっ》テ帝国政府ハ戦争ヲ終結スル条件如何《いかん》ニ関シ、其《その》意思ヲ発表スルコトヲ見合スノ已ムヲ得ザルヲ認ム。」

日清講和に至る経緯を詳細に説明する必要を私は認めないが、朝鮮・韓国の運命が、朝鮮・韓国の意図をまったく考慮することなく、日清両国、欧米列強の間で決められていくことに私は注目している。

一八九四（明治二七）年一一月六日、在日米国公使ダンが本国政府の訓令を陸奥に伝達した。『蹇蹇録』は次のとおり記している。

「痛歎すべき日清両国間の戦争は毫《ごう》も亜細亜《アジア》洲における米国の政略を危殆《きたい》にするものに非ず。両交戦国に対する米国の意向は、不偏不党、友交の情を重んじ中立の義を守り両国の好運を希望するに外ならず。しかれどももし戦闘弥久《びきゅう》、日本軍の海陸進攻を制するの道なきときは、東方局面に利害の関係ある欧洲強国は、遂に日本国将来の安固と康福とに不利なる要求をなし、以て戦争の終局を促すに至るやも計りがたし。米国大統領は従来日本国に対し最も深篤の好意を懐《いだ》く故に、倘《も》し東方平和のため日清両国均《ひと》しく名誉を毀損せざるよう仲裁の労を執らんとせば、日本政府はこれを承諾するや否やを聞き合わすべし」（第十五章）

これに対し次の覚書を一一月一七日に陸奥は米国公使に手交したと『蹇蹇録』は記している。

「日本政府は、日清両国の和睦のため調停の労を執らんと欲せらるる米国政府の厚意に対し深く感謝する所なり。そもそも交戦以来、帝国の軍勢は到る処に勝利を獲たれば、今更に戦争を息止するため特に友国の協力を乞う必要あらずと思考す。しかれども帝国政府は徒に勝に乗じて今回の戦争に伴うべき正当の結果を確収するに足る定限以外に超逸し、その欲望を逞しくせんとするものに非ず。但し清国政府がいまだ直接に帝国政府に向かい講和を請求し来らざるの間は、帝国政府はいまだ右の定限に達したる時期と看做《みな》す能わざるなり」

『蹇蹇録』はこの回答文に「定限以外に超逸せず云々は、当時欧洲各国において日本の全勝は清国を土崩瓦解に陥らしむべしとの疑念を抱き居たる際なれば、政府はその疑念を和らぐるためにこれらの文字を加えたり」と注し、次のように続けている。

「かく表面上回答し置きたれども、余は米国公使ダンに向かい全く私語の体を以て、日本政府は今公然米国政府を煩《わずら》わし日清両国の間における仲裁者たらんことを乞うは、あるいは以て他の第三者を誘招する虞《おそれ》なき能わざれば姑《しばら》くこれを避けざるを得ずといえども、しかれども異日もし清国より講和の端緒を開き来る時に方り、米国にして彼我の間、相互の意見を交換する便宜を与えらるるにおいては、我が政府は深く米国政府の厚誼に倚頼する所あるべしと述べたり。ダンは充分余が意見を了解し、その意を以て本国政府に通ずべきことを約せり。」

これが外交交渉のかけひきというものであろう。その後、米国を介しての日清両国間の講和条約の開始前の往復があるが、結局一二月一二日、『蹇蹇録』の記述によれば、清国政府から「日本政府が清国政府前電の提議を拒みたるは清国政府の遺憾とする所なり。しかれども清国政府はここに日本政府の意見に従い、全権委員を任命し講和の方法を商議するため日本国の全権委員と会合することを提議す。清国政府は上海を以て委員会合の地となさんと欲す。清国政府は何時《いつ》委員会合の運びに至るや予め承知したしという。この旨、日本国外務大臣に伝達せられんことを乞う」とのダン米国公使を通じた連絡があり、「ここに至り彼らは正に我が意を折りたり」と陸奥が書いたとおり、日本主導の講和条約交渉の端緒が開かれることとなる。「よって余は十二月十八日を以て、東京、北京の両米国公使を経由し左の如く清国政府に転電せしめたり。「もし清国政府において講和全権委員を任命するにおいては、日本政府は何時も同格の委員を任命すべし。但し日本政府が右全権委員を任命する以前、清国政府より先ず該国全権委員の氏名、官位を日本国政府に通知するを要す。全権委員会合の地は必ず日本国内において選定するを要す。」清国は着々その提議を挫折せられ、今は何事も日本政府の意嚮に従わざればその目的を達する能わざることを悟りたるべし」という、まさに陸奥の我が意を得た展開となり、広島会談が行われることとなる。

*

ここで講和条約交渉の検討に入る前に、『蹇蹇録』にはふれられていないが、大谷正『日清戦争』に記されている第二次農民戦争にふれておくこととする。これも歴史認識に関し、重大な事件だからである。以下に大谷正の記述を引用する。

「この第二次農民戦争は、第一次農民戦争の反閔氏政権から、その目的を反日と反開化派政権に変えていた。そして、全琫準や農民軍は自らを「忠君愛国」の義兵と称していた。」

開化派政権とは、前年一〇月に朝鮮駐在公使に任命された井上馨が大院君の摂政罷免、閔妃の政治介入を拒否して組閣された内閣であった。これには急進開化派の朴泳孝、徐光範がそれぞれ内務大臣、法務大臣として入閣、ことに朴泳孝は日本に亡命していたことがあり、親日的と目されていた。

「日本軍は朝鮮軍と共同して東学農民軍を鎮圧する作戦を発動した。この作戦の中心であった後備歩兵第一九大隊は、一一月一二日に漢城郊外の龍山駐屯地を出発して、三路に分かれて南下し、このほかにも若干の後備兵の部隊が援軍として派遣された。作戦は忠清道と全羅道の東学農民軍を包囲殲滅《せんめつ》して、全羅道西南部に追い込んで二度と蜂起させないことを目的としていた。

当初の作戦期間は二九日間で、一二月九日には作戦を終了して、全軍が慶尚道洛東に集結する予定であった。日本軍以外に、朝鮮側は中央軍二八〇〇名のほかに、各地域の地方営兵と甲午農民戦争に対応するために組織された民兵である民堡軍が参加した。朝鮮側が兵数で上回っていたが、指揮権は日本軍が掌握していた。

東学農民軍との大規模な戦闘は、忠清道の公州城に入った第一九大隊第二中隊と朝鮮政府軍を、北接と南接の東学連合軍が一一月二〇日に攻撃したことから始まった。二次にわたる公州の戦闘は一二月七日まで続き、農民軍は数に勝っていたにもかかわらず、ライフル銃（スナイドル銃）を装備した日本軍の前に多数の犠牲者を出して敗北した。

この後、日本軍と朝鮮軍の連合軍は、忠清道の各地で勝利をおさめ、全羅道に侵入した。東学南接の指導者である金開南、全琫準、孫化中《ソンファチュン》が次々と捕らえられ、日本軍は東学農民軍を全羅道西南部に追い詰めて、海軍の協力も得て徹底的に殲滅した。

作戦は当初の予定を二ヵ月近く延長して一八九五年二月末まで続けられた。南大隊長は作戦終了後の「東学党征討略記」という講話録のなかで、井上馨公使と仁川兵站監伊藤中佐の命令を受け、できるだけ多くの東学農民を殺す方針をとったと述べている。これは東学農民軍の再蜂起と日本軍兵站線への攻撃に対して、大本営の川上操六兵站総監が東学農民軍を「悉《ことごと》く殺戮《さつりく》」せよと命じたのと軌を一にしている。

第二次農民戦争における農民軍の犠牲者について、趙景達『異端の民衆反乱――東学と甲午農民戦争』では、日本軍と朝鮮政府軍の使用した弾薬数を挙げた後、全体の犠牲者は三万名を優に超えていたのは確実で、その他に刺殺・撲殺・負傷後の死亡などを加えると、五万に迫る勢いである、との推計値を示している。さらに確実な犠牲者数（日本軍と朝鮮政府軍の両者が殺害した農民軍犠牲者の数）の推定については今後の研究に待つ部分が残されているものの、日清戦争での最大の犠牲者は朝鮮で発生した可能性が高いのである。」

この第二次東学農民戦争がはじまった一八九四（明治二七）年一一月二〇日には、すでに見たとおり、日清両国間で講和条約交渉が米国公使の仲介で行われていたし、一一月二七日には陸奥の意に沿う回答が清国政府から届いていた。翌年二月には広島会談が行われたことはこれから見るとおりである。朝鮮・韓国の運命はむしろこの日清講和条約で決まったのだから、こういう時期になって、最大の犠牲者を出した第二次東学農民戦争が行われたことは悲惨という他ない。

＊

『蹇蹇録』は第十六章「広島談判」に入り、「明治二十八年一月三十一日、清国講和使張蔭桓、邵友濂は広島に到着せり」と書きおこされている。

ところが、翌二月一日、広島県庁において会合したところ、彼らが「国際公法上普通の全権委任状を帯有せざりしことを発見」、清国使臣が独断専対の権力を与えられていないことを告白したので、総理大臣伊藤博文は「清国が的切信誠に和を求め、その使臣に委ぬるに確実の全権を以てし、かつその締結せる条約の実践を担保するに足るべき名望、官爵ある者を択んでこの大任に当らしむるにおいては、我が帝国は更に談判に応ずるを拒まざるべし」と演説、広島交渉は打切りとなった。

「清国講和使随行員中に伍廷芳《ごていほう》なる者あり。彼は元来李鴻章の幕下にして、伊藤全権が明治十八年、天津に赴きたる時よりの知人なり。今清国使臣の一行がまさに会堂を去り戸外へ出んとするの際、伊藤全権は特に伍を喚留し、李鴻章へ伝言を依託すると同時に、やや将来我が政府が執るべき意向を漏示したり。即ち伊藤全権は伍に向かい、足下帰国の上李中堂に余が最も誠実なる伝言を致せ、而して李中堂をして、今回吾儕が清国使臣と談判を継続するを拒みたるは、決して日本国が乱を好み治を悪《にく》むの故に非ざることをも善く領会せしめよ」云々と語ると、「伍は感謝の意を表したる後、閣下の真意を十分了解するためここに閣下の明言を乞うは、閣下は今回渡来の清国使臣の官位、名望につき故障を懐《いだ》かるるに非ずやという。伊藤全権は否、元来我が政府は何人にても正当なる全権委任状を帯有する人に対し、これと開談することを拒むものに非ず、しかれども無論にその人の爵位、名望のいよいよ高ければ談判の都合はいよいよ宜しかるべし、而してもし清国政府において何ら故障に由り、高爵、大官の人を全権大臣として日本に派遣せしむること能わざるの事情あるときは、われわれより清国に往くもまた不可なかるべし、例えば恭親王もしくは李中堂の如き人にしてこの任命を受くるにおいてはすこぶる好都合なるべし」云々と伊藤博文は答えている。これは李鴻章を全権大使として来日させるための布石であり、なかなか芸がこまかい。この後、二月一二日、清国使臣は長崎を出航、帰途に就いた。同じ二月一二日、北洋艦隊司令官丁汝昌が自殺、北洋艦隊が降伏したので、清国は事実上、戦争を継続するための制海権を失うこととなった。

こうして全権大使李鴻章が来日する。第一回の会合は三月二〇日、下関で開かれた。日本政府の全権大使はもちろん伊藤博文である。

「両国全権は第一回の会合を開き、互いにその全権委任状を査閲しその完全なるを認めてこれを交換したり。清国使臣はここに一の覚書を取り出し、講和談判を開始する前先ず休戦の事項を議定せんことを要求せり。その覚書の概要にいう、講和条約を開議するの始めにおいて両国海陸軍が直ちに一律に休戦し、以て和約条欵を商議するの地歩となさんと請う、(中略)思うに請う所休戦の一事は講和条約を妥成する第一要義なりと。我が全権大臣はこれに対し明日回答すべきことを約し、ここに本日の会合は畢《おわ》れり。しかるに李鴻章は伊藤総理と旧識なるが故に談緒再び啓け殆ど数時間の永きに亙《わた》れり。彼は古稀以上の老翁に似ず状貌魁偉《かいい》、言語爽快にして曽国藩《そうこくはん》がその容貌、詞令以て人を圧服するに足るといいしの的評なるを覚ゆ。(中略)その所論は今日東方経世家の談としては家常茶飯《かじょうさはん》の談のみ。しかれども彼は縦横談論努めて我が同情を惹《ひ》かんとし、間〻好罵冷評を交えて戦敗者屈辱の地位を掩《おお》わんとしたるは、その老猾《ろうかつ》かえって愛すべく、さすがに清国当世の一人物に恥じずというべし。」(第十七章)

翌二一日、伊藤全権は条件付休戦の対案を提示、李鴻章はこれに反対、数日の猶予を望み、二四日の会合において、「休戦問題を撤回し直ちに講和談判に取り掛らんことを望めり。よって我が全権大臣は明日を以て講和条約案を提出することを約したり」と陸奥は記している。

ところが、「この日両国全権の会合終り各〻退出の後、余は明日談判上予め打ち合せ置くべき事あるに因り、特に李経芳《りけいほう》を留め両人対坐して要談を始めんとしたる際、人あり、匆卒《そうそつ》戸を排して入り来り、唯今清国使臣、帰途、一暴漢のため短銃を以て狙撃せられ重傷を負いたり、暴漢は直ちに捕縛に就けりと報告せり。」

「暴漢」は小山豊太郎、二六歳、群馬県出身、自由党系の壮士として活動した経験のある若者であり、日本の戦果はまだ不十分で、講和は時期尚早と考え、講和会議を妨害して戦争を継続する目的で李鴻章暗殺を企てたと述べた由、大谷正『日清戦争』に記されている。こうした短慮、愚昧な青年は日本人に特異なのかもしれない。『蹇蹇録』に戻る。

「李鴻章遭難の飛報広島行在所に達するや深く　聖聴を驚かし奉り、　皇上は直ちに医を派し下ノ関に来らしめ、特に清国使臣の傷痍を治療することを命じ給い、また、　皇后宮よりも　御製の繃帯を下賜せらるると同時に看護婦を派遣し給う等、すこぶる鄭重なる御待遇を与えられたり。かつ翌二十五日、特に左の詔勅を渙発《かんぱつ》し給えり。

（中村注。当時の慣習として「天皇」等皇室関係の文字の前は一字空白にしている。）

朕惟《おも》うに清国は我と現に交戦中にあり。しかれども已にその使臣を簡派し礼を具え式に依り以て和を議せしめ、朕また全権弁理大臣を命じこれと下ノ関に会同、商議せしむ。朕は固より国際の成例を践《ふ》み国家の名誉を以て適当の待遇と警衛とを清国使臣に与えざるべからず。乃《すなわ》ち特に有司に命じ怠弛《たいし》する所なからしむ。而して不幸危害を使臣に加うるの兇徒を出す。朕深くこれを憾《うら》みとす。その犯人の如きは有司固より法を按じ処罰し仮借する所なかるべし。百僚臣庶それまた更に善く朕が意を体し、厳に不逞を戒め以て国光を損するなからんことを努めよ。

聖旨正大公平にして事理明確なるは、敵国使臣をして感泣せしめたるべく、また我が国民をしてすこぶる痛惜の観念を起さしめたり。この事変の全国に流伝するや、世人は痛歎の情余りてや狼狽《ろうばい》の色を顕わし、我が国各種公私の団体を代表する者と一個人の資格を以てする者とに論なく、いずれも下ノ関に来集し清国使臣の旅館を訪いて慰問の意を述べ、かつ遠隔の地にあるものは電信もしくは郵便に由りてその意志を表し、あるいは種々の物品を贈与するもの日夜陸続絶えず、清使旅寓の門前は群衆市をなすの観あり。」

明治天皇という方はいわゆる大津事件におけるロシアのニコライ皇太子の遭難にさいしてもみられたことだが、じつに細心、真情にあふれた人格であったように思われる。陸奥は、「昨日まで戦勝の熱に浮かされ狂喜を極めたる社会はあたかも居喪の悲境に陥りたるが如く、人情の反覆、波瀾に似たるは是非なき次第とはいえ、少しく言い甲斐なきに驚かざるを得ず」と記し、続けて「李鴻章は早くもこの形情を看破したり。その後、彼が北京政府に電報して日本官民の彼が遭難に対し痛惜の意を表するは外面を飾るに過ぎずといえりと聞けり」と書いている。そこでいう。

「余は内外人心の趨向《すうこう》する所を察し、この際確かに善後の策を施さざれば、あるいは不測の危害を生ずるやも測りがたしと思えり。内外の形勢は最早何時《いつ》までも交戦を継続するを許さざるの時機に迫れり。もし李鴻章にして、単にその身の負傷に託して使事の半途に帰国し、痛く日本国民の行為を非難し巧みに欧米各国を誘引し再びその居中周旋を要求せんには、少なくも欧洲二、三強国の同情を得るに難からざるべし。（中略）いわんや李鴻章の位置、名望に論なく、その古稀の高齢を以て始めて異域に使し、以てこの兇難に遭えりというにおいてをや。その世界の同情を惹くは覩易《みやす》きの数なり。故にもしある強国にしてこの機に乗じ干渉を試みんとせば、彼固より以て適好の口実を李の負傷に求むるを得べし。よって余は即夜伊藤全権を訪いこの事に付て仔細に協議し、かつ清国使臣に対し、皇室の優渥《ゆうあく》なる御待遇といい、国民一般の親切なる好意といい、間然する所なきが如くなれども、目今の場合において徒に儀式的待遇もしくは社交的情誼を表彰する外、別に現実の意味ある一事を行うに非ざれば、到底彼をして衷心に満足せしむること能わざるべし、故にかつて彼が懇請して已まざりし休戦をこの際我より無条件にて許可するを得計とす、かくすれば我が誠意は清国に論なく他の諸外国にも事実上に発表せられ、かつ我が国警察の不行届きより彼に重傷を負わしめ、その結果は自然に講和の速結を妨ぐるに至りたるに際し、我が軍は勝手に清国を攻撃せんこと道義においても闕如《けつじょ》する所なき能わずと縷説《るせつ》したり。」

萩原延壽は陸奥をレアリストと評しているが、まさに陸奥の判断は現実的な譲歩によってはじめて日清講和交渉を軌道に戻すことができるという認識にもとづくといえるだろう。伊藤博文は陸奥の意見に賛成、広島に赴いて「同所滞在の文武重臣と会晤《かいご》し（中略）その結果として列席の文武重臣も遂に伊藤全権の所見に賛同し尋《つい》で　聖裁を経たる上、同月二十七日の夜半を以て休戦の事　勅許を蒙《こうむ》りたる旨およびその条件の大要を余に電致したり。余は右電文の趣旨を直ちに条約文に編製し、翌二十八日自ら李鴻章の病床に就き、先ず我が　皇上は本月二十四日の事変を聞こし食《め》され深く宸襟《しんきん》を悩まされ、前《さき》に我が政府の承允せざりし休戦を一定の時間と区域とにおいて承允すべき旨を命ぜられたり、よって余が同僚伊藤伯爵は目下不在中なれども、休戦条約の会商は清国使臣の都合次第、何時も差支えなしと述べたり。李鴻章はその半面に繃帯を蒙り、繃帯外僅かに顕わるる一眼を以て十分歓喜の意を呈し、我が　皇上仁慈の　聖旨を感謝し、かつ余に対し負傷いまだ癒えず会議所に赴き商議する能わざれども、彼の病床に就き談判を開かんことは何時も妨げなしといえり。休戦条約の緒言において、「大日本皇帝陛下は、今回不慮の変事のため講和談判の進行を妨碍《ぼうがい》せしを以て、ここに一時休戦を承諾すべきことを、その全権弁理大臣に命ぜられたり」といい、休戦は全く我が　皇上の任意に允可し給えるの実を声明し、その他重要の条款は（中略）余は李鴻章と会商中、彼より提出したる、三、四修正案の内その休戦効力を南征軍即ち台湾諸島にも及ぼさんとの要求を除くの外、その他重要ならざる箇条は総て彼が提案を容るることを諾し、僅々半日の間にこれを結了し、翌二十九日、伊藤全権が下ノ関に帰着したるに及び、余が清国使臣と会商了結したる成案を示し、遂に明治二十八年三月三十日を以て、両国全権大臣は式に依りこれに記名、調印したり。」

休戦条約の締結が明治天皇の意に出たものというのは外交的言辞というより内政上の配慮によるものだろう。この李鴻章の遭難と休戦条約の締結は、朝鮮・韓国との歴史認識の問題とは関係ないが、『蹇蹇録』中のハイライトの一をなすので、特に記した。

*

そこで講和条約の交渉に入ることとなる。日本政府は次のとおり提案した（第十八章）。

「一、清国において朝鮮の完全無欠なる独立国たることを確認する事

一、清国は左記の土地を日本国に割与する事

(甲) 奉天省南部の地（下略）

(乙) 台湾全島およびその附属諸島嶼および澎湖列島

一、清国は庫平銀《こへいぎん》三億両を日本軍費賠償として、五カ年賦を以て支払うべき事

一、現に清国と欧洲各国との間に存在する諸条約を基礎とし日清新条約を締結すべく、右条約締結に至るまで清国は日本国政府およびその臣民に対し最恵国待遇を与うべき事

清国は右の外更に左の譲与をなす事
（一）従来の各開市港場の外、北京、沙市《さし》、湘潭《しょうたん》、重慶、梧州、蘇州、杭州の各市港を日本臣民の住居、営業等のため開くべし
（二）旅客および貨物運送のため日本国汽船の航路を、（イ）揚子江上流湖北省宜昌より四川省重慶まで、（ロ）揚子江より湘江を溯りて湘潭まで、（ハ）西江の下流広東より梧州まで、（ニ）上海より呉淞江《ウースン》および運河に入り、蘇州、杭州まで拡張すべし
（三）日本国民にして、輸入の際、原価百分の二の抵代税を納めたる上は、清国内地における一切の税金、賦課金、取立金は免除すべし。また日本臣民が清国内において購買したる工作および天然の貨物にして輸出のためなることを言明したる上は、総て抵代税および一切の税金、賦課金、取立金を免除すべし
（四）日本国民は、清国内地において購買しまたはその輸入に係る貨物を倉入するため、何らの税金、取立金を納めず倉庫を借貸する権利を有すべし
（五）日本国臣民は清国の諸税および手数料を庫平銀を以て納むべし。但し日本国本位銀貨を以てこれを代納することを得べし
（六）日本国臣民は清国において各種の製造業に従事しまた各種の器械類を輸入するを得べし
（七）清国は黄浦河口にある呉淞浅瀬を取り除くことに着手することを約す

一、清国は講和条約を誠実に施行すべき担保として、日本軍隊が奉天府および威海衛を一時占領することを承諾すべく、かつ右駐在軍隊の費用を支払う事」

第二項目の「(甲)奉天省南部の地」以下を略したのは、割与すべき地域特定の記述にすぎないからである。

萩原延壽によれば、開港場の増設と航路の拡張は、それまで欧米列強、とりわけ英国が要求してきたことであり、日本が清国にこの条項を承諾させれば最恵国待遇により、欧米列強も同様の権利を得られることとなるので、この条件を加えることにより日本の要求が欧米列強の利益に合致することを示すことに力点が置かれていたのではないか、という。

『蹇蹇録』に戻ると、四月五日、李鴻章は、「「(前略)なお数日の後一々詳答することを得べし」との意味を冒頭に置き、該条約案の要領を四大綱に別《わか》ち各節論難せり。而してその四大綱とは、(第一)朝鮮の独立、(第二)割地、(第三)軍費賠償、(第四)通商上の権利とす。彼は、(第一)朝鮮の独立については、清国は既に数月前に朝鮮の完全無欠独立国たることを認むる旨を言明せり、よって今回講和条約中これを記載すること異議なしといえども、日本においても均しくこれを認めんことを要す、故に日本国提出の条文中修改すべきものありといい、日清両国が朝鮮に対する権利の平等ならんことを主持し、(第二)割地については(中略)、(第三)軍費については、今回の戦争は清国先ず手を下したるに非ず、また清国は日本の土地を侵略せしことなし、故に論理上よりいえば清国は軍費を賠償すべきものに非ざるが如し、しかれども昨年十月中、清国は米国公使の調停に対し軍費賠償を承諾せり、これ全く和を復し民を安んぜんと欲するがためなり、ついてはもしその金額過当ならざればこれを承諾すべし、しかれども元来日本国の宣言する所にては、今回の戦争はその意全く朝鮮をして独立国たらしめんとするにあり（中略）、（第四）通商上の権利については、本条は極めて複雑重要に渉《わた》り到底一時に遍《あまね》く考究し得べきものに非ず（下略）」

李鴻章の指摘したとおり、元来、日本政府は朝鮮に対する日清両国の「権力平均」いいかえれば均等の権利をもつべきことを要求していたのだから、清国に対してだけ朝鮮の独立を認めるよう要求するのは理不尽だと言い、清国がしかけた戦争ではないのに何故日本の軍費を賠償しなければならないのか、と李鴻章が主張するのもまことに当然のように思われる。そこで、李鴻章は次の修正案を提示した。

「一、朝鮮国の独立は、日清両国においてこれを確認する事
一、割地は、奉天省内において安東県、寛甸《かんでん》県、鳳凰《ほうおう》庁、岫巌《しゅうがん》州と、南方において澎湖列島に限る事
一、償金は一億両とす、但し無利息の事
一、日清通商条約は、清国と欧洲諸国との条約を基礎としてこれを締結すべく、かつ講和条約

批准交換の日より新通商航海条約締結の日までは、清国において日本政府およびその臣民は総て最恵国待遇を受くべく、これと均しく清国政府およびその臣民もまた日本において最恵国待遇を受くべき事

一、清国において講和条約を誠実に施行する担保として、日本軍隊は一時威海衛のみを占領すべき事

一、将来において日清両国間の紛議または戦争を避くるため講和条約その他通商航海条約等の解釈上およびその実施に関する問題上、両国の間に異議ある時は、第三友国に依頼し仲裁者を選定し、その裁断に一任すべしとの一新条項を加うる事」

「清国使臣の修正案は我にありて固より承諾し得べきものに非ず。しかれどもそもそも我が当初の提案は元来会議の基礎として提出したるものなり。故にこれに対し毫も修正の余地なきものというべからず」という立場で提出した対案は次のとおりであった。

「第一、朝鮮の独立に関しては、我が原案第一条の字句を変改するを許さず

第二、土地の割与に関しては、台湾および澎湖列島は原案の通りにして、奉天省の南部の地に付ては（下略）

第三、償金は、二億両に削減する事

第四、割地住民の件は、我が原案を変更するを容《ゆる》さず

第五、通商条約の件に関しては、我が原案を変更するを容さず。但し、（一）新開市港の数はこれを減じて沙市、重慶、蘇州、杭州の四所に限り、（二）日本国汽船の航路は、（イ）揚子江上流湖北省宜昌より四川省重慶に至り、（ロ）上海より呉淞および運河に入り蘇州、杭州に至る、と修正すべし

第六、将来日清両国間に起るべき条約上の問題を仲裁者に一任する新条項は、これを加うるの必要を見ず」

最終的に合意された講和条約の要点を大谷正の著書から引用すれば次のとおりである。

「①清は朝鮮が独立自主の国であることを承認する。

②日本に対して遼東半島、台湾、澎湖諸島を割譲する。

③軍事賠償金として庫平銀《こへいぎん》二億両（日本円約三億一一〇〇万円）を日本に支払う。

④清と欧州各国間条約を基礎として日清通商航海条約などを締結し、日本に対して欧米列強並みの通商上の特権を与え、新たに沙市《さし》、重慶《じゅうけい》、蘇州《そしゅう》、杭州《こうしゅう》を開市・開港し、さらに開市開港場における日本人の製造業への従事を認める。

⑤批准後三ヵ月以内に日本軍は占領地より撤退し、清が誠実に条約を履行することの担保として日本軍が威海衛を保障占領する。」

四月二〇日、明治天皇が講和条約などを批准した。その後、四月二三日、ロシア、ドイツ、フ

ランス三国により遼東半島の日本による領有に対する反対が申し入れられ、結局、遼東半島を返還することになった。いわゆる三国干渉である。

本稿の関心は第一にいう、朝鮮からの清国の支配力、影響力の完全な排除にあり、逆にこの講和条約の結果、朝鮮・韓国は日本の勢力に服することとなり、日本政府は韓国政府の内政に干渉する権力を得た、という事実にある。その結果が、ロシアと接近しようとした閔妃殺害事件をひきおこすこととなった。

日本政府による朝鮮支配の歴史がさらに深刻化していくことを今後見ることになる。

第二章　マッケンジー『朝鮮の悲劇』

戦前の抒情詩派を代表する詩誌『四季』の同人、丸山薫に「朝鮮」と題する散文詩がある。全文以下のとおりである。（『新編丸山薫全集』角川学芸出版による。以下同じ。）

I

いつの頃からか、姫は走つてゐた。姫のうしろを魔物がけんめいに追つてゐた。彼女は逃げながら髪に挿した櫛を抜いて抛《はふ》つた。櫛は魔物との間に、突兀《とつこつ》として三角の山になつた。魔物はその山の陰にかくれた。そのまに姫は遠く離れた。

軈《やが》て山の嶺から魔物が駈けおりてきた。そしてまた少しづつ姫は追ひ付かれさうになつた。姫は腰に吊るした巾着を投げた。巾着は蓮の花の咲き乱れた池になつた。魔物はそのむかふ汀にゐて、泥に足をとられて歩きにくさうに徒渉《わた》り始めた。そのまに姫はまた彼をひき離すことが出来た。

が苦もなく魔物は迫つて来た。こんどは姫は片方の靴を脱いで投げつけた。可愛い靴は魔物の鼻にあたり、逆さになつて地に落ちて崖に変つた。魔物が舌打ちして怖々《こはごは》、崖を這ひおり始めた。そのまに彼女はまた少し離れた。

執拗《しつこ》く魔物がまた追ひ縋(すが)らうとしてゐた。姫は上衣の青い紐を千切つて捨てた。それは蜒々《うねうね》した河になつた。魔物が筏を探してゐるまに姫はいくらか逃れることが出来た。

話の途中で大人《たいじん》の呼びたてる声がした。韓さんは長い煙管(キセル)を口から離すと、あたふたと納屋を出ていつた。

それから三十年の月日が過ぎた。なるほど、幼い私の記憶が手探りするその国の地表には、哀れな姫が泣きながら投げ棄てて行つた物の迹が遺つてゐた。肋骨のやうな平野の道の行く手に草のない岩山は幻のやうに立ち塞がり、突然現はれる沼に水は涸れて泥が燃えてゐた。斑らな鴉は葉の落ちた孤木の梢に啼き、人型《ひとがた》をした石の蔭からヌクテと呼ばれる狼が欠伸の喉を鳴らして現はれたりした。

しかも、今日なほ国土の何処かを、宿命の姫は走つてゐた。身に纏ふすべてを投げつくした裸にちかい姿で、叫びながら走りつづけてゐた。魔物はなほも惨酷な爪を伸して彼女の襟髪を摑まうとしてゐた。

或る年のもつとも不幸な瞬間、彼女は最後の部分を覆つた薄い布片《ぬのきれ》を抛つて、悲しさに身を伏せてしまつた。布片《ぬのきれ》は風にひらひらひるがへつて、をりから近くの河床に落ちた。それは水になつた。岸をあふれ堤をこはして、凄じい勢の洪水となつて野を埋めた。白菜畑を埋めた。牛と馬を埋め、儒教の哀号のこもつた丘裾の土饅頭の墓を埋めつくした。無数の村落の人家が水面に浮んで漂ひ、藁屋根の上に打ち振る此の世への袂別の手を満載して、ゆつくりと渦巻きながら海の方へ流れて行つた。

「朝鮮」は丸山薫の第五詩集、一九四一（昭和一六）年刊の『物象詩集』に収められているが、初出は『改造』一九三七（昭和一二）年六月号である。丸山本人は、その前年の作だったと思う、と記している。一九七三（昭和四八）年九月『中日新聞』に六回にわたり連載した随筆「私の明治」の最終回にこの詩を引用し、「かの国に伝わる古い民話を自分流に潤色変形して、往事の日本帝国主義と被圧迫国との運命を暗喩したものであることは言うまでもない」と書いている。姫が朝鮮を、魔物が日本を指し、最終節は朝鮮の滅亡を幻想的に造形したものであろう。

この「私の明治」に少年期、朝鮮で生活した当時の思い出が記されている。

「私の心を暗くしたものは、日本人の大人たちのこの国の民衆に対する態度だった。私は至るところで、日本からの出稼ぎ労働者や質《たち》の良くない商売人たちが、この国の人間を見下げ、酷使し、時には手痛い目にあわせるのを見た。日本人や日本政府の息がかかった仕事には、必ず少数の日本人の下働きをするこの国の人たちがいた。

ある真夏の午どき、なんの理由でかひどい目にあったチョンガーの一人が、半裸の背中に斜め三〇センチもある生々しい斬り瘡をつくりながら、仲間と仲良くめしを食べているのを見た。

また冬のある日、私の家の勝手口の引っ込み線の小電柱がどういう理由か、めりめりと音をたてて根本から折れ、外側へ向けて倒れた。頂上に登って仕事をしていた朝鮮人工夫も電柱を抱くような恰好で地面にたたきつけられた――と思ったら、頭でもひどく打ったのだろうか、手足をぶるぶると痙れんさせて動かなくなった。付近にいた日本人工夫がチェッと舌打ちしながら、その躰をずるずると曳きずっていった。

これもある日――影が濃く落ちていたからたぶん夏の昼のことだったろう――私の家の前の坂をひとりの日本人が車に荷を積んで、脚をふんばり背を反らしながら降りてきた。荷が勝ちすぎていたとみえる。車はふんばる男の脚を押しまくって暴走し始めた。カジ棒を斜めに向けた。その路傍に電柱が在って、折から坂を登ってきたひとりの韓国婦人が車の暴走を避けようとして、電柱を背にして佇ずんでいた。カジの横棒は電柱に激突して車は止まった。いや、電柱との間に婦人を挟んで止まり、うーんと一とこえ、婦人は下腹を押えて悶絶した。男は倒れた婦人をそのままにして車を坂道の反対側斜めへ向けて行ってしまった。

倒れた婦人がどうなったか、人通りの少ない夏の日ざかりだったとしても、誰かが見付けて何処か医師か病院へ担いで行ったことではあろう。だが私は知らない。なぜならこうした光景は三つとも目前に見たものであって、そのたびに私の心をわんわんと泣き出させ、足をわが家のなかに走りこませてしまったからである。

その当時、京城の日本居留民の数はほぼ三万人といわれていたから、全市民の人口の十分の一にもあたらなかったにちがいない。にもかかわらず彼らはみんな穏和しく、居留民に反抗の気配すら示さなかった。いたずらざかりのチビッコチョンガーたちは私たちに小石一つ投げつけなかったし、ヨボたちも静かだった。大人《たいじん》たちは山羊ヒゲの顔の上にこの国独特の帽子をのせ腹を突き出し靴先をひらき悠々と歩き、下層の人たちは家の門口や道端にしゃがみこんで、これもこの国独特の長いキセルでけむりの輪をふかしていた。妓生《きーせん》は輿に乗って料亭へ通い、家庭の女たちは砧の音をたてるのに余念なかった。それらの風物は、自分たちの民族が置かれている時点などとはまったく無関係に見えた。無理もなかったのだ。すべては、持てる力と持たない力との間に生まれた現象だったのだから――。

だが圧迫されてお人好になった心というものは、時によって爆発する。そしてまたしゅんとなるのだ。夏のある朝、雨空をつん裂いて、豆を煎るような銃声が市街の中央部からきこえてきた。王宮守護として残されていた一握りのこの国の軍隊が、武装解除に激昂して暴動を起こしたのだった。暴動は日本の警察と軍隊によって半日で鎮まったが、夕刻、私の家の前の通りが何やら騒がしくなった。門口に出てみると、居留民の有志が負傷した韓国兵たちを担架に乗せて行くところだった。哀号！　哀号！　と泣き叫ぶ彼らを、この野郎！　静かにしろ！　などと賑やかに怒鳴りちらしながら、坂を教会の方へ登って行くところだった。」

「チョンガー」は独身男性を意味する俗語と思っていたが、『広辞苑』によれば、朝鮮語で、未婚男子のこと、成年を過ぎた独身男性の蔑称、とある。戦前、日本語となったのであろう。「ヨボ」は朝鮮語かもしれないが、『日本国語大辞典』に「よぼ」とは「老人などのよぼよぼしていること。また、そのさまや、その老人」とある。「砧《きぬた》」といえば、『広辞苑』にいう「布地を打ちやわらげ、つやを出すのに用いる木槌、またその木や石の台。その木槌で打つことや、打つ音にもいう」意味に解していたが、この丸山薫の文章には「朝鮮服は白地なので、女たちは洗濯に追われていた。洗濯は棒でたたく砧《きぬた》である。朝早く夜おそく、民家の井戸端、町なかの小川のほとりから砧の音はひびいていた」とあるので、丸山は洗濯のために棒あるいは槌でたたくことを砧と表現したと思われる。

さて、丸山薫は一八九九（明治三二）年六月、父重俊（四五歳）、母竹子（三〇歳）の次男として生まれた、と年譜に記されている。全集年譜によれば、父重俊は一九〇二（明治三五）年、警視庁第一部長に就任、一九〇五（明治三八）年、薫が六歳のとき、「五月、弟清を除いて一家で父の任地韓国京城に移る。前年、政府は日露間の戦闘が有利に展開しつつあるところから、韓国併合を一歩進めるべく、日韓議定書を締結（二月）、八月には第一次日韓協約を締結していた。父重俊はそれにもとづき、三十八年一月、韓国政府警務顧問を拝命」とある。重俊は統監府開府後は統監府参与官兼警視総監となり、伊藤博文に直属、韓国警察の最高権力者となった。右の文章は当時の回想である。

*

私はひき続き日韓両国の歴史認識問題について考えている。閔妃殺害後の情勢について、主としてF・A・マッケンジー著、渡部学訳注『朝鮮の悲劇』(東洋文庫、平凡社刊)にもとづき、各種のその他の著書を参照することとする。マッケンジーは『朝鮮の悲劇』の解説によれば、スコットランド系カナダ人であり、一九〇〇年から一九一〇年まではイギリスの『ロンドン・デイリィ・メイル』の記者として、取材のため二度特派員として韓国はじめ東北アジアを訪問し、一九一〇年から一四年までは『ロンドン・タイムズ』週刊版の主幹をつとめた。わが国の研究者の著書に比し、記述が生々しく、具体的で、情報量が多いので、読んでいて興趣ふかい。私はたとえば山辺健太郎『日韓併合小史』(岩波新書)を信頼するに足る名著と思っているが、同書は李朝高宗王のロシア公使館への避難について次のとおり簡潔に記述している。

「この全国的な反日暴動を利用したのが、ロシア公使ウェーバーである。ウェーバーはロシア公使館護衛という名目で、仁川に碇泊していたロシアの軍艦から百名の水兵をソウル市内にいれて示威運動をやり、同時に親露派で閔妃派の残党ともいうべき李範晋とうちあわせて、一八九六年の二月十一日、李王とその世子とをロシア公使館に連れこんだ。これが近代朝鮮史上で有名な露館播遷《はんせん》である。」

事件は一八九六（明治二九）年におこった。『朝鮮の悲劇』はこの事件をこう記述している。

「ロシア公使ウェーベルはふたたび干渉に出た。まず、一八九六年二月九日、その公使館護衛兵が百六十名に増員された。二日後、ソウル市内のヨーロッパ人たちは、国王が王宮の中の幽閉所から脱出して、ロシア人たちとともに隠れ家に移ったという情報にびっくりさせられた。その日の午前七時少し前、国王と皇太子は、婦人用の密閉された駕籠に乗って、王宮からひそかに脱出した。この脱出は綿密に計画されたものであった。一週間以上も前から、侍女たちの訪問の頻繁さを護衛兵に印象づけるため、多くの婦人用の駕籠を、いくつかの門から出入させた。それで、朝早く、二つの婦人用の駕籠が宮門から出て行ったときも、護衛兵たちはべつに注意を払わなかった。国王と皇太子は、非常に動揺してふるえながら、ロシア公使館に到着した。ロシア公使館では、待ちかまえていて、すぐに彼らを迎え入れた。朝鮮王室の習慣では、国王は夜間に執務して早朝に就寝したので、閣僚たちは、国王が新しい友人たちの保護下に無事でいるというニュースが外部から伝わるまで、数時間もの間この脱出に気づかなかった。

ソウル全市は、たちまちにして興奮の巷と化した。多数の群衆が、ある者はこん棒で、ある者は石で、またある者は手にしうるその他の武器で、武装して集まった。旧朝臣の数名はロシア公使館に急行し、一、二時間のうちに新しい内閣を組織して、前内閣の決定をすべて廃棄した。そして、その日の朝のうちにつぎのような詔書が発せられた。

「ああ悲しいかな！　国運不幸にして乱臣賊子がはびこり、最近十年は禍なしに過ぎた年もない。それら禍のあるものは、朕がわが党の士であると信頼していた者、その他朕自身の骨肉の者たちによってもたらされた。そのため、わが五百年の王朝はしばしば危機にさらされ、朕が臣下数百万はしだいに窮迫した。これらの事実は朕にとって慙愧の極みである。しかし、これらの禍は、朕の不公平とわがままから生じたものであり、災禍を招来する悪行と失策に起因するものである。これらすべては、終始、朕自らの過失によるものであった」

詔書はまだ続くが省略する。ただ、マッケンジーの著書の記述の特徴は理解できるであろう。同書の記述から引用する。

「ある意味では、この騒乱が平和をもたらすこととなった。つまり、国の全土を通じて、民衆が、圧制者としてあまねく憎まれていた日本人に対抗して今にも蜂起するばかりになっていたのであるが、今こうして、彼らの国王がふたたび政権を掌握したのであるから、彼らも平和に落ち着くこととなったのである。

日本人は今やまったく汚名をこうむり、そのあらゆる権勢を失った。彼らはただちに、譲歩と辛棒強い外交と、そしてひそかに朝鮮を騒ぎの中においておくことによって彼らの勢力を挽回しようと、着着と仕事にとりかかった。」

元来、三浦梧楼公使以下が閔妃を殺害したのは閔妃がロシアと手を結ぼうとしていたからであり、そのロシアが主導的に三国干渉により遼島半島を日本から清国に返還させたのだから、反日感情が高揚し、相対的にロシアに対する好意が強くなることは当然であった。三浦以下は閔妃殺害が彼らの犯行と判明することはあるまいと計画していたのが、裏目に出たわけであった。

＊

『朝鮮の悲劇』から引用する。

「しばらくは、ロシアにとって勝利の栄光の時期であった。当時、極東駐在のロシア政府代表者たちは、他国政府の代表者たちに対して、とても耐え難いほどの横柄な態度をとった。ロシアは、アジアにおける覇者、ヨーロッパの最強国と言われた。冷静なイギリスの評論家も、ロシアを「中国と韓国の保護者」であると書いた。ロシアの外交は、今や、きわめて当然なしかも賞讃すべきその大望の実現を期することを、第一とするに至った。南ヨーロッパへは黒海でさえぎられ、バルチック海によって北方への眺望を制限され、太平洋岸の主要港としては年に数ヵ月も氷結してしまうウラジヴォストークだけをわずかにもっているロシアは、安全でしかも年中海洋に開放されているシベリア横断鉄道のための終点基地を確保しようと図った。多数のすぐれた港湾をもつ韓国や中国の遼東半島には、そのような港が見出し得られるのであった。こうしてロシアは当分の間韓国に関心を向けることとなった。

日本は、その敵手に対して武力で対抗することができなかったので、外交戦術に転じた。一八九六年夏、両国は、注目すべき二つの条約を締結した。すなわち、その一つは、ウエーベルと小村（寿太郎）男爵がソウルで調印した協定（明治二十九年五月十四日ソウルで調印、朝鮮問題に関する小村・ウエーベル覚書）であり、もう一つは、山県（有朋）元師とロバノフ Lobanof 公爵がモスクワで調印した議定書（明治二十九年六月九日モスクワで調印、朝鮮問題に関する日露間議定書）である。この第一のほうの条約で、両国政府は、韓国皇帝が彼自身の王宮に帰還されるよう助言すること、および、日本は日本人無頼漢たちを取り締まるための有効な手段を講ずることを、相互に約定した。また、ロシアは、日本が、当時韓国に駐留していた三箇中隊の日本軍護衛兵を、釜山からソウルまでの日本の通信施設を守護するため当分の間残留させ、それらの軍隊撤退ののちは、釜山・ソウル間の沿線の十二ヵ所の中継所に憲兵を代りに配置することに同意した。この憲兵隊の数は二百名を越えてはならず、またそれは「韓国政府によって平和と秩序が回復される」その時まで継続するものとされた。これに加えて、日本の軍隊がソウルに二箇中隊、釜山と元山にさらに各一箇中隊ずつ駐屯することとし、各中隊はその人員二百名を越えないものとされた。ロシア側の護衛兵の数も日本側のそれを越えないものとされていた。ロバノフと山県との条約では、日・露両国政府は、もし韓国政府が外債を必要とするときには、それに援助を与えること、できるだけ早く、国内治安維持に十分なだけの軍隊および警察の組織、維持を韓国政府にゆだねること、日本の架設した通信施設の保有を認める代わりに、ロシアは、ソウルから自国の国境までの通信施設架設権を保有することを、互いに約束した。これらの条約は、日本に屈辱を増したと評された。しかし、これらの条約調印の行なわれた当時の情勢を考えると、むしろ、それらは日本の外交技術に対する名声を高めたものと言わなければならない。」

私の眼にもこれらの覚書、議定書は日本の外交の成果と評してよいようにみえるのだが、必ずしもそうとはいえないようである。この山県・ロバノフ議定書には次のとおりの「秘密条款」が付されていた、と山辺健太郎『日韓併合小史』は記している。

「第一条　若《も し》源因ノ内外ヲ問ハス朝鮮国ノ安寧秩序乱レ若《もしく》ハ大ニ危キニ至リ而シテ若シ日露両国政府ハ其ノ合意ヲ以テ地方官ニ援助ヲ与フル為《た》メ両国臣民ノ安寧監督及電信線保護ノ為メノ者ノ外更ニ軍隊ヲ派遣スルコトヲ必要ト認メタルトキハ両帝国政府ハ其軍隊ノ間ニ総テノ衝突ヲ防ク為メ両国政府ノ軍隊ノ間ニ全ク占領セサル空地ヲ置ク様ノ方法ヲ以テ両国軍隊ノ用兵地域ヲ確定スヘシ

第二条　朝鮮国ニ於テ本議定書ノ公開条款第二条ニ掲ケタル内国人ノ軍隊ヲ組織スルニ至ル迄

ハ朝鮮国ニ於テ日露両国同数ノ軍隊ヲ置クコトノ権利ニ関シ小村ウヱバーノ調印シタル仮取極ハ其ノ効力ヲ存続スヘシ又国王ノ身上ノ安全ニ関シ其ノ目的ヲ以テ現存スル所ノ事態モ亦《(ま)》タ特ニ此任務ヲ有スル内国人ノ一隊創設セラル、ニ至ル迄之ヲ維持スヘキモノトス」

『日韓併合小史』は陸奥宗光の意見を記したものと思われる文書を紹介している。長文なので、一部を引用して山県・ロバノフ議定書批判の一端を示すこととする。これには、「本年二月十一日ノ事変以来露国ハ事実上朝鮮ノ実権ヲ掌握シ居レリ而シテ朝鮮国王ニシテ露国公使館ヲ去ラサル間ハ露国カ朝鮮ニ於テ無限ノ権力ヲ有スヘキハ固ヨリ論ヲ俟タス故ニ露国カ朝鮮国王ノ意思ナリト称シテ之ヲ公使館ニ留メ置カントスルハ目下我ニ於テ之ヲ如何トモスルコト能ハストナスモ帝国政府ハ少クトモ此事態ニ対シテハ常ニ抗議者ノ位地ヲ保タサルヘカラス」という。たしかに、この秘密条款の第二条によれば、ロシア政府がその気になれば、何時までも国王を公使館に留めおくことができることとなる。ただ国王は翌一八九七（明治三〇）年二月ロシア公使館から慶運宮（徳寿宮）に移ったので、この批判は杞憂に終ったようである。

反面、たとえば、この意見書には、日露両国の軍隊は一見同数が朝鮮に駐留することと定められ相互的にみえるが、「其実在朝鮮露国ノ軍隊ハ僅カ二百人ニ足ラサル水兵ニ過キサルヲ以テ露国ハ之カ為メ毫モ失フ所ナクシテ帝国政府ハ既ニ保有スル所ノ権利ヲ縮少シタリ」とあり、『日韓併合小史』は、「この密約によって一八九七年（明治三十年）の七月には、ロシアからプチャータ大佐が三名の士官と十名の下士官をひきいてソウルに来た。九月六日韓国政府は、これらの軍事顧問を三年間雇いいれる契約をして、八百名の親衛隊と四千名の軍隊を組織することになった」と記している。この韓国軍隊は軍事顧問をつうじロシア政府の支配下におかれたにちがいない。

『朝鮮の悲劇』の記述に戻ると、

「一八九八年、ロシアが中国から遼東半島を租借するという発表があった。この成行きは日・露同盟のもつ両者の望みに終結をもたらしたのであって、ロシアはもはやそれ以上韓国にその勢力を維持する必要がなくなった。ロシアは、こうして旅順港を掌握するに至ったが、それと相前後して、韓国に関して日本と新しい協約を結んだ。ロシアはおおまかに振舞う余裕ができ、実際そのように振舞った。すなわち、両国政府は、韓国の完全な独立を確認することを各自誓約し、相互に事前協商をとげることなしに軍事教官もしくは財政顧問の任務に関するいかなる措置をも講じないということに同意したのである。さらにロシアは、韓国における日本の企業の優越性を確認し、韓国での日本の商工業発展政策を妨害しないことを約束した(一八九八年四月二十五日、西・ローゼン日露議定書)。

この協約のニュースと、ロシアの軍事教官や財政顧問のソウル退去という事実が伝えられたとき、それは、ヨーロッパに圧倒的な驚きをひき起こした。タイムズ紙は次のように報じている。

すなわち、

「この協約は、中国との和平以後、韓国に関してロシアと争ってきた日本の、長い間の外交的なたたかいにおいて、日本側が勝利をおさめたということを、簡明に記録している」と。」

マッケンジーは、一九〇〇（明治三三）年義和団事件において、日本軍が連合軍の一部としてその有能と克己とを示して全世界を驚嘆させ、一九〇二（明治三五）年、日英同盟が調印されたことを記し、日本は「韓国の独立とその門戸開放のために大いに努力する、と公表した。つまり、ロシアは排他的な貿易の独占を企図したが、日本はすべての国に対する機会均等を主張したのである。」「日本は、自身を有利にする雰囲気をつくり上げることに成功した。だがしかし、その当時の日本の行状の多くが日本の信用を高めるのに寄与したという事実がなかったら、この成功はありえなかったとみるのは、正しいであろう」などと韓国問題に関する日本の姿勢を評している。

こうして日本とロシアの間の紛争は一九〇四（明治三七）年二月の宣戦布告にはじまる日露戦争に発展し、翌年九月五日のポーツマス講和条約によって終るが、同条約の第二条には次のとおり規定された。

「露西亜帝国政府ハ日本国カ韓国ニ於テ政事上軍事上及経済上ノ卓絶ナル利益ヲ有スルコトヲ承認シ日本帝国政府カ韓国ニ於テ必要ト認ムル指導保護及監理ノ措置ヲ執ルニ方《あた》リ之ヲ阻礙《そがい》シ又

ハ之ニ干渉セサルコトヲ約ス韓国ニ於ケル露西亜国臣民ハ他ノ外国ノ臣民又ハ人民ト全然同様ニ待遇セラルヘク之ヲ換言スレハ最恵国ノ臣民又ハ人民ト同一ノ地位ニ置カルヘキモノト知ルヘシ」

ここでようやく日本政府が日清戦争によりかちえたと考えた朝鮮・韓国を日本の保護国化し、第三国、清国、ロシア等の容喙を許さない状況に至ったわけである。この経緯において日本政府が韓国および韓国国民に不法、非道な行為をしたわけではない。しかし、韓国および韓国国民の利害をまったく視野に入れず、考慮することなく、日露両国が権力闘争していた事実は、やはり私の胸を痛くするのである。

＊

ただ、日韓両国間で韓国を日本の保護国化する日本政府の企図はこれ以前から着々と実現されていた。一九〇四（明治三七）年二月二三日、対ロシア宣戦布告の直後に、次の議定書が締結されていることを『日韓併合小史』は記している。

「第一条　日韓両帝国間ニ恒久不易ノ親交ヲ保持シ東洋ノ平和ヲ確立スル為メ大韓帝国政府ハ大日本帝国政府ヲ確信シ施設ノ改善ニ関シ其忠告ヲ容ルヽ事

第二条　大日本帝国政府ハ大韓帝国政府ノ皇室ヲ確実ナル親誼ヲ以テ安全康寧ナラシムル事

第三条　大日本帝国政府ハ大韓帝国ノ独立及領土保全ヲ確実ニ保証スル事
第四条　第三国ノ侵害ニ依リ若クハ内乱ノ為メ大韓帝国ノ皇室ノ安寧或ハ領土ノ保全ニ危険アル場合ハ大日本帝国ハ速ニ臨機必要ノ措置ヲ取ルヘシ而シテ大韓帝国政府ハ右大日本帝国政府ノ行動ヲ容易ナラシムル為メ十分便宜ヲ与フル事
大日本帝国政府ハ前項ノ目的ヲ達スル為メ軍略上必要ノ地点ヲ臨機収用スルコトヲ得ル事
第五条　両国政府ハ相互ノ承認ヲ経スシテ後来本協約ノ趣意ニ違反スヘキ協約ヲ第三国トノ間ニ訂立スルコトヲ得サル事
第六条　本協約ニ関聯スル未悉ノ細条ハ大日本帝国代表者ト大韓帝国外部大臣トノ間ニ臨機協定スル事」

同書によれば、一九〇四（明治三七）年八月二二日、日韓両国間でさらに協定書が交換された。協定書の内容は次のとおりである。

「一、韓国政府ハ日本政府ノ推薦スル日本人一名ヲ財務顧問トシテ韓国政府ニ傭聘シ財務ニ関スル事項ハ総テ其意見ニ詢ヒ施行スヘシ
二、韓国政府ハ日本政府ノ推薦スル外国人一名ヲ外交顧問トシテ外部ニ傭聘シ外交ニ関スル要務ハ総テ其意見ニ詢ヒ施行スヘシ
三、韓国政府ハ外国トノ条約締結其他主要ナル外交案件即チ外国人ニ対スル特権譲与若クハ契

約等ノ処理ニ関シテハ予メ日本政府ト協議スヘシ」

これによって財務、外交の権利を韓国政府は日本政府に奪われた。この協定によって、大蔵省主税局長目賀田種太郎が財政顧問に、日本外務省顧問のアメリカ人スティーヴンが外交顧問になり、その他、警視丸山重俊を警察顧問に、前駐韓公使加藤増雄を宮内府顧問に、陸軍中佐野津鎮武を軍事顧問に送りこんだと『日韓併合小史』は記している。（この丸山重俊が詩人丸山薫の父であることは冒頭に述べたとおりである。）

こうした背景の上で、保護条約が締結され韓国統監府が成立することとなる。

一九〇五（明治三八）年一一月一五日、日本政府の特派大使伊藤博文は韓国皇帝に謁見、皇帝から、日露戦争以来、日本がとってきた措置についていろいろ不満を聞かされたという。以下『日韓併合小史』から、いささか長文だが、あえて引用する。（なお、この保護条約締結の経緯については『朝鮮の悲劇』にも詳しい記述があるが、著者は当時、韓国に滞在しなかったので、伝聞の伝聞と思われるので、『日韓併合小史』の記述の方が信頼性が高いと考える。）

「伊藤は、「陛下御不満ノ御情実ニ関スル御沙汰ノ趣キハ委細承知セリ乍去《さりながら》、陛下ニ試ミニ問ハン、韓国ハ如何ニシテ今日ニ生存スルコトヲ得タルヤ、将又《はた》韓国ノ独立ハ何人ノ賜モノナルヤノ一事是ナリ、陛下ハ之ヲ御承知アツテ且ツ斯ク御不満ノ言ヲ漏セタマフ次第ナルヤ」といい、外交権ひきつぎの要求をしている。これらのことは、伊藤博文がこの時の交渉てんまつを天皇に報告した『伊藤博文韓国奉使記事摘要』にのっているが、条約の案文について韓国皇帝との問答は、つぎのように書いている。

伊藤　本案ハ帝国政府カ種々考慮ヲ重ネ最早寸毫モ変通ノ余地ナキ確定案ニシテ曩《さき》ニ成立シタル媾和条約ノ初項ニ宣明シ尚ホ進ンテ貴国ノ国境ニ於ケル兵備ノ規定及露国人ノ貴国ニアルモノノ取扱振ニ迄立入テ協定シタル程ナレハ其媾和ノ目的ノ上ニ顧ミルモ重キヲ為スモノニシテ断シテ動カス能ハサル帝国政府ノ確定議ナレハ今日ノ要ハ唯タ陛下ノ御決心如何ニ存ス之ヲ御承諾アルトモ又或ハ御拒ミアルトモ御勝手タリト雖《いえど》モ若シ御拒ミ相成ランカ帝国政府ハ已ニ決心スル所アリ其結果ハ果シテ那辺ニ達スヘキカ蓋シ貴国ノ地位ハ此条約ヲ締結スルヨリ以上ノ困難ナル境遇ニ坐シ一層不利益ナル結果ヲ覚悟セラレサルヘカラス

このような伊藤の脅迫にひとしい申し入れにたいして、皇帝は「頗ル狼狽ノ御模様ニテ」政府に諮詢する意思をほのめかした。こうして四時間にわたる会議の結果、伊藤は皇帝に対し、「事ノ緩慢ナル事情ノ許ササル所ナレハ、陛下ハ今夜直チニ外部大臣ヲ御召シアリテ」協議をまとめよと強硬に主張し、皇帝もこれを承諾した。しかし、皇帝は、伊藤が退出するときまで、伊藤に対し、自分の希望を日本の皇室に伝えてほしいと希望したが、伊藤は「今ヤ其希望ハ全ク無用ニ属スルヲ以テ御断念アリタシトノ意ヲ繰返シテ」退去した（同書第二号）。

この間林公使は外部大臣朴斎純に照会文と協約案をわたし、十六日には伊藤が自ら外部大臣以下各大臣に協約案の説明をおこない、十七日林公使は公使館に各大臣を招いて昼食をともにして午後三時まで協議した。この協議の目的は、いうまでもなく日韓協約を朝鮮側に承認させるための交渉であったのだが、午後三時まではまとまらず、大臣たちは宮中に参内して御前会議をひらき、ここで各自の意見を奏上したのち確答することになった。」

「長谷川大将をつれ、憲兵に護衛されてやってきた伊藤は、閣僚の一人一人に協約にたいする賛否をたずねた。参政大臣韓圭卨、度支部大臣閔泳綺、農商工部大臣権重顕らが反対しただけで、他は賛成した。伊藤博文の伝記にも、この協議会における、伊藤と各大臣の問答がのっているが、これを見ると日本側の強圧がよくわかる。」

「なおこの時の各大臣がのべた協約反対の意見を、伊藤博文の報告からひろってみよう。

農商工部大臣権重顕　我国ノ独立ハ名実共ニ失シ昔日清国ノ属邦タリシ時代ヨリ今一層劣リタルモノトナル恐レナキ乎

参政大臣韓圭卨　日韓両国ノ関係ハ其内容ニ於テ如何ニ規定セラルルモ敢テ辞セス唯タ其形式ニ於テ少シク余地ヲ存セラレンコトヲ望ム夫レ韓国現下ノ状況ハ気息奄々瀕死ニ等シ唯タ纔ニ一縷ノ余命ヲ存セルハ一ニ是レ外交関係ヲ親ラスルニ在ルナリ而シテ其外交ヲスラ貴国ニ委任センカ全ク命脈断絶スルノ悲境ニ沈ムヘシ」

「反対意見は結局三名で、大勢は賛成論にかたむき、権重顕は最後には賛成した。それでも十七日の午後八時に、宮内大臣李載克は、調印を二、三日延期してほしいと伊藤にたのんだが、伊藤はすでに準備がととのっているという理由で宮内大臣のたのみを拒絶して、十七日の深夜になって協約に調印し、ここに朝鮮は名実ともに日本の保護国となったのである。」

「賛成」した各大臣は心から「賛成」したわけではあるまい。反対を諦めたにすぎないだろう。それにしても伊藤博文の破廉恥な脅迫的交渉については、恥じ入りたい気分がつよい。

協約の全文は以下のとおりである。

「第一条　日本国政府ハ在東京外務省ニ由リ今後韓国ノ外国ニ対スル関係及事務ヲ監理指揮スヘク日本国ノ外交代表者及領事ハ外国ニ於ケル韓国ノ臣民及利益ヲ保護スヘシ

第二条　日本国政府ハ韓国ト他国トノ間ニ現存スル条約ノ実行ヲ全ウスルノ任ニ当リ韓国政府ハ今後日本国政府ノ仲介ニ由ラスシテ国際的性質ヲ有スル何等ノ条約若ハ約束ヲナササルコトヲ約ス

第三条　日本国政府ハ其代表者トシテ韓国皇帝陛下ノ闕下ニ一名ノ統監（レヂデント・ゼネラル）ヲ置ク統監ハ専ラ外交ニ関スル事項ヲ管理スル為メ京城ニ駐在シ親シク韓国皇帝陛下ニ内謁スルノ権利ヲ有ス日本国政府ハ又韓国ノ各開港場及其他日本国政府ノ必要ト認ムル地ニ理事官ヲ置クノ権利ヲ有ス理事官ハ統監ノ指揮ノ下ニ従来在韓日本領事ニ属シタル一切ノ職権ヲ執行シ幷ニ本協約ノ条款ヲ完全ニ実行スルタメ必要トスヘキ一切ノ事務ヲ掌理スヘシ

第四条　日本国ト韓国トノ間ニ現存スル条約及約束ハ本協約ノ条款ニ牴触セサル限《かぎり》総テ其効力ヲ継続スルモノトス
第五条　日本国政府ハ韓国皇帝ノ安寧ト尊厳ヲ維持スルコトヲ保証ス」

＊

『朝鮮の悲劇』における以下の記述は著者が直接見聞した事実ではないと思われるが、当時ソウル等に駐在していた欧米のジャーナリストから著者が聞いたものであろう。私はあまり信頼できないと思われる王宮内でどのように交渉が行われたかについての記述と違い、以下の記述は信頼性が高いと考える。

「条約（この条約は第二次日韓条約、韓国保護条約、乙巳保護条約などと呼ばれる）調印のニュースを、人びとは、恐怖と憤激のうちに聞いた。韓圭卨は、監禁を脱するや否や、狂気した人のようになって同僚たちにくってかかり、彼らをはげしく非難した。「なぜ約束を破ったのだ」と彼は叫んだ。「なぜ約束を破ったのだ」。閣僚たちは、自分たちが、もっとも憎まれもっともさげすまれた人間になってしまったことを知った。暴徒の襲撃をうけ、寸断されてしまうかも知れない危険にさらされたのであった。」

私がこの『朝鮮の悲劇』の記述が信憑力が高いと考えるのは、『日韓併合小史』にも保護条約に対する韓圭卨の反対意見と、最後まで保護条約に反対した閣僚が三名ないし二名いたことが記されているからである。『朝鮮の悲劇』はその事情を次のとおり記している。

「閣僚たちは、数日にわたって、しかも孤立無援のなかで、戦ってきた。外国政府代表の誰一人として、彼らに援助と相談を持ちかけた者とてなかった。閣僚たちは、自分たちの前途に降服と破滅とを見た。「われわれの抵抗は無益ではないか?」と一人が言った。「日本政府はいつも最後には自分たちのやり方をとる」。譲歩のきざしがあらわれ始めた。首相（参政）の韓圭卨《ハンギュソル》（?〜一九三〇）が飛び上がるようにして椅子から立ち上がり、自分は、皇帝のところへ行って、反逆者たちの話をおしらせするつもりだと言った。韓圭卨はその部屋をはなれることを許されたが、それからすぐに、領事館の日本人秘書にぎゅっとつかまれて、わきの部屋に放り出され、殺すと脅された。伊藤公も、彼のところへ出て行って説きふせにかかった。「譲歩するつもりはないのか、あなた方の皇帝があなたに命令されてもか?」と伊藤公は言った。韓圭卨は「しません。たとえそうでもしません」と言った。

これで十分であった。公はすぐさま皇帝のもとに行き、「韓圭卨は反逆者ですぞ。彼は陛下に反抗し、陛下の命に従わないと公言しています」と言ったのである。」

条約締結後の状況に関する『朝鮮の悲劇』の記述に戻る。

「朴斉純は、彼を見舞った憎悪の嵐のもとで畏縮してしまった。十二月六日、彼が王宮に参内しようとしたとき、一人の軍人が、銃撃して彼を暗殺しようとした。彼は、きびすをかえして日本領事館へと急いだ。そして林氏のいる所へ押し入って、短刀を引き抜いた。彼は叫んだ。「私をこのようにしてしまったのはお前だ。お前が私を売国奴にしてしまったのだ」。彼は自分の咽喉をかき切ろうとしたが、林氏が彼を制止し、彼は治療のため病院へと送られた。彼は傷の癒えたのち、日本政府によって、新しい首相にと選ばれたが、韓圭卨は退けられた。しかし、朴斉純は、長くはその任にとどまらなかった。彼は、新しい主人に仕えるには、あまりにも自主独立心を持ちすぎていたようである。」

「閔泳煥（一八六一〜一九〇五）——さきの軍務大臣、ヴィクトリア女王即位六十年記念祭典の時の韓国特命大使——は家に帰った。そして祖国の現状を嘆き悲しむ書信をその友人たちに書き残して、自決した。その他の政治家たちも数名が同じように自決し、その他の数多くの者が辞職した。地元紙である『皇城新聞』は、何が起こっているかを予めスクープして、これを正確に報道した新聞をひそかに印刷することを敢行した。その編集者（社長の韋庵張志渊を指す）はただちに逮捕され、投獄され、新聞は発禁となった。」

右にいう閔泳煥と『日韓併合小史』に名があげられている度支部大臣閔泳綺とは別人であろうか。閔泳綺も条約反対者だけに同一人か別人か、私は関心をもっている。ところで『皇城新聞』の掲げた哀悼の辞は、国家全体の感情を言い表わしたものであった」と『朝鮮の悲劇』は記し、これを掲載している。

「「さきごろ伊藤侯の来韓を知ったわが人民は、まどわされて、皆みな異口同音に次のように語り合った。侯は、常日ごろ、東洋三国（日・中・韓）の鼎足安寧を周旋することを自らの任として来た人である。今回の来韓は、きっと、約束された韓国の尊厳と独立を、堅く扶植するための方略を勧告するという、その目的からにちがいない、と。それで、わが国の宮民上下をあげて、港からソウルに至るまで、心から侯を歓迎した。

ところが、ああ、天下の事には、予測し難いことが何と多いことよ。夢想だにしなかった五条項の提案が、何と皇帝に提出されたのである。伊藤侯の来韓の目的について、われわれは何と誤った見方をしていたかを今や知った（『皇城新聞』、原文には「伊藤侯之原初主義　果安在哉」となっている）。しかしながら、わが皇帝陛下の聖意は強固でこれを拒絶しつづけられた。それで、伊藤侯は、当然、その試みを断念して帰国した」（同上原文には「……即該条約之不成立　想是伊藤侯之自知自破者也」とある）

「ところが、豚犬にも劣るわが政府大臣たちは、栄利を望みうかがい、こけおどしの脅迫におびえて、ふるえためらい、ついに売国の賊となることに甘んじ、三千里の国土、五百年の宗社を他人の手に捧げてしまい、二千万の生霊を他人の奴隷にしてしまった」

「豚犬にも劣る外部大臣朴斉純は深く責める値打ちもない。また期待をかける値打ちもない。

しかし、内閣の首班である参政大臣ともあろう者が、伊藤侯の提案に最初のうちは反対しておきながら、人民に対してその名声を誇張するようなみせかけを工夫したことは、いったいどう言ったらよいのであろう」（原文は「名為参政大臣者　政府之首揆也　但以否字塞責　而図要名之資……」とある）

「彼は、今となっては、その同意の事実を認めないわけにはいかないし、げんに生存している事実を免れることもできないだろう？　何の面目あってふたたび皇帝陛下の前に立ち、また二千万同胞にまみえることができようか？」

「ああ痛ましいかな！　ああ憤ろしいかな！　わが二千万同胞。生か死か。檀君・箕子いらい四千年の国民精神は、一夜の間に滅亡してしまった。痛ましいかな！　痛ましいかな！　同胞よ！　同胞よ！」」

まことに心をうつ、哀感迫る記述である。ただ、人物が誰を指すか分りにくいが、外部大臣朴斉純は保護領になって以後参政大臣に選ばれたというので、ここに参政大臣とあるのも彼を指すのであろう。『朝鮮の悲劇』は右の新聞の引用に続けて、次のとおり、記している。

「自殺、辞職、悲嘆、それらは何の役にもたたなかった。日本憲兵が街路を支配し、その背後にひかえた日本軍兵士は、論弁の一片にだによることなく、力でもって、彼らの意志をバック・アップしようと用意していた。

もちろん、日本政府の性格にいくらか通じていた人たちの期待していたように、条約の約束に違反することのないよう、あらゆる努力ははらわれた。韓国はまだ一個の独立国家であり、その皇室の尊厳が損傷されることはなかった。日本は、発展の進路にそった援助をしようと、その虚弱な兄弟に対して、あまり友誼的ではない圧力をかけているだけであった。こういう言い方を日本人は喜ぶのであったし、また、彼らのまじめくさった諸約束とその実際の行動との間のコントラストをなんとか調和させようと、その兄弟を援助するのであった。そのことは他の誰をも欺きはしなかった。だが、今日でも、日本の新聞は、韓国の独立についてはほとんどまったく語ろうとしない。「韓国の独立は一つの喜劇だ」と彼らは言う。彼らは〔ある意味では〕正当にそれを言っているのである。」

＊

伊藤博文初代統監の統治について『朝鮮の悲劇』は第十二章に記しているが、この章で記されたことは後の日韓併合条約にまで続く問題なので、次の第十三章「高宗（李熙）の退位」の項の事件をあらかじめ記すこととする。『朝鮮の悲劇』は次のとおり記している。

「皇帝は、アメリカ公使館に隣接した、現代風の謁見室のついている質素な朝鮮式家屋の、小さな建物に起居していた。王宮の宮廷外には、じつに、あらゆる種類の従者やいそうろうが多勢いた。そこには例の宦官グループがおり、また官僚のなかにはかなりの数の占い師もいた。皇帝は、一人の夫人厳氏にかなり厳重に牛耳られており、その日常生活は単調で謹厳であって、東洋の多くの王国でのそれとは著しい対照をなしていた。」

「皇帝は、あらゆる機会をとらえて、この条約（一九〇五年の乙巳保護条約）についての抗議のメッセージを海外に送った。皇帝は、まだ、ときどきは、どうにかしてその側近たちと面談をしていた。しかし、日本政府側では、反逆者たちが皇帝のもとに来て熱心にその忠誠を吐露していることに対し、注視を怠らなかった。しかし、皇帝のしていることが、監禁者側に直接的に覚られたことは、ほとんどなかった。一九〇七年（明治四十年）の初夏、オランダのヘーグで開かれた国際平和会議が、自由のための一撃をぶっつける自分にとっての最後のチャンスだと、皇帝は考えた。彼は、韓国の独立を奪ったその条約にまだ同意を与えてはいない強大国を、得心さえさせることができれば、その時はそれらの国が、その国の大臣たちをこのへんぴなソウルにまで送ってくれて、日本にその手をゆるめさせるようにしてくれるであろうと、まだ信じきっていた。そこで、ごく秘密のうちに、高位にある三人の韓国人派遣委員が、資金の準備をうけ、ハルバート氏を後見役として、ヘーグに向けて出発した。彼らは外交の専門家でもなく、また案内役もいなかった。彼らは、たとえヨーロッパ宮廷の上品さには通じていたとしても、それだけではなんらの効果もあげることはできなかった。そのとおり、彼らはヘーグに到着はしたが、彼らは傍聴すら拒絶されたのである。会議は彼らに対してただの一言も与えなかったのである。」

『日韓併合小史』はこの事実に関し、次のとおり記述している。

「一九〇七年（明治四十年）六月オランダの首府ハーグでロシアのニコラス二世の招集する第二回万国平和会議がひらかれたのであるが、この会議に、朝鮮の使節として元議政府参賛李相卨《りそうか》、前平理院検事李儁《りしゅん》、前駐露公使館参事官李琦鐘《りきしょう》の三名があらわれ、議長であるロシアの委員ネフリュードフに韓国皇帝の信任状を示し、平和会議に出席を要求した。これがハーグ密使事件である。

この事件は宮廷の御雇教師であったハルバートと李太王の甥趙南昇が画策して、李相卨、李儁の両名が李太王の信任状をもらって、まずロシアの首府セントペテルスブルグにいたり、ここに滞在していた前駐露公使の李範晋に託して、ロシアの皇帝ニコラス二世につぎのような要旨の親書を伝達してもらった。

朕今日ノ境遇愈〻艱難ニシテ四顧之ヲ訴フル所ナシ。唯〻陛下ニ向ツテ之ヲ煩陳センノミ。弊邦振興ノ期全ク陛下ノ顧念ニ係ル。今ヤ幸ニ万国平和会議ノ開カルルアリ、該会議ニ於テ弊邦所遇ノ実ニ理由ナキヲ声明スルヲ得ム。韓国ハ曽テ露日開戦ノ前ニ於テ中立ヲ各国ニ宣言シタリ。是レ世界ノ共ニ知ル所也。現時ノ状勢ハ深ク憤慨ニ堪ヘス。陛下弊邦ノ故ナクシテ禍ヲ被ルノ情ヲ特念セラレ、務メテ朕カ使節ヲシテ弊邦ノ形勢ヲ将ツテ該会議開催ニ際シ説明スルヲ得セシメ、以テ万国公然ノ物議ヲ致サハ、則チ之ニ因リテ弊邦ノ原権庶クハ収回スルヲ得ム。果シテ然ラハ朕及ヒ我カ韓全国ハ感激シテ陛下ノ恵沢ヲ忘レサルヘシ。前駐韓貴国公使回去ニ際シ願望ノ深衷ヲ付陳シ、該公使ニ託スル所アリ、唯垂諒アランコトヲ望ム。

それから李範晋の息子で前駐露公使館参事官の李琦鍾を一行に加え、直ちにオランダのハーグへ向った。ハーグについた一行は平和会議の委員に面会を求めた。

しかしポーツマス条約で日本の朝鮮支配をみとめていたロシア、アメリカ、イギリスは、この韓国皇帝の派遣した代表との面会を断った。オランダ駐在の都築公使から外務省にきた報告によると、小国の代表は概して朝鮮のいうことには同情していたが、大国はこれをとりあげなかった、といっている。」

おそらく高宗帝のニコライ二世宛親書もロシア代表から都築公使に渡されたので、日本政府はその内容まで知ることになったのであろう。都築公使から電報をうけた政府は閣議をひらき、処理方針をきめて、統監伊藤博文に通知した。ふたたび『朝鮮の悲劇』の記述から引用する。

「皇帝の側におけるこの行為は、日本側に対して、彼らが長い間求めつづけてきた恰好の口実を与えることとなった。韓国の内閣機構は、このような危機を予測して、すでに数ヵ月以前に改編されており、閣僚は皇帝によって任命されずに統監によって任命されるようになっていた。つまり、皇帝はすでに行政上の執行権を剝奪されていたのである。伊藤公は、このことについて、韓国の閣僚はまったくの道具であるとみなしていた。今や、その道具をも切り捨てるべき時が到来したのである。日本政府は、物音たてぬ激怒の態度を帯びるに至った。そういう無礼を許してそのままに済ませることはできない、だがどういう罰を加えたらよいかそれは言えない、その友人はそう宣言した。一九〇五年十一月のときよりも今度はずっと巧みに、その処置の舞台構成がなしとげられていった。日本側は、名目上では、皇帝の譲位についてはできなかった。だが実際には、韓国の閣僚たちは、統監のもとに集まって会議を開いたうえ、彼らの政策を決定し、教えられたとおりに実行した。彼らは皇帝のもとに行き、日本に併呑されることから韓国を救うため、皇帝がその王冠を断念すべきであることを要求した。最初、皇帝はこれを拒否したが、そのため閣僚たちの強要はますます強化された。同情や援助のニュースは、外国からは一つも皇帝のもとにとどかなかった。彼をめぐる危難を覚った皇帝は、簡単な譲位遺言で閣僚たちをトリックにかけようとした。すなわち、彼はその子息を臨時的な王である王冠を戴く王子にしようとした。つまり、彼はこの新しい名称に中国の表意文字を巧みに利用して、彼の子息に窮極的な完全な権威を与えるような名称を少しでも消去して、この危機をなんとか回避しようとしたのである。この場合皇帝は自分自身をだましたのである。なぜなら、ひとたびアウトになりながら、良いものを得ようとしたからである。七月十九日の朝の六時、徹夜の会議を終えたのち、皇帝は譲位することを納得させられた。数時間後に、皇帝は次のようなその最後の詔勅を発した。

それには悲哀感があった。

「ああ、朕が列朝の大いなる基を嗣ぎ守って今日まで四十有四年になる。いくたびも多くの災難をこうむり、これを志どおりに治めることができなかった。官への人材登用にその人を得なかったためであろう。騒乱は日に甚しく、その対処も時宜にもとることが多かったし、困難は急速に迫り、国民の困苦と国政の危機が今日より甚しいことはいまだかつてなかった。われわれは恐れおののき、さながら薄氷を踏む思いであった。王の地位にあった朕も、今はその施政勤務に倦み疲れたので、歴代先朝の例と教えにならってここに位を譲って再興をはかることにした。朕は今ここに、軍国大事を皇太子をして代理させるよう命じたのである」。(『高宗実録』には、皇太子が「代理聴政」の命をうけ、すなわち禅をうけたとある)」

「ところが、一週間も経たないうちに、日本政府は、新しい条約を準備した。その条約は、韓国内のあらゆる事項の日本による絶対的統御をめざした、従来よりもはるかに厳しい内容のものであった。その条約案の六つの短い条項は、考えられうる最大限の程度にまで、遠大な影響力を持つものであった。それは、あらかじめ統監の同意と承認をえていたのでなければ、韓国政府独自で、成文化したり決定的措置をとったりできるものではなかった。」

「数日ののち(七月三十一日)、一つの新しい詔勅が新皇帝により発布されたが、それは、韓国軍隊の解散を命じたものであった。」

息をのむようなわが日本政府の朝鮮・韓国への暴虐である。

注　李朝は太祖李成桂が建国、国名を朝鮮といったが、一八九七（明治三〇）年国名を大韓帝国と改めた。君主はそれまでは朝鮮国王と称したが、国名改称後は大韓帝国皇帝と称することとなった。本文及び引用文中、朝鮮・韓国というように表記が統一されていないのはそのためである。

2

マッケンジーは初代の統監となった伊藤博文について次のとおり書いている。

「韓国民にとって、これ以上によい選択、これ以上に喜ばしい選択はありようがなかった。彼は、日本天皇の主たる代行者として、韓国の独立剝奪の仕事に当たったのであるが、それにもかかわらず、ほかの日本人にはとうてい真似ることのできないほどの好感を、韓国の責任ある地位の人びとに与えてその尊敬を受けた。このことは十分留意すべきである。彼と接触した人は誰でも、日本帝国の政策にしたがって彼がとっている施策が、どのような性質のものであるかはべつとして、彼はやはり、韓国民に対して誠実に好意を抱いていると感じたのである。彼の統治の仕事のうえでの欠点は、すべて日本帝国の拡張に伴う避けられない付随物であり、彼の徳行そのものは彼自身のものである、とみなされていた。彼は、当時すでに、その栄誉にみちた人生経歴の晩年に当たっており、気楽な顕職を求めれば求められたのに、その彼が、日本外交の提起しなければならなかったもっともわずらわしくきびしい職責を、みずからすすんでひきうけたことは、彼の行為の高貴さを示すものであった。

伊藤公は、非常に有能な数名の日本人高級官僚をひき連れてソウルにのりこみ、まず、それらスタッフの地位と義務とを明確に規定した関係諸法令を制定し、ここに新しい統治を開始した（統監府開庁は一九〇五年二月一日）。かくて、統監は、何事でも意のままになしうる権力を持つ、韓国の事実上の最高統治者となった。（中略）韓国の全国枢要の地には、理事官および副理事官という日本人官吏が配置され、彼らが事実上の地方長官となった。警察官それ自身は日本人ではなかったが、警察は日本人の監督官である警務総長および警視の指揮下におかれた。農業・商業・工業など産業に関する事項をつかさどる行政諸部門は、農商工務総長以下の日本人監督官や顧問の手に掌握され、また最高級官吏を除くすべての官吏の任免権も、結局は統監の手中におかれていた。この任免権上の制約も、まもなく一掃された。こうして、統監は韓国の独裁者となった——ただ地方行政の一部については、今までどおりその地方の土着人官僚を通じてこれを処理した。ただ、当時まだ完全に一掃することができていなかった官廷一派の陰謀には、十分注意しなければならなかったが。」

右の記述の中、統監府の開府が一九〇五年二月一日とあるのは同年（明治三八年）一二月二一日の誤りである。すでに引用した保護条約は調印が同年一一月一七日であった。正確にいえば統監府の設置が一二月二一日の勅令二六七号で公布され、伊藤博文がソウルに赴任したのは翌年三月であった。この勅令全三三条のうちのおもなものとして次の五条を『日韓併合小史』は紹介している。

「第一条　韓国京城ニ統監府ヲ置ク

第二条　統監ハ親任、天皇ニ直隷、内閣総理大臣ヲ経テ天皇ニ上奏裁可ヲ受ク

第三条　統監ハ韓国ニ於テ帝国ヲ代表、韓国ニ於ケル外国領事館及外国人ニ関スル事務ヲ統轄シ併セテ韓国ノ施政事務ニシテ外国人ニ関係アルモノヲ監督ス

第四条　統監ハ韓国ノ安寧秩序ヲ保持スル為必要ト認ムル時ハ韓国守備軍ノ司令官ニ対シ兵力ノ使用ヲ命スルコトヲ得

第七条　統監ハ統監府令ヲ発シ之ニ禁錮一年以下又ハ罰金二百円以内ノ罰則ヲ附スルコトヲ得」

伊藤博文は統監に任命されるときの条件として、朝鮮駐箚の陸軍にたいする統帥権の附与を要求し、山県有朋ら軍首脳はこれをいれ、大元帥たる天皇の大権によって伊藤は元帥の資格で統監となり、ソウルに赴任した、と『日韓併合小史』は記している。この勅令第七条の禁錮一年未満、罰金二百円以下という規定は名目的なものにすぎなかった、何となれば、「当時韓国は日本軍の軍令下にあり、軍法会議は死刑を科する権限をも持っていたからである」と『朝鮮の悲劇』は記している。

『朝鮮の悲劇』には次の記述もある。

「統監府によってほんとうに改善されたことの一つに、日本人移民の厳重な取締りがある。極悪非道な日本人犯罪者どもを逮捕して、本国に強制送還したのである。統監府の官吏の数をふやし、少なくともある程度まで、日本人に対する韓国人の苦情の聞きとどけられることがより容易になった。伊藤公は、常に、和解と友好とを旨とすることを語り、しばらくの後には、外国人たちの協力を獲得することにも成功した。

しかしながら、日本のねらいとするところが、韓国の全面的併呑とその民族性の完全抹殺以外の何ものでもないことが、しだいにはっきりしてきた。当時韓国にいたもっとも有力な日本人の一人は、この事実を率直に私に打ち明けた。彼は私にこう語った。「おことわりしておきますが、これは私の公式見解ではありませんよ。けれども、もしもあなたが、日本の政策の結果として何がもたらされるかを個人として私に尋ねるとすれば、私はただ一つの結果を想像しているだけである、と言いたい。それには何代もかかるでしょう。だがきっとそうなるに相違ない。韓国は日本に併合されるでしょう。彼ら韓国人はわれわれのコトバを話し、われわれと同じように生活し、われわれの完全な一部分となるでしょう。いったい植民地支配には二つの型があるだけです。一つは、その地の民衆を外国人として統治するもので、これはあなたたちイギリス人がインドで行なっている型のものです。したがってあなたたちのインド帝国は永続きすることはできない。インドはきっとあなたたちの支配を脱するにちがいない。第二の道は民衆を同化してしまうことです。これはわれわれ日本のとろうとしている道です。われわれは彼らに日本語を教え、日本の制度を樹立し、彼らをわれわれと一つのものにしようとしているのです」と。これが日本政府のいわゆる「慈悲深い」計画なのである。きわめて普通一般に考えられているなまのままの考え方は、韓国全土を併合するということであって、その全産業を日本人の手中に収め、韓国人をして、勝ち誇った征服者としての日本人のためにきこりや水汲み人夫のように働く、そういう地位におとしめるということである。日本人は、韓国人は臆病で虚弱で卑怯な、自分たちとはまったくちがったレベルのものと思いこんでおり、韓国人を軽蔑し、それにふさわしい取扱いをするのである。」

いったい長い歴史と文化を有する二千万人の異国民を日本人と同化させる、というようなことができないことは今日になってみれば誰の目にもはっきりと理解できる。同化させた上で、旧韓国人を二流日本人として取扱うことが当時の、あるいはアジア・太平洋戦争終了までの、日本政府の方針であり、政策であった。こうした考え方の根底には、日本人が韓国人に比し優れた資質、文化をもっている、という強烈な自負と傲りがある。その結果、同化しても依然として、日本人と同じになるわけではなく、二流日本人に甘んじなければならない、とする傲慢無礼な意識を日本人に抱かせることとなる。植民地支配に熟達したイギリス政府はインド人をはじめから被支配者である外国人として扱った。日本人の愚昧さは、こうした政策が、朝鮮の人々に日本人に対する反感、嫌悪、憎しみをつのらせるにすぎないことに気付かなかったことにある。

『日韓併合小史』から引用する。

「伊藤統監は、三月十三日、その官舎に参政大臣朴斎純、学部大臣李完用、内部大臣李址鎔、度支部大臣閔泳綺、法部大臣李夏栄、農商工部大臣権重顕などをあつめて、「韓国施政改善ニ関スル第一回協議会」をひらいた。協議会は以後ひきつづき一九〇九年十二月二十八日の第九十七回まで、つまり朝鮮を併合する直前まで続いている。

今日その議事録がのこっているが、それによると議長はいつも伊藤博文で、会議の内容も「協議」ではなく、いつも日本がおしつけたものを朝鮮の各大臣が強引に承認させられただけであった。」

同書は鉱山権、鉄道、築港、郵便事業等にもふれているが、内政指導の中心は「経済支配の確立と、そのための日本側権力による治安の維持におかれていたといってよい」と記し、「すなわち、まず起業資金債一千万円を日本興業銀行から朝鮮政府に貸与するという形式をとり、この資金で教育制度の改善、金融機関の拡張整理、道路の改修、水道設置などの各種事業を実施することとした」という。

この借款について『朝鮮の悲劇』は次のとおり記述している。

「国の改善のために一千万円の借款が調達されたが、その金は、韓国の関税収入を担保にした年利六・五％のものであったにもかかわらず、実際には日本興業銀行から債券額面百円に対して九十円の割で借用したものであった。これはまさに法外な条件のものである。『ジャパン・タイムズ』紙の記事の一節はわれわれに次のように告げている。すなわち、

「韓国政府は、その国内財源確保難のため、日本の郵政省に対して〔年々〕二十五万円を支払わなければならない」

と。つまり、日本政府は、まず、韓国の郵便局を差し押えてその従来の韓国人従業員を追い出し、代わりに自国民を配置し、これまで以下のサービスを提供し、しかもなお韓国国民から彼ら日本人従業員の労働の代償として、年々の重い追徴金を韓国人に科するのであった。さらに一例をあげれば、済物浦の市街地はほとんどまったくの日本人居留地であったが、その飲料水供給の問題はまた一つの難事であった。統監府は、親切にも、この港都の水道敷設工事費として、韓国政府の借款中から二百三十万円を支出することに同意した。これはつまり、日本人市街地の飲料水供給費を全国の韓国民衆が負担する、ということであったのである。私は、これと似たような非常にたくさんの大小さまざまの実例を、あげることができる。そこには、貪欲な収奪の組織的計画があるのである。」

ここに記されているようなあくどい貪欲な事柄を私たちの祖父たちがしたとは信じがたい思い

がつよい。しかし、日本興業銀行が行なったような貸付は、私自身の経験から考えても、日本の銀行が弱い借主に対して貸付けるばあいの通例だったのではないか。

伊藤統監の行なった事業の一として金融の問題がある。『日韓併合小史』は次のとおり記述している。

「従来第一銀行は、三井物産とともに朝鮮における日本資本の尖兵としての役割を果していたが、とくに一九〇五年三月にはその出先機関を韓国中央銀行として通貨発行権を持つにいたった(『第一銀行五十年小史』)。統監府設置以後この韓国中央銀行としての第一銀行は、朝鮮における金融支配の中心となり、一九〇九年十月二十九日、韓国銀行(のちの朝鮮銀行)成立とともにこれに発券業務その他の権利義務を引きついだが、韓国銀行総裁には、第一銀行韓国総支店支配人が就任し、領土の併合より一足さきに金融資本の植民地化を完成したのである。」

右の記述は若干不明確だが、第一銀行のもつ債権債務は韓国銀行に譲渡しても、何らかの方法で、第一銀行は韓国銀行の支配権を実質的に維持したのではないか。

*

さらに統監統治下の韓国の治政について若干詳しく見ておきたい。

高崎宗司『植民地朝鮮の日本人』(岩波新書)の記述に「〇六年二月、日本は、統監府開設と同時に、釜山・馬山・木浦・群山・漢城・仁川・平壌・鎮南浦・元山・城津の一〇か所に、その後、大邱・新義州・清津の三か所に理事庁を設置した」とある。

「憲兵についてみると、〇八年四月、六分隊、五一管区、四四二分遣所、一三派出所があった。そして、同年末の日本人憲兵将校は二三四七人であった（姜昌錫、一〇九）。日本の警察関係の組織は、〇七年一〇月、一二警察署、三警察分署、五九巡査駐在所があった。そして、統監府所属の警視五人、警部四二人、巡査五〇〇人、韓国政府顧問輔佐官（警視）二一人、輔佐官補（警部）七八人、補助員（巡査）一三〇五人、総計一九五一人の日本人が勤務していた（姜昌錫、九〇）。」

（前記著書による。以下同じ。）

「〇六年、統監の書記官であり韓国学部参与の俵孫一は漢城に一〇校、各道に一校ずつ、日本式の初等学校（普通学校）を創った。そして、教監（教頭）としてそれぞれの学校に日本人教師を一人ずつ配置した（森崎、七八年、八三）。官公立普通学校はその後増設され、日本人教師も、〇九年末に六八人、一〇年末には八一人となった（稲葉、九九年、二九八）。その他、各級日本人学校の教員も加えると、教育に従事した日本人数は、〇六年末に一四七戸・三九〇人、一〇年末には六七二戸・一九〇五人へと急増した（金柄夏、三七一）。」

「居留民の急増を背景として、〇六年に釜山に、〇七年に漢城に、〇八年に仁川に、高等女学校が設立された。そして、〇九年になって、京城居留民団立京城中学校が創設された。稲葉継雄は、高等女学校が先に、しかも多く設立されたのは、男子は日本の中学校に進めばよいが、女子はなるべく家から通わせたいと考えられていたためであること、小学校に比べて中等教育機関の整備が遅れたのは、居留民が永住を前提にしていなかった姿勢の反映であることを指摘している(〇〇年、二〇八、二二九)。」

「次に開校されたのは釜山中学校で、一三年である。(中略)教師は皆、サーベルを吊って登校していた。(中略)平壌には一六年に、龍山と大田には一八年に中学校が設立されている。」

右の記述から驚くことは、日本人居留民のための学校は次々に設立されても、韓国人のための学校が設立された旨の記述がないことである。韓国人教育は視野の外にあった。

『植民地朝鮮の日本人』の第四章「激増する在朝日本人　韓国保護国化〜韓国併合　一九〇五〜一〇」の小項目「日本人の横暴　その一」にはいくつかの事例が紹介されているが、一例のみ引用する。

「キリスト教伝道で朝鮮に渡った二人の牧師皓天生と上田義雄とは、それぞれこう書き残している。「邦人の演じたる暴行は実に吾人と雖も悲憤の涙に暮れざるを得ざるものあり。所謂貸金政策なるものは、統監府設立以前に於て我国民の彼人民に対して取れる常套手段にして、一ケ月一割二割の高利を付せしめ、期限来る時は故意に外出して之を請取らず、而して後に之を口実として其土地家屋を略奪せること、其数少からずと聞く」。金の指輪を盗んでつかまった朝鮮人を、

「イキナリ裏庭に引摺り、後手に縛り、背と手の間に玉突の「キウ」を捻じ込み、拷問にかけ、遂に気絶さした」「当時鮮人に同情するものなどは「ナゼ朝鮮人の贔屓《ひいき》をする、日本人を押潰してよいのか、此非愛国者奴が！」之れが当時の在鮮日本人気分と云うも、必らずしも過言でなかった」（小川・池、二四一、二五〇）。

韓国が日本の保護下にあった〇五年から一〇年にかけて、在朝日本人によって盛んに行なわれていた悪行の一つに、高麗の古都・開城における古墳の盗掘と、掘り出した高麗青磁の密売買があった。それに関連して逮捕され、裁判で有罪を言い渡された人も多かった。李亀烈『韓国文化財受難史』（増補版）に紹介されている事例は一〇件に満たないが、それは氷山の一角に過ぎない。」

＊

『朝鮮の悲劇』の第十四章は「かいらい皇帝の即位」と題され、次のとおり書きおこされている。

「一九〇七年（明治四十年）八月の下旬、韓国の新皇帝が、激怒を秘めた国民の無気味な沈黙のうちに、即位した。一般国民の熱狂はさらに見られなかった。数本の祝旗が街に掲げられたが、それは警察の命令によるものであった。（中略）国民はそっぽを向いた。「祝宴なんかするときでない。葬式の年が始まろうとしているときなんだ」。人びとは互いにそうつぶやきあった。

即位式のコントロールに当たった日本当局は、その規模を小さなものにし、韓国側の自主的な外観をとった公表を防ごうと、あらゆるてだてをつくした。この点については、日本側はじつに行きとどいた助言を怠らなかった。新皇帝（第二十七代王、純宗のこと）がその政務室に入るとき、二人の従者に支えられて身体をゆらゆらさせているさま、そのあと彼が立っておられるとき、口をあけたまま、顎を落とし、無関心なまなざしをして、知的関心のゆらめきもないような顔でおられるさま、そういうさまを見やって、こんなさまは、あまり誰にも見せたくないさまであることは、疑いない。だが即位の式そのものは、昔の華麗さの大部分と壮厳さのすべてを失わせられていたとはいえ、やはり独特な風格と絵のような美麗さとをそなえていた。」

「統監は、即位式に、日本人をなるべく多く参加させ、なるべく多くの外国人を排除するような措置をとった。日本居留民団長や仏教の僧侶を含む百人近い日本人が式に出席した。白人出席者はわずか六名にすぎなかった——五人のソウル駐在総領事と韓国イギリス聖公会の主教一名の計六名——。日本人は華麗な服装で盛装して参列した。」

「十時少し前、賀客たちは、玉座になっている一段と高い壇を一方の端に設けた、現代式建築の宮殿の広間に集まった。皇帝の左には韓国人、右には日本人が、一方の最前列には閣僚が、もう一方の最前列には統監府の役人たちが並んだ。外国人は玉座の方に向かって並んだ。

新皇帝は、侍従長や王宮の方がたを引きつれて、玉座にお出ましになった。皇帝は、足くびのところまで垂れるようなそら色の外衣（この場合は礼式用の道袍であろう）をまとい、その下に柔らかいクリーム色の衣服を着こなした、古来の純韓国式の服装をしておられた。頭には古風で趣のある馬の尾毛で編んだ韓国式の冠をかぶっておられたが、それにはお国ふうの飾り輪が上から垂れ下がっていた。その胸のところには、飾りのついた小さな胸当てをつけておられた。背が高く、ぎこちなく、無器用でそしてうつろに見える――新皇帝はそういう方であった。

昔は、国中の人びとが、彼の前では「叩頭《こうとう》」の礼、つまり頭を地面にまですりつけるようにするおじぎをしたものである。ところが今では、先ぶれの宮内官もはぶかれ、ただ頭を下げておじぎをする人はいても、ひざまずく人は一人もいなかった。後方で一風変わった韓国式音楽が始まり、太鼓をたたき、哀調を帯びた楽器の演奏が行なわれた。やがて儀典長が、吟唱口調の声をはり上げて、演奏の続きを聞こえないようにしてしまった。静かなしじまのなかで、立派な現代的盛装をした総理大臣が、皇帝の前に進み出て、賀辞を記した紙片を読み上げた。皇帝はお立ちになったままでおられたが、明らかにこの部屋中でいちばん関心のうすい人のようであった。別にうんざりしておられる風でもなかった――ただ単純にうつろな気持でおられたのである。

このあとちょっとの休けい時間があった。皇帝は退場され、賀客は待合室に案内された。まもなくして、全員が呼び集められ、皇帝もふたたびお出ましになった。このときには、まったく急な変化がそこに見られた。皇帝は、こんどは、韓国軍大元帥としての新しい現代式制服を着けて出て来られたのである。胸には二つの高級勲章を佩しておられた――その一つは、私の誤りでなければ、日本天皇から贈られたものである。皇帝は、この新しい服装によって、すっかり男らしく見えた。皇帝の前には、真新しいかぶりものが置かれていた。それは、前方に美しい羽毛が真っすぐにつき立っている頂きの尖った帽子であった。音楽はもはや韓国古式のそれではなくて、宮廷おつきの、ヨーロッパ人の訓練にかかるたいへん優秀な楽隊が、現代式の音楽を演奏した。韓国人演奏者たちは〔人びとに〕韓国の古色豊かな服装や生活を、忘却のかなたへと押しやらせてしまった。

現任日本統監と、強健そうでおうへいに見える駐箚朝鮮軍司令官男爵（当時）長谷川大将とが、自国の天皇からの賀辞を携えて、御前に進み出た。彼につづいて、領事団の最古参者ヴィンカート Vincart 氏が、外国領事の賀辞を読み上げた。この外国領事の賀辞は、非常に注意深く半ばこしらえもののように編集されており、それぞれにちがった代表をもつ諸政府が、その内容をそのまま是認したと受けとられるようなことになるすべての表現が排除されていた。即位式はそれで終わった。」

『朝鮮の悲劇』は右の即位式の記述に続けて二人の人物の欠席が目立ったと書き、一人は退位させられた前皇帝、もう一人はロシア総領事であった、と記し、前者は即位式が行われた場所から遠からぬ場所で憤怒に満ちて、心中はげしく抗議しながら坐っておられたと記し、他の一人は遅参したということであったと記している。

＊

一九〇七（明治四〇）年七月三一日、新皇帝により韓国軍隊解散の詔勅が下されたことはすでに述べたとおりである。

『日韓併合小史』には次のとおり記されている。

「八月一日の午前八時に、ソウルにある各部隊の将校つまり韓国侍衛混成旅団長参将梁性煥《りょうせいかん》以下二侍衛聯隊長、六侍衛大隊長および各部隊長らは、隊附日本教官とともに、韓国駐劄司令官の官邸に突然招集された。将校たちがあつまると、長谷川司令官がまずあらわれ、つぎに、李軍部大臣があらわれ、いきなり例の軍隊解散の勅語を読んだ。そして、その日の午前十時に訓練院（ソウルの城内にある練兵場）で解散式をやるという宣告をうけた。これは彼らにとってまったく寝耳に水で、あっという間もなかった。

なおこの時、軍隊は解散して、将校だけは現在のままのこすから、諸君は部下の兵卒を平穏に解散させてもらいたい、という訓示をうけたのである。」

ところで、朴殷植著、姜徳相《カンドクサン》訳注『朝鮮独立運動の血史』（東洋文庫、平凡社刊）という著書が刊行されている。その第一巻の上編に「第一〇章　伊藤、軍隊を解散させ、参領朴勝煥自決する」という項がある。これには、「下士官に八十円、兵役一年以上の卒に五十円、一年未満の卒に二十五円を支給し、軍隊を自由解散させた。士卒はみな涙をはらいつつ男泣きに泣き、そのうちのあるものは、声をあげて慟哭し、あるものは、貰った恩給の紙弊を引き裂き大地にたたきつけて、そのまま地方に逃げて、義兵に合流したものも少なくなかった」とある。記事の引用を続ける。

「侍衛第一連隊第一大隊長朴勝煥は、乙未の年の閔妃弑殺事件以後、つねに復讐の志を抱いていた。日本の侵略がさらに甚だしきを加え、国破れ民滅ぶるのを目前にした危機に悲憤慷慨し、一死報国の機会をまっていた。光武帝譲位の日に宮中で事を挙げようとしたが、その禍いが皇帝の身に及ぶのを恐れて中止していた。八月一日、長谷川が軍隊解散の詔書を下付するため各隊長を召集したが、勝煥は病気と称して出席しなかった。その後軍隊が解散となったのを聞いて、憤慨のあまり発狂したように声をあげて慟哭し、ピストル自殺した。

この様子をみて同隊の将卒は一時に憤激し、ただちに弾薬庫を破って弾丸をとりだし、決戦の態勢をとった。第二連隊第一大隊もまたこれに応じた。日本の軍司令官は、日本兵数千を集結急派し、兵営を包囲攻撃した。わが軍兵士は、営内の窓の隙間から発砲応戦し、日本軍梶原大尉以下百余名を射殺した。日本軍はさらに南大門の城壁に拠り、機関銃を発射した。城内各所に散在した日本人商人、労働者、婦女子もみな武器をもって日本兵に助勢した。日本軍太田少尉が爆弾をわが兵営内に投じたため、わが兵士はやむなく営内から突撃し、白兵戦を演じ、たがいに死傷者をだしたが、わが軍はついに弾薬が尽き、敗走した。こうして日本軍は兵営を占領し、付近の民家を捜索し、殺戮をほしいままにした。わが軍兵士の死者は百余人、負傷者は数百人、俘虜となった者は五百余人であった。」

韓国軍隊の解散は日韓併合への過程の一道程であった。そのために、多くの人命が犠牲となった。なお、『日韓併合小史』にも、当時の衛戍司令官岡崎中将の詳細な報告が記されており、これにもほぼ同様の状況が記されているが、韓国側からの記録を前記『朝鮮独立運動の血史』から引用してみた。岡崎中将の「戦闘公報」と称する報告には、「大隊長参領朴性煥自殺し悲鳴を挙げたるためこれと同時に整列し居りたる兵卒も突然喧囂擾乱」したことがこの反乱の契機となったこと、韓国兵士が弾薬庫の弾薬を奪ったこと、「侍衛第二聯隊第一大隊の裏門に向つて攻撃する此時韓兵は窓より猛烈なる攻撃をなし狭隘なる道路を前進しつつある我兵を狙射し之がため負傷者少なからず」、「第九中隊長梶原大尉は此時既に負傷せるに係らず勇を揮つて衆に先ち兵営に突入し部下も驀進してこれに随ふ、梶原大尉は此時韓国将校二名を斬殺したり、梶原中隊及び工兵の先づ公営内庭に突入するや韓兵は四囲の窓牖より射撃を集注し負傷者最も多く我歩兵工兵は此方向に対して伏射を行ふ、此処に於いて梶原大尉敵弾に中つて戦死す」とあり「百余人」が戦死したとは書かれていない。日本人商人、労働者、婦女子も日本兵に助勢した、といった記述もない。かなりの負傷者が出た模様だが『朝鮮独立運動の血史』の記述には誇張があるとみるべきだろう。

岡崎中将の「戦闘公報」は終局を次のとおり記している。

「敗竄したる韓兵は四方に散乱し殊に多数の者は大平洞竹洞附近に逃走し直ちに軍服を脱して民家に隠れまた一部は城壁を越えて彰義門外に走り耶蘇教会堂の高地附近に拠り我南大門停車場衛兵に向つて射撃す、我南大門停車場衛兵は直ちに鉄道線路に沿ふて散開し応戦三十分の後之を撃退す、彰義門衛兵もまた敗走せる韓兵を射撃し多大の損害を与へ西大門外に在る我歩兵砲兵も小銃を以て追撃し敗兵を潰乱せしめたるが敗兵の中約三十名は武器を携へて平壌街道を北走せり。」

解散を命じられた韓国兵士たちはよく抵抗したとみるべきではないか。『日韓併合小史』はソウルにおける韓国軍解散後の状況を次のとおり記している。

「ソウルの部隊が解散すると、こんどは地方の部隊を解散させることになった。このため各隊長と日本人教官をソウルに召集して、解散命令をつたえ、警戒のため日本軍の小部隊を、それぞれ地方に派遣した。しかし、地方軍隊の解散に着手したときには、ソウルにおける韓国軍隊の反乱の様子は、だいたい全国に知れわたっていた。軍隊解散の不満は、地方もソウルもかわりなかった。こういう空気のもとで、解散はすすめられた。

原州鎮営隊の解散予定日は八月十日であったが、ソウルの変を聞くと、五日から部隊の指導者たちは反乱密議をおこない、六日の早朝に反乱をおこし、日本の郵便所や日本人の住家を、ことごとく破壊した。しかしまもなく、日本軍の救援部隊が来たので、反乱部隊は、春川、横城方面にのがれ、のちに江原道一帯のゲリラ活動の中心になった。江華島の反乱は九日におこった。日本の巡査駐在所を襲撃し、一進会員である郡守鄭景洙《ていけいしゅ》を殺し、日本の討伐隊にも相当な打撃をあたえた。しかし、消極的な防禦戦をやったために、すぐにやられてしまった。

この二つの韓国部隊の反乱は、全国的な武装反乱の信号となった。（中略）一九〇八年になると、ゲリラ活動は、北朝鮮にもひろまった。この年がゲリラ活動の最盛期であったらしく、朝鮮全道に出没した。その推定数こそ七万という小さなものであったが、百名から三百名の小部隊にわかれ、討伐にむかった日本軍を奔命につかれさせた。」

『朝鮮の悲劇』の著者は避難民から日本兵の蛮行が行われると聞いたとき、ありえないことと思った、と書いている。「私は、戦争中日本軍と一緒にいた。そして、その戦場で、あらゆる階級の彼らの自制と規律は明らかであったし、また賞讃せられていた。彼らは盗んだり虐待を加えたりは決してしなかった。ごく最近まで私は、ソウル市内での暴動を鎮圧する、日本軍兵士の行動を注目してきた。しかし、避難民の話が本当であるからそであるかにかかわらず、確かに何か注目すべきたたかいが進行しているようであった」と書き、第十五章を「「義兵」への旅だち」

と、第十六章を「日本の強い手」と、第十七章を「廃墟と化した堤川」と題して、彼の目撃した光景を証言している。

マッケンジーの証言に先立ち、同書に引用されている朝鮮駐箚軍司令官陸軍大将長谷川好道の警告書を一瞥しておきたい。

「私は全韓国民衆各人に告ぐ。世界情勢の趨勢にかんがみ、政治的刷新の国家的要請に促されて、韓国政府は、皇帝陛下の御希望に従い、今や庶政刷新の事業に取り組んでいる。しかるに、世界の進運に暗く、順逆をわきまえぬ輩が、無根の風説によって人心を煽動し、各地の暴徒に反乱を起させている。これらの反徒は、内外の平和な一般人を殺害し、財を奪い、公私の建築物を焼き、交通通信施設の破壊を行なうなど、あらゆる恐るべき罪を犯している。このような彼らの罪は、天人ともに許さざるところである。彼らは、忠誠、愛国をよそおい、自ら義兵と称している。しかし、彼らの大部分は、庶政刷新の聖慮に背き奉り、国家および国民を最大に損なう違法者である」

長谷川大将の警告書にいう「聖慮」が日本政府の意図であり、「世界の進運に暗く」が「日本政府の政策に暗く」を意味することは朝鮮・韓国の人々にはたやすく理解できることであり、「皇帝陛下」が日本政府の傀儡にすぎないこともひろく知られていた。こうした警告書はむしろ朝鮮・韓国人民の憤怒をつのらせ、義兵を支援することになっても、警告として効果はまるでなかったはずである。こうした愚かな警告書は朝鮮・韓国の民衆の怨恨、日本人への憎悪、嫌悪をかきたてたにすぎまい。『朝鮮の悲劇』に、一部の対日協力者に在米韓国人が送った explosive thunder 爆雷と題するメッセージが引用されている。

「わが二千万同胞は非常な怒りにつつまれている。その愛国的激怒は天に達し、その愛国の血潮はたぎりにたぎっている。われわれは、お前たちの家を焼き払い、首をはねるつもりである。そしてまた、お前らの肉を、二千万同胞の食べられるよう二千万片に刻んでやろう。さらに、われわれ全同胞の飲めるよう、お前たちの血を二千万のコップに分けついでやろう。だが、お前たちの肉と血を食いつくし飲みつくしてもまだわれわれはあき足りない。お前たちは、外国人のひさしのもとにかくれ、外国軍隊の護衛下で歩くたぐいなき犯罪者だ。骨の髄までの卑劣漢だ。子どもたちでもお前たちの評判は知っている」

『朝鮮の悲劇』は「第十六章　日本の強い手」を次のように書き始めている。

「「この連中には、日本の強い手を、見せてやることが必要である」と、私がソウルを発つほんのちょっと前、伊藤公にごく近いソウルの、指導的地位にある一人の日本人が、私に語った。「東方の山岳地方の韓国人は、日本軍というものを、ほとんどまったく見たことがないのである。われわれは、日本がどんなに強いかを彼らに悟らせなければならない」と。

私は山の峠道に立って、利川《イチョン》へ向かう渓谷の道を見下ろしながら、私の友の語ったこのことばを思い出した。なるほど「日本の強い手」は、たしかにここに示されていた。私は、私の目の前にひろがる村から村が、すべて灰の山と化しているのをこの目で見たのである。

私は、廃墟の中の、一番手近にあった瓦礫の山のそばで馬を下りた。そこは、七十戸か八十戸ぐらいの、かなり大きな村落であった。破壊は、文字どおり徹底的に行なわれていた。一軒の家、一つの壁さえ残ってはいなかった。冬の食糧を貯めたかめや、土を固めて造った暖炉（温突）はすべて、破壊されていた。」

「廃墟と化した自分の村に帰ってきた人たちは、異口同音に、自分は「義兵」とはなんらの関係もないと否認していた。自分たちは戦闘には参加しなかった、と彼らは言うのであった。義兵たちは山からおりてきて日本軍を攻撃した。そうすると、日本軍は、現地住民たちを処罰して報復するのであった。村民たちが、武器も持たず、おだやかに居宅を建てる仕事をしているという事実は、その時の彼らの申立てがうそではないことを示しているように思われる。」

「忠州や原州《ウォンチュ》のような都市では、婦女子や子供や多少とも富裕な家の者は、そのほとんどすべてが避難していた。商店は、その主人が立ち去る前に、戸を閉めて防柵を施してあったが、しかし、そのほとんどがこじ開けられて略奪されていた。他の諸都市も破壊されていたが、しかし、堤川の大破壊とはくらべものにならなかった。ここ堤川は、文字どおり完全に破壊しつくされていた。」

『朝鮮の悲劇』の第十六章、第十七章は、すべてこのように目撃した事実の記述に費されている。すべてを書き写すことはできないので、著者が「義兵たち」と出会った第十八章の一部を紹介する。

「私は、彼らの持っている銃を見せてもらった。六人の者がそれぞれちがった五種類の武器を持っていたが、その一つとしてろくなものはなかった。一人は、もっとも古い型の火縄銃として知られている昔の朝鮮の先込め銃を誇らしげに持っていた。その男の腕には、導火線としての火縄が巻きつけられており、前の方には火薬袋と装塡用の弾丸袋がさげられていた。私はあとで知ったのだが、この先込め銃が普通に使われている武器であったのだ。銃に火薬をつめるために使う込め矢は、自分の家で木をけずって作ったものであった。銃身は錆びていた。銃の背負い革はなくて、代わりに木綿の紐がついているだけであった。

第二の男は古い朝鮮軍の銃を持っていたが、まったく旧式で、その時代の悪い見本みたいなしろものであった。第三の男もまた同じであった。もう一人は、ちっぽけな先込め銃を持っていたが、それは、父親が、可愛がっている十歳くらいの子供にやるような、無害なことうけあいというしろものであった。さらにもう一人の男は、馬上用の拳銃を持ち小銃弾倉をつけていた。三丁の銃には中国のマークがついていた。それらの銃はいずれも、古錆がついて腐蝕したものであった。」

「彼らは、かわいそうなグループに見えた。彼らは、すでに死刑の判決を受けてそれが確定し、絶望的な運命にありながら戦っている人たちであった。しかし、私には、彼らの光り輝く目や、右側にいる下士官の微笑は、私を非難しているように思えた。同情！　私の同情は場違いであったかも知れない。少なくとも、彼らは、愛国心の範例をその同胞に対して示していた。」

「私は、その夜まんじりともしなかった。表通りでは、義兵と住民との間に、騒々しい言い合いがしきりと行なわれていた。義兵たちは避難所を求め、住民たちは日本軍を恐れて彼らを入れたがらなかったのである。彼らの一部は、私のいた家の隣にある空き家に集まり、言い合いの騒ぎはいっそう大きくなった。

しばらくすると、その日の戦闘を指揮した将校が私を訪ねて来た。彼はかなり若い男で、上流韓国人の着る普通の長い白い周衣を着ていた。私は、彼に、「日本軍はわれわれがここにいることを知ったならきっとここにやってくるが、夜間の攻撃に対してどんな警戒配置をとっているのか？　歩哨は立ててあるのか？　川の方の道路は防備しているか？」と尋ねたが、彼は「歩哨は要らないのです。まわりにいる韓国人みんなが、われわれのために見張りをしてくれているのです」と答えた。

私は、義兵軍の組織について、いろいろ彼に尋ねてみた。彼らはいったいどのように組織されているのか？　彼が私に語ったところから察すると、彼らはじっさいなんら組織されてはいないということが明らかであった。ばらばらの各一群のいくつかが、きわめてルーズなつながりで一緒になっていたのである。各地の富裕な者が基金を提供し、それを、彼が、一人二人と散開している義兵にこっそりと渡し、彼らがそれぞれ自分のまわりに味方を集めるのであった。

彼は、自分たちの前途が必ずしも明るいものでないことを認めた。「われわれは死ぬほかはないでしょう、結構、それでいい、日本の奴隷として生きるよりは、自由な人間として死ぬ方がよっぽどいい」。彼はそう言った。」

『日韓併合小史』によれば、「義兵」に対する「討伐」は一九〇八（明治四一）年三月まで続いたようだが、その後は確かでない。

＊

マッケンジーは『朝鮮の悲劇』の最終章「第二十一章　広い展望」中、いくつかの重要な指摘をしている。

「日本は、韓国に対するその厳粛な約束を破り、また機会均等政策を維持することを誓ったその責任を回避した。それは、日本が、重税、国民の貧窮、新しい市場と植民地を獲得する必要性などから追い立てられていることによるものであった。日本の国民は、現在、その所得に対する割合からみて、世界にその比をみないほどの重税を課せられている。日本は、日露戦争の初めにあたって、国税組織を制定したが、そこでは、一人の国民として戦争の重荷を負いうるぎりぎりのところまで課税することを考えていた。この課税は、一九〇五年、さらに増大されたが、その臨時特別税は、平和回復に伴ってその翌年末には廃止されるという了解になっていた。地方税は戦時中百二十ないし七百パーセント、営業税は百五十パーセント、所得税は八十ないし二百七十パーセント、そして砂糖税は百ないし百九十五パーセントも上がった。その他の諸税も上がった。タバコや鉄道のような大きな国家的企業は国有化され、それによって日本は、その経常歳入を二千五百万ポンドから四千万ポンド以上に引き上げることに成功した。戦争の末期に、政府は、現状のもとでは戦費負担税を軽減するという約束はこれを実行することができない、ということを布告し、したがってそれら諸税はその最大限のままで続いた。現在の、一九〇八~九年会計年度において、政府は、戦費負担以上の各種の税を課することを強要している。それにもかかわらず、来年度赤字の可能性に政府は直面しているのである。」

マッケンジーは外債を募集しようにも引き受け手がないこと、労働問題が発生していること、労賃が上昇し、「工業国としての日本の成功は、今まではその労働者の低賃金によること多大であった」が、「人間の労力が安かったうちは問題はなかった」けれども、現在では労賃が常時上昇しており、「圧倒的な国家的重荷の主要な原因は」「疑いもなく、膨大な、陸海軍軍事費と産業助成費とによるものである」ことなど、日本政府が多くの問題に直面していたことを指摘している。

『朝鮮の悲劇』は一九〇八（明治四一）年に刊行されたので、日韓併合までは記述していない。日韓併合はその翌々年、一九一〇（明治四三）年に行われたが、その背景にはマッケンジーが指摘した前記のような状況があった。

統監としての伊藤博文は、日本の監理・指導・保護による韓国の「自治」振興政策として、東京帝大教授梅謙次郎を政府法律顧問とする司法制度整備、日本の第一銀行がはたしてきた韓国の中央発券銀行としての業務停止とこれにかわる韓国中央銀行の設立、第三に教育振興、第四に東洋拓殖銀行の設立を中心とする殖産興業と日本からの資本輸出の積極化などを推進しようとした。海野福寿『韓国併合』（岩波新書）によれば、「伊藤の甘い見通しを裏切って義兵闘争はますます激化する一方で、日本人のあいだからその保護国経営を「韓国本位」と論評する声があがった。本国政府との不協和音もまた高まっていく」とあり、同書はまた、「漢城の邦字新聞『京城新聞』なども、統監府設置以来の政策が、韓国内閣と韓国人操縦に汲々《きゅうきゅう》とし、日本の財政負担のみ増大させ、「暴徒」が地方の治安を乱しているのに、「当局之《これ》が鎮圧の策無くんば責任を負うて退くべし」と、ことばはげしく批判した」と記している。

同書からの引用を続ける。

「保護国経営をめざした統監政治が思わぬ障害に遭遇して、伊藤は韓国統治にたいする意欲を喪失した。一九〇八年一一月ごろには統監辞任の意向をもらすようになった。その理由はさまざまであろうが、最大の理由は、弾圧をかさねても、かえってそれによって鍛えられるかのように成長する義兵闘争の高揚であった。統監の権力は、韓国の「天」と「地」とを奪うことはできても、韓国民衆の「心」を奪うことはできなかった。栄達の頂点に立った男の自負と自信が音をたてて崩れていく。

『伊藤博文伝』によると、一九〇九年四月一〇日、桂首相と小村外相が上京中の伊藤をおとずれ、おそるおそる「韓国の現状に照らして将来を考量するに、韓国を併合するより外に他策なかるべき事由を陳述」した。すると「公は両相の説を聞くや、意外にもこれに異存なき旨を言明した」。それればかりか、桂・小村が提示した「併合の方針」についても、「その大綱を是認」した、という。」

一九一〇（明治四三）年七月、日本政府は、「満蒙地域における利権の拡大を狙うロシアもまた、日本との宥和でより有利な立場に立つことを欲していた」ので、ロシアから日韓併合に対する同意を得、同年八月、イギリスからも同意を得たが、こうした同意を得られるとの見通しのもとに同年六月三日、閣議により、「併合後の韓国に対する施政方針」を決定した。海野福寿『韓国併合』からこの方針とその解説を引用する。

「一、朝鮮には当分の内、憲法を施行せず、大権に依り之を統治すること。

一、総督は天皇に直隷《ちょくれい》し、朝鮮に於ける一切の政務を統轄するの権限を有すること。
一、総督には大権の委任に依り、法律事項に関する命令を発するの権限を与うること。但、本命令は別に法令又は律令等、適当の名称を付すること。
右の三項は天皇とその名代である総督の、植民地朝鮮にたいする位置づけである。

ここでは日本の朝鮮統治権は憲法によって規定されるのではなく、天皇大権による、とされている。したがって憲法の効力がおよばない朝鮮には「大日本帝国憲法」が定めた、兵役義務、人権の保障、国民参政権、行政権と立法権の分立、司法権の独立等の近代立憲制の諸規定は適用されない。もしも日本の韓国併合に、朝鮮の未開と停滞をひらく文明史的意義がある、というのであれば、何よりもまず帝国憲法のもつ近代的部分を朝鮮にもちこまなければならなかった。だが、朝鮮は天皇大権にもとづき植民地統治の委任をうけた総督が、独自に法律相当の令を発することができる異法域とされた。」

このような政策が朝鮮・韓国の人々を侮蔑し、甚しく差別するものであり、日本政府および日本人に対し反感と憎悪をつよくさせるものであることはいうまでもない。日本の植民地政策の愚昧をいうのはやさしいが、こうした政策が朝鮮・韓国の人々の怨恨を生んで冷い視線がその後久しく日本人に向けられることとなったと思われる。

さて、一九一〇(明治四三)年八月一六日、第三代統監寺内正毅は李完用《イワンヨン》首相に対し、併合条約の承諾を求め、次のとおり、その理由を述べた、と海野福寿『韓国併合』に記されている。

「日本政府は韓国を擁護せんがため、既に二回の大戦を賭し、数万の生霊と幾億の財帑《ざいど》を犠牲にし、爾後、誠意を傾けて韓国の扶翼《ふよく》に努めたが、しかも現在の制度の下にありては到底施政改善の目的を全《まっと》うすること能わざるに鑑《かんが》み、将来、韓国皇室の安全を保障し、韓民全般の福利を増進せんがためには、須《すべか》らく両国相合して一体となり、以て政治機関の統一を図るの外ない。」

著者は「虚言を弄するのもはなはだしい」と注しているが、まことに同感である。

同書には「八月一八日の韓国閣議で、李容植《イヨンシク》学相だけは終始条約締結に反対した。だが、大勢は調印やむなしとした。李完用首相は、閣外の閔丙奭《ミンビョンソク》宮相、尹徳栄《ユンドクヨン》侍従院卿、趙民熙《チョウミンヒ》承寧府総管、李秉武《イビョンム》親衛府長官、金允植《キムユンシク》中枢院議長、王族の興王李熹《イヒ》ら側近の重臣を説いて調印賛成をとりつけ、御前会議通過の成算をえたので、二〇日、寺内統監にそれを伝えた。寺内は即刻条約案全文を付して天皇裁可の上奏を稟請した。

二二日、天皇は枢密院に諮詢のうえ、「韓国併合条約」を裁可した。韓国御前会議も、反対意見の李容植学相欠席のままひらかれ、条約案を承認し、李完用を条約締結の全権委員に任命した」と記されている。

『日韓併合小史』は、調印にいたるまでの警備状況について、吉田源次郎騎兵大尉執筆の『日韓併合始末』を引用、五月二四日には軍司令部からの中隊招致の内命があったと記した上で、次のとおり記している。

「八月十三日の警備会議では、松永師団長が、「明後一五日」までに、極秘のうちに準備をととのえよ、と訓示している。だから、地方から招致された部隊は、ゲリラ部隊の討伐という名目で、竜山に集められた。しかも、各隊が竜山にはいるには、たとえば、臨時韓国派遣隊の一大隊は、七月六日午後十一時二十分、歩兵第三十二聯隊の一大隊は七月八日の午前一時三十分、歩兵第二十九聯隊の一大隊は七月九日の午後十時というように、いずれも、真夜中に、しかも大道を通らずにやってきた。八月以後は、夕食後の営外散歩の禁止から、やがて全くの外出禁止をして、朝鮮民衆を刺戟しないようにした。そうして、各城門・要衝・各王宮・統監邸・司令官邸・閣員邸などは厳重な警備をしていた。

併合当日である八月二十二日のソウルは、十五間おきくらいに憲兵が巡回し、二人よって話をしても憲兵の訊問をうけた、というほどの警戒ぶりであった。

こんなクーデターのようなやり方で、朝鮮を併合したのだが、その形式は、韓国の皇帝が、日本の皇帝に併合の申し出をやり、日本の皇帝がこの申し出をうけた、ということになっている。その条文はつぎのとおり。

日韓併合ニ関スル条約（明治四十三年八月二十九日条約第四号）

朕枢密顧問ノ諮詢ヲ経タル韓国併合ニ関スル条約ヲ裁シ茲ニ之ヲ公布セシム

日本国皇帝陛下及韓国皇帝陛下ハ両国間ノ特殊ニシテ親密ナル関係ヲ願ヒ相互ノ幸福ヲ増進シ東洋ノ平和ヲ永久ニ確保セムコトヲ欲シ此ノ目的ヲ達セムカ為ニハ韓国ヲ日本帝国ニ併合スルニ如カサルコトヲ確信シ茲ニ両国間ニ併合条約ヲ締結スルコトニ決シ之カ為日本国皇帝陛下ハ統監子爵寺内正毅ヲ韓国皇帝陛下ハ内閣総理大臣李完用ヲ各其ノ全権委員ニ任命セリ因テ右全権委員ハ会同協議ノ上左ノ諸条ヲ協定セリ

第一条　韓国皇帝陛下ハ韓国全部ニ関スル一切ノ統治権ヲ完全且永久ニ日本国皇帝陛下ニ譲与ス

第二条　日本国皇帝陛下ハ前条ニ掲ケタル譲与ヲ受諾シ且全然韓国ヲ日本帝国ニ併合スルコトヲ承諾ス

第三条　日本国皇帝陛下ハ韓国皇帝陛下、太皇帝陛下、皇太子殿下並ニ其后妃及後裔ヲシテ各其ノ地位ニ応シ相当ナル尊称、威厳及名誉ヲ享有セシメ且之ヲ保持スルニ十分ナル歳費ヲ供給スヘキコトヲ約ス

第四条　日本国皇帝陛下ハ前条以外ノ韓国皇族及其ノ後裔ニ対シ各相当ノ名誉及待遇ヲ享有セシメ且之ヲ維持スルニ必要ナル資金ヲ供与スルコトヲ約ス

第五条　日本国皇帝陛下ハ勲功アル韓人ニシテ特ニ表彰ヲ為スヲ適当ナリト認メタル者ニ対シ栄爵ヲ授ケ且恩金ヲ与フヘシ

第六条　日本国政府ハ前記併合ノ結果トシテ全然韓国ノ施設ヲ担任シ同地ニ施行スル法規ヲ遵守スル韓人ノ身体及財産ニ対シ十分ナル保護ヲ与ヘ且其ノ福利ノ増進ヲ図ルヘシ

第七条　日本国政府ハ誠意忠実ニ新制度ヲ尊重スル韓人ニシテ相当ノ資格アル者ヲ事情ノ許ス限リ韓国ニ於ケル帝国官吏ニ登用スヘシ

第八条　本条約ハ日本国皇帝陛下及韓国皇帝陛下ノ裁可ヲ経タルモノニシテ公布ノ日ヨリ之ヲ施行ス

右証拠トシテ両全権委員ハ本条約ニ記名調印スルモノナリ

明治四十三年八月二十二日

統監　子爵寺内正毅　印

隆熙四年八月二十二日

内閣総理大臣　李完用　印

これと同時に、日本の天皇は、「韓国ノ併合詔書」、「前韓国皇帝ヲ冊シテ王ト為ス詔書」、「李堈及李熹ヲ公ト為ス詔書」などを発し、日本政府の併合宣言がでた。こうして韓国という名は地球から消えてしまった。」

調印された八月二二日は、日本国天皇が裁可し、李完用が全権委員に任命された日であり、つまり、所要の手続が済むと、直ちに調印されたわけである。前文の白々しさ、臆面のなさには日本人として眼をそむけたくなる思いがつよく、私たちの祖父たちが強制した日韓併合条約を読むと暗然たる思いをつよくする。韓国皇帝が併合を申し出るという形式を採らせたことも、朝鮮・韓国の人々に対する侮辱以外の何ものでもない。第七条も、もし韓国人を外国人として扱わないというなら、「韓国人は日本人と同じ権利を有し、同じ義務を負う」と規定すべきだが、日本政府の政策は韓国人には憲法を適用しないこととしていた。日韓併合条約は形式も内容もじつに破廉恥きわまるものであった。

第三章　吉野作造『朝鮮論』

I

吉野作造は『中央公論』一九一六（大正五）年六月号に「満韓を視察して」と題する紀行文を発表した。大逆事件により幸徳秋水らが逮捕され、韓国併合に関する日韓条約が調印されたのが一九一〇（明治四三）年、朝鮮総督府が設立されたのが同年一二月、その翌一九一一年二月には幸徳ら一一名に対する死刑が執行されている。朝鮮が併合されてから満五年、吉野が東大教授に就任した一九一四（大正三）年四月から満二年後、気鋭の政治史学者として活動を始めたばかりであった。

この紀行文の「はしがき」に吉野は次のとおり書いている。（以下、引用は『吉野作造選集』第九巻「朝鮮論」岩波書店刊による。）

「予は此春三月の末から四月の末にかけて、約三週間余り朝鮮及び満洲の各一部を視察した。朝鮮視察の主たる目的は、日本の統治に対する朝鮮人の批評を聞くにあつた。予は或る偶然の事から、相当の教養と見識とを有する二三の朝鮮人を知つて居る。此等の人を通して予は、朝鮮に於ける所謂識者、殊《こと》に一般朝鮮人民の上に大なる精神的感化力を有する階級の人々の中に、案外に日本の統治を有り難く思はないものがあり、而かも此等の人は容易に其意見を発表もせず、又決して日本人と接触することをも欲しないといふことを屢々聞いて居る。果して然らば、親しく此等の人々の意見を叩き、誤解あらば其誤解を解き、又其言ふ所に真理あらば採つて以て我が殖民政策の参考に供し、更に又若し之等朝鮮人の所謂不平の念が其極に達し、危険なる感情的排日思想とでもなつて居るものならば、其等の人々の隠れたる実際の勢力は如何、又之に対して我々の執るべき態度は如何、といふやうなことを研究するのは、我々に取つて極めて必要であると考へた。（中略）さて彼の地に到つて、予は某々二三士の好意により十数名の朝鮮紳士を訪問したのであるが、中には面会を謝絶されて全く其目的を達しなかつたのもあるけれども、尚数名の人とは思ふ存分に談話を交換することを得た。大体に於てこの旅行の徒爾に終らざりしことは予の大に喜ぶところである。然し何分時が足りなかつたので、此等の会談によつて或る結論を概括し得るまでの材料を得ることが出来なかつたのは、又止むを得ない。」

右の「はしがき」から察せられるように、この旅行と旅行記は筆者の学問的好奇心と憂国の志から出たものといってよい。

＊

第一章からまず紹介する。

「朝鮮に入つて旅行者の先づ第一に強く感ずることは、日本国家の威力が朝鮮政府を通して著しく張つて居るといふことである。朝鮮政府の内外一切の在留民に対する、上は総督より下眇《びょう》たる一小官吏に至るまで、無論幾多の例外はあるが、大体に於て云へば昔時の封建時代の官民の関係に彷彿たるものがある。是れ素より新附の異民族を統治する為めに必要止むを得ざることであらう。然しながら異民族の統治は威圧丈けで成功するものでないことは固より言ふを俟たない。幸にして朝鮮政府は、斯く一方に於て国家の威厳を示して居りながら、他方に於て土民に近世文明の恩沢に浴するの機会を与へ、殊に昔の独立時代に見なかつた色々の生活上の便宜を供して居る。殖産工〔興〕業も段々に盛になつて居る。交通機関も開けた。殊に道路はどんな田舎に行つても今や立派に造られて居る。病院も設けられた。其上又朝鮮政府は朝鮮民族の精神的満足幷に其開発を計る事をも怠つては居ない。社会公共の秩序は立派に維持せられて居る。権利の保障には土人と内地人との別を立てぬ。比較的公平なる裁判は確かに土民を満足せしめて居るやうだ。」

権利の保障について朝鮮人と日本人との間に差別がなかったか、朝鮮人と日本人との間の裁判が公平に行われたか。疑問がないわけではないが、吉野作造の文章の続きを読む。

「斯く一方には国家の威力を示し、他方に於ては土民に物質上精神上の満足と及び其発達の機会とを与へて居るのであるから、朝鮮民族の同化は十分に出来ないまでも、其統治の事業に於て決してまごつく訳はない筈である。然るに今一々朝鮮人に親しく会つて其言ふところを聞いて見ると、豈図らんや今仍ほ日本の統治に対していろ〳〵の不平を言ふ者が案外に少く無いやうである。而して此等の不平は其言ひ分の当否如何は別問題として、我々は決して之を聞き捨てにしてはならぬ。出来るだけ之に耳を仮して以て朝鮮統治上の参考に供することは極めて必要であると思ふ。

土民に物質上の利益を与へ又その開発を促す為めに如何に色々の施設をしても、遣りやうによつては却つて有難迷惑に思はるゝ事もあるものである。此点について最も多く聞いた不平は、各地方に於ける道路の建設である。朝鮮の田舎には支那と同じやうに従来道路らしい道路はなかつた。道路の建設は即ち地方の開発と利便との為めに最も必要である。故に道路の建設其事には固より朝鮮人に何等の異議はない。只之を建設するに要する土地の収容に、或は報償を与へなかつたり、或は殆んど没収に近き所置を取たりするといふので土民に文句がある。且又道路の建設の為めには地方の土民は只で使はれ、而かも下級の役人は官権を笠に着て、土民の都合如何に拘らず、命令した日には必ず出て働けと迫ると不平を言ふて居る。彼等は言ふ、夫役といふ事は昔もあつた。けれども昔の官吏は流石《さすが》に地方産業の繁閑の時期を弁《わきま》へ、あんまり土民の迷惑にならぬやうな時を択んで夫役を命じた。今日はそんな斟酌はないと。かくて日本統治の横暴を唱ふるのである。尤も日本側をして言はしめたならば、道路を作るといふことは、結局土民の非常な利益になる。故に地面を只で出さしても、或は地方の土民を只で働かしても、決して不平を言ふべき筈はないと言ふだらう。然し無智なる人民の常としては、将来の永い利益の為めに今日一時に多くの損失を忍ぶといふことは決して出来ない。相当に物の分つた人間に対すべき理屈を以て無智の土民に対するのは、決して悧巧な政治ではあるまい。其趣意目的が非常によい事でも、遣り方に注意を加へざれば、兎角く不平の種になるものである。さういふ土民の考が間違つてゐるといふのは理屈である。理屈で土民の統治は出来ない。」

中国侵略政策、朝鮮同化政策を批判し、中国、朝鮮の反日民族主義運動に理解を示した大知識人として知られる吉野作造はここで道路建設が朝鮮の人々の利益になるとしても、充分な理解を得なければならない、と説いているのであろう。土地収用には補償するのが当然だし、朝鮮農民を道路建設のために働かせるのであれば、農閑期を選ぶべきだし、労賃を払うべきである。その程度の配慮は幕藩体制下の農政でも当然払っていたはずである。はたして朝鮮でそのように配慮しているか。

そもそも道路の建設は地方の開発と利益に役立つとしても、その土地の農民の利益になるとは限らない。商業的農業の発達していない、自給自足的経済状態にある農村、農民は道路を必要としない。道路は、あるいは、日本の軍事目的のためかもしれない。道路の建設が必要かどうかは価値観による。建設するなら、忍耐強く説得、理解が必要であり、日本人の理屈では通らないと吉野作造は説いている。

また吉野作造は、「例へば権利の保障といふやうなことについては、内地人も朝鮮人も平等である。此点は実に公平である。けれどもその保障せらるゝ権利其物に至つては、決して両者平等ではないと言つて不平を言ふ者もある」と書いている。趣旨が分かりにくいので、吉野の文章の続きを読む。

「無論朝鮮人は所謂亡国の民である。表向は彼等の希望によつて我国に併合したのであるけれども、事実上は日本から併呑されたのである。従つて日本人が何かにつけて一段朝鮮人の上に居るといふことは事実已むを得ない。然しながら日本人が一段上に居るといふことは、朝鮮人を軽蔑してもいゝ、圧迫してもいゝといふことではない。（中略）予は朝鮮人の理解力を以て敢て日本人に劣らないなどと断ずる程の積極的の根拠を持つて居る者ではないけれども、只一般の文化に触れて居ない今日の朝鮮人が著しく日本人に劣つて居るからと言つて、彼等を以て全然日本人とは別種な劣等民であるかの如くに断定するの論には、甚だ慊焉《けんえん》たるものがある。少くとも予の接して居る某朝鮮人の如きは、何れも高等の教育を受けた人ではあるが、其能力は実に驚くべきものがある。故に予は朝鮮人を初めから日本人とは其本質上一段も二段も低い人類として取扱ひたくはない。」

このあたりからようやく吉野の真に言いたいことが語られているようである。

「朝鮮人で朝鮮政府の官吏に採用された者は、日本に対して自ら色々の不平を有つて居るのみならず、彼等は又一部の朝鮮人から裏切者の如くに云ひ做されて非常な窮境に陥つて居る。彼等は日本政府に仕官して居るために、時々同胞の朝鮮人から非常に疎外される事があるのであるが、去ればといつて日本政府の側からも好遇されて居ないといふ。彼等は云ふ。自分達は日本内地に行つて日本人と同様に勉強した。そして例ば帝国大学でも卒業して帰つて朝鮮総督府に奉職したとすると、同格の内地人と比較して第一に我々の月給が違ふ。朝鮮人の受くる本俸は内地人のそれの約三分の一である（之れ朝鮮人のいふ処を其儘に述べたのである。実際朝鮮人の俸給の平均額が同等の地位にある日本人のそれの三分の一に当るや否やは未だ精密に之を調査して居ない）。而かも内地人は其上に多額の在勤俸を受くる。何故に斯く非常な差等を設けらるゝのであるか。せめて本俸丈けは同じやうにして貰ひたいと。彼等はまた言ふ。内地人は一両年にして高等官になり、更に年数を積むに従つて官等がどん〳〵上る。然るに朝鮮人は——暫く行政官だけを取つていふと——郡守といふ特別階級を除くの外は、殆んど全く高等官になれない。なぜなれば朝鮮で官吏が高等官となるには、矢張り日本内地に於けると同じやうに高等文官試験を受けなければならない。然るに高等文官試験は朝鮮人に之を受くることを許されて居ない。」

吉野作造はその他官吏の処遇について朝鮮人がうけている差別を具体的にいくつかあげた上で、こう書いている。

「要するに朝鮮人は大体に於て、現今の日本統治に非常な不平を有つて居る。無智の下層階級の連中の如きは、自分の接する下級の官吏若くば下層の内地人の横暴虐待を恨んで、只漫然と訳もなく日本人を毛嫌するのであるが、多少教育を受けた識者階級は（中略）意識的に日本の統治を心中不快に思つて居るのである。而して此等の中流以上の階級が実に一般朝鮮民族の上に非常な潜勢力を有つて居るといふことを考ふる時に、之は日本としては余程重大視せねばならぬ問題ではあるまいか。」

＊

吉野作造がこの紀行文で採り上げた日本の朝鮮統治の問題はきわめて多岐にわたる。

「成る程朝鮮民族は歴史的に観て日本民族と最も種族的の関係が近い。従つて日韓両国の接近提携といふことについては非常な便宜があるといふことは疑がない。けれども然し、如何に従来虐政に苦んだとはいへ、一転して外国の支配を受くるといふことは、独立国民たるの自尊心と相容れない。一時虐政に苦むの余り、何人でも来つて我の苦を救へと叫んだ其者自身すら、忽ちにして外部からの支配を呪《のろ》ふやうになるのが、古来の歴史の示す所である。（中略）具体的の問題としては、政治上就中対外関係上から政治的の自立を許すを得ざる場合もある。但之等の理由よりして已むを得ずして異民族統治の主義を固執せざるべからずとしても、統治者は一面に於て断じて夫の民族心理を無視してはならない。又いかに此民族心理を尊重するの方針を取るにしても、統治さるゝ民族に不平の絶える筈はないから、其民族の少し位の不平があつたからとて、それを非常に気にかける必要もない。之を気にかけて強いて之を圧迫するの暴挙に出て、為めに無用の力を注ぐが如きは、彼我共に何の益するところがない。」

おそらく吉野はこの「暴挙」を早くから危惧していたにちがいない。吉野は続いて言論の自由を説いている。

「朝鮮に於て政府は土人並びに内地人は勿論、一切の在留民に対し、非常に言論の自由を拘束して居ることは公知の事実である。就中朝鮮人の言論行動に関しては、事実上非常な拘束を加へて居る。そこで、さらでも日本に対して不平なる朝鮮人は、更に反感をそゝられて、遂に一部の鮮人は走つて極端なる危険思想を抱くに至つた。斯かる危険人物の多少でも勢力を有つて存在して居るといふことは、朝鮮統治の成敗を論ずる者の決して看過すべからざる所である。（中略）尤も朝鮮内部に於ては、其周到にして洩らすところなき厳しき取締の結果、此等の連中は殆んど戟《ほこ》を収めて鎮まり返つて居る。否、到底日本の取締には敵し難しと見てか、或は長いものには捲かれろと諦めての結果にや、例へば先年寺内総督暗殺の陰謀を企てた尹知昊〔致〕の如きまでが、近頃頻りに総督の門に出入して閣下の教を乞ひ、朝鮮人基督教青年会の幹事長として余生を純宗教事業に捧げんと声言して居る様な次第で、概して日本の統治に恭順の意を表して居る。（中略）そこで朝鮮丈けを素通りして見ると一見極めて穏かである。又一ト通り朝鮮人と話した丈けの判断では、朝鮮は極めて安全である。然しながら朝鮮に居る者ばかりが朝鮮人ではない。其外に露領にも居れば満洲にも居る。之等在外の鮮人の無遠慮なる言ひ分を聞いて見て、サテ朝鮮人の真意はと考へて見ると、慥《たしか》に彼等の一部の者の間には極端な危険思想に毒されて居る者がある。その最も極端なるものに至つては、最早我々亡国の民に取つては、朝鮮民族の今後如何にして起つべきやというが如きは問題ではないと放言し、自暴自棄の余り、只如何にして日本の勢力を半島外に排《しりぞ》けんかといふ事のみを考へて居る。而して其為めに若し必要があるならば、露西亜の下に服するも亦可なり、亜米利加の助を招ぐ亦辞するところに非ず、支那の強大になつて半島より日本の勢力を駆逐せんことは、其の最も願ふところであると言ふ。」

「我々は此等を全然無視することは出来ないのである。左ればといつて今吾々は之等の連中を手軽に如何か為るといふことも出来ない。例へば之を懐柔しやうとしても、第一何処に何ういふ人間がこんな思想を抱いて居るのやら明でない。従つて我々として精々為し得べき事は、今後に於て此派に入る者の一人でも少からんことを計るべきである。此派に流れ入る者は専ら青年に多い。青年をして其処を得せしむるといふ事が、朝鮮統治の局に当る者の、最も心すべきことであると思ふ。」

青年をしてその処を得せしめるにはどうしたらよいか。吉野作造は五月五日付『東京朝日新聞』から米国シカゴ大学教授スタールの意見を紹介している。

「日本が斯様にいろ〳〵朝鮮を善くしたに拘らず、朝鮮人はまだ深く日本人を嫌つて居る。又日本人も朝鮮人を一段下等の人民の様に軽侮して居るといふのが事実だ。若し日本人が朝鮮で繁盛しやうと思ふならば、何を措いても朝鮮人ともつと親友になるのが必要だ。他日しみ〴〵日本人が其必要を感ずる時が来ると思ふ。立派な鉄道も、港湾も、学校も、裁判所も、皆日本人の賜ではあるがこんなことには朝鮮人は割合に有難いと思はない。日本人が朝鮮人を実際同胞と思つて親切なる待遇を与へ朝鮮人も其義に感じて日本人として運命を共にするやうにならなくては、日本の朝鮮問題は解決せられては居らぬ。日本が実際朝鮮人の忠誠を望むならば、朝鮮人を同等の同胞と思つて、親切な待遇を与へなければならぬ。日本人が此道理を認むるに至つて、始めて朝鮮問題は解決せられるのである。朝鮮にある日本教育者は、先づ日本人たる小学生を此様に教育する義務がある。」

吉野の見解もまたスタール教授と同じだったにちがいない。こうした意見が唱えられたのは一九一六年であった。私の記憶する限り、一九四五年八月の敗戦まで、日本人が朝鮮人を同等の人間と扱ったことはなかった。敗戦以後は、対朝鮮人感情は、戦前の感情をひきずりながら、屈折したものとなったように思われる。この点に関する吉野の結論は次のとおりである。

「要するに、朝鮮は今日のところ十分に安穏であるといふことは出来ない。朝鮮人は決して未だ十分に日本の統治に心服して居ないのみならず、内心却つて不平を抱いて居る者が相当に多いと見ねばならぬ。それにも拘らず朝鮮人をしてグウの音も出させず、内地人が何処へでも内地同様に入り込んで、些《いささ》かも危険を感ぜざるを得るのは、一に朝鮮に於ける憲兵制度の賜にして、あれ丈けに憲兵網を全土に張つて、公安の維持に一糸乱るゝ所なからしめたのは、何といつても寺内総督の偉大なる組織的手腕の結果であつて、我々は実に之を見て敬嘆するの外はないのである。只茲に起り得べき一つの問題は、秩序の維持はあり而かも住民の幸福は如何といふことである。朝鮮人にあれ丈けの不平を心の底に植ゑ付けて置けば、これ丈けの憲兵の配置は必要であらう。（中略）然し公安の維持に必要なる憲兵の制度は、又其反面の結果として、住民の幸福を計る上に色々遺憾の多いことも亦掩ふべからざる事実であると思ふ。」

「寺内総督の偉大なる組織的手腕」は反語以外の何ものでもない。憲兵網による治安維持は朝鮮の人々に不平を漲らせ、恨みつらみをつのらせ、年々増幅させることとなる。

*

この紀行文の第二章に、事実そんな莫迦な慣行が存在したのか、疑われるような事例がいくつもあげられている。吉野作造の文章を引用する。

「官憲の威厳を保つ為めには、官吏其人をして威厳を保たしめねばならぬ。朝鮮の官吏が総て金ピカの制服制帽を被り、甚しきは高等女学校の先生までが、男は総て剣を提げて居るなどは、寧ろ些か滑稽の観なきを得ないが、無智の土民に対する手段としては、或は之も必要であらう。而して官吏の威厳を土民に対して十分に保つ為めには、同時に内地人に対しても之を保つて行かねばならぬ。内地人に対していゝ加減にして澄まして居つては、土民に対してのみ独り十分に威厳を立てるといふことは出来ない。従つて朝鮮の官吏は朝鮮人に対しても内地人に対しても、一見する所随分威張つて居ると言はれて居る。」

この学校教師が剣を提げるといふのは滑稽といえば済むことだが、次はむしろ憤りを覚えざるをえない。

「例へば総督が一寸日本へでも帰るとか、または日本から帰任したといふやうな場合には、部下の官吏は大挙して送迎に出る。尤も之は内地でもあることだから致方がないが、其上に公私の学校までが全体みんな課業を休んで停車場まで送迎に出るといふのは、如何なものであらうか。亜米利加人の経営して居る私立学校の様なものまでが皆此例に倣《なら》ふのである。別に表向きの命令に出づるのでは固よりあるまいけれども、少くとも道義上之を強制して居るものらしい。斯くまで世間に迷惑を掛くることは、余所《よそ》の国では、一国の君主にもないことだ。此事は京城ばかりでない。経過駅の釜山でもある。朝釜山を出て馬関に向ふ連絡船に乗るには前夜京城を発たねばならぬ。而して此汽車の釜山に着くのは朝の五時である。厳寒の候朝の五時に、総督がお通りになるからと言つて、小学校の生徒までが皆波止場に出て吹き曝しになるのは、如何にも可哀さうで御坐ると、多くの父兄から怨言を聞いた。小学校生徒が規律正しく兵隊のやうに並んで居るのは、見て気持のよいものだといふ人もあるさうだが官吏の発着毎に小供を引出すのは、些か極端であるやうにも思ふ。一体朝鮮では随分と送迎の虚礼が烈しい。今では独り官吏の威厳を保つといふ意味ばかりではないやうだ。総督ばかりではない。例へば山県政務総監とか児玉総務局長とかの発着にまで、相当に盛な送迎が行はれ、其釜山通過の際の如きは、道長官が遥々晋州から挨拶に来るを常とするさうだ。晋州から釜山までの往復は少くとも三日はかゝる。山県児玉両君の一片の送迎の為めに、道長官が三日間も職務を曠廃する〔と〕いふことは、出来ることなら廃めた方がよからうとは、局外者間の輿論であると我輩は観た。」

　これは権威主義ばかりでなく、官僚主義の弊害でもあるのではないか。こうした慣行はまた官尊民卑の思想・慣行とも関係するにちがいない。吉野作造は続けて次のように書いている。

「朝鮮では色々の意味に於て官吏万能である。之も畢竟官吏の威厳を保つといふ主義から出て来たものであらう。何か社会的の催があるとする。何時でも先に立つ者は官吏である。宴会がある。官吏が何時でも上席で、会社員実業家は如何に其徳望見識の高い者でも必ず末席に座るのが通例のやうだ。」

　ここまでは、わが国の戦後でも私自身見聞している。しかし、次の事実には驚愕した。

「聞くところによれば、朝鮮政府は会社銀行等の内規にまで干渉し、其使用人の給料は必ず官吏の俸給の振合により、決してそれを超過するを許さない方針であるといふことである。内地では実業社会の給料は、同格の官吏の得るところより数層倍多きを常とする。然るに収入多ければ自然高等の生活をなし、為めに其実際の勢力自ら官吏を凌ぐものあるに至るの恐がある。官吏の地位を第一に立つる為めには、此等の者をして官吏以上の生活の出来ないやうにして置くのが必要である。斯ういふことから会社銀行員の給料に余計な制限を設けたのであらう。尤も之は総督府と密接の関係あり、且つ直接に其監督を受くるものに限るとの事であるけれども、又以て如何に政府が官吏の威厳を保つといふことに、余計の頭を悩して居るかが解る。

之れ程まで官吏の威厳を保つに苦心するといふことは、新附の殖民地に於ては必要已むを得ざることであらう。只其半面に於て、此事は動もすれば官吏横暴の弊を来たし、民間の陋劣なる者亦動もすれば官吏の意を迎へて其私を計る者を生ずるの恐あることに、眼を蔽ふてはいけない。単にそれ許りではない。総て官吏が主になつて居るから、例へば玆に或民間の事業について規則を作るといふが如き場合にも、其規則は毎に官庁の取締に都合のよいやうに立案せられ、事業其物の利便は深く省られないという弊もある。且つ又人民の側の発言は割合に聞かれもせず、又十分に許されもせないから、人民の側の利便といふ事は、初めから深く研究されずして法律の立案せらるゝことも稀ではない。要するに官吏万能の組織の下にあつては、余程聡明鋭敏なる長官の、上にあつて周密の用意を為す者あるにあらずんば、仮令下級の官吏に悪意あるにあらざる場合でも人民の利便の動もすれば無視せらるゝことは容易に免るゝことは出来ない。況んや朝鮮の如く政治に対する民間の批議を絶対に許さず、内には言論の自由を極端に拘束し、外には内地より入る新聞雑誌等の検閲を極めて厳重にするところに於ては、特に此点に顧慮を加ふることを必要とする。敢て深く当局者の一考を煩はしたい。」

吉野作造は官民給与の問題から、さらに問題を発展させているが、官民給与の問題について私の感想を述べれば、民間会社の社員といえども、朝鮮に赴任するのであれば、内地で生活するより良い待遇でなければ、赴任したいとは思わないはずである。風土、文化も違い、多数の朝鮮の人々の間で生活することは内地で生活するよりよほど辛いことは分りきっている。そうであれば有能な社員が総督府と密接な業務について、なお、安い給与で満足していられるはずがない。そうであれば、総督府の官吏の意を迎えるのに汲々たる、質の悪い社員しか、日本の企業は朝鮮に送りこめないであろう。その結果は、日本統治に対する朝鮮の人々の反感、不平を募らせたにちがいない。

吉野作造が右の引用文の末尾に書いていることだが、内地で読める新聞雑誌を検閲するということは、内地で読めるものが必ずしも朝鮮では読めない、ということを意味する。吉野が続けて書いているところによれば、「内地人と雖も」「言論の自由はない。新聞雑誌も御用機関紙の外は、殆んど発行を許されてゐない」という。このような政策は、日本語を読解できる朝鮮の知識人の間に不平・不満を招くことはあっても、一利もありえないはずである。

この当時、朝鮮政府の会計を日本政府から独立させる計画があったようである。独立の実備わって後初めて独立するのならば無論結構であるが、「未だ独立するの実力なくして無理に独立の虚名を立て通すのは、決して本当の殖民政策上の成功といふことは出来ない」と吉野作造はいい、次のような事実をあげている。

「彼等は朝鮮では関税が滅法に高く、地租などの割当も甚だ不当であるといふ。事実日本内地と比較して如何やうの割合になつて居るかは、実は余り深く研究しては居ないが、併し朝鮮に這入る時の税関の調べが日本全国の税関中で一番小八釜しいといふことは、旅行中屢々聞いたところであつた。」

正直な話、私の無知にちがいないが、日韓併合し、韓国が日本の植民地として一体化した後においても、朝鮮に物品を持込むのに関税が課せられるということは、私の想像を絶していた。この吉野作造の紀行文にも再三「朝鮮政府」という言葉が見られる。私は日本政府が植民地である朝鮮を統治し、その機関として総督府が設けられていたように感じていたのだが、日本国憲法の適用をうけない朝鮮を統治するために朝鮮政府が存在し、これを総督府と呼んだのであろう。

吉野の文章の続きを読む。

「地租については京城に於て曽てかういふ話を聞いた。先年市区改正実施の風説盛に起り、為めに地価の著しく騰貴を来たしたことがあつたが、其際政府は地主に対して其地価を申告せしめた。地主は市区改正のために買上げになるの予想の下に少し高めに申告したのであるが、焉《いずく》んぞ知らん其価格は其儘取つて法定の地価として地租算定の基礎とされて仕舞つた。其後間もなく不当に暴騰した地価は段々安くなつた。それでも一旦定められたる法定の地価は依然として居る。故に今日彼等の納めて居る地租の計算の標準たる法定地価は、実際の売買地価よりも遥に高い。故に例へば地価の百分の七を地租として納むるとしても、実際は百分の八か九を納めてゐる勘定になる。地所の売買に当つていよ〳〵登記を履むといふ際に、実際の売買価格を標準として登記料を計算しては、官憲で承知しない。法定の価格を標準として、之に相当する丈けの収入印紙を貼付しなければ受け付けないさうだ。こんな不法な所置は又とあらうかと言つて憤慨して居る人も少からずあつた。

斯くの如く金は取られ放題で、之に対して些かも文句を言はれないといふのでは、どんなに金が儲つても、我等は心持よくは思はないと、多くの人は不平を言うて居つた。抑も政治に於て最も根本の要点とする所は善政を布けりや否やの絶対的問題に在る。けれども、之が唯一の問題である訳ではない。之と共に人民をして現に受くるところの政治を以て善政なりと思はしむることも亦非常に必要である。内外在留民の為に計つて誠心誠意力を竭《つく》せりと言ふ丈けで満足するのは決して聡明なる政治家の為す所ではない。更に一歩を進めて人民の心を得るに成功せずんば、予は政治家其人の為めに之を取らず、又国家の為めに之を悲しむものである。政治家は道学先生と違つて、我一人為すべきことをなせば如何に天下の非難を受けても俯仰天地に愧《はじ》ることはないなどと、独りで済まし込んで居る訳には行かない。」

吉野作造は総督府ないし朝鮮政府が朝鮮民衆の心を得ていない、と名指しで非難してはいない。しかし、言外にそう語っていることは明らかである。

*

次いで吉野作造は同化政策について批判している。

「日本政府の朝鮮人統治の根本方針は、必ずや彼等の円満なる物質的並びに精神的の進歩開発を計るにあるに相違ない。然しながら此方針は十分に貫徹せられて居るだらうか。是れ確かに一つの疑問である。而して予の観る所によれば、朝鮮人開発の根本方針の十分に貫徹されない一つの原因は、我が日本の政治家の間に「朝鮮人は果して全然我国に同化して日本人となり切つて了ふことの可能《でき》るものかどうか」といふ問題がハツキリ解決されて居ないことにあると思ふ。同化といふ事は従来各国の殖民政策の終局の理想であつた。然しながら相当に発達した独立固有の文明を有する民族に対して、同化は果して可能なりやといふ事は、少くとも最近に至り政治学上の一大疑問となつた。殊に民族的観念の横溢を極むる現代に於て、異民族の同化混淆は、よし可能であるとしてもそは非常に困難な事業である。仮りに同化政策で幾分の効果を収めたる国ありとすれば、そは必ずや非常に永い年数を費したに相違ない。而かも斯の如きは働きかけた方の民族が、受身の民族に比して、之を率ゐて行く丈けの高尚なる品格と優等なる才能とを十分に備へて居る場合に限る現象である。異民族に接触せる経験も浅く、殊に動もすれば他の民族を劣等視して徒らに彼等の反抗心を挑発するのみを能とする狭量なる民族が、短日月の間に他の民族を同化するなどと言ふことは、殆んど言ふべくして行ふべからざる事である。」

右の文章にいう「狭量なる民族」が私たち日本民族を意味することは確実だが、吉野作造は、ことさら「予は勿論、朝鮮民族が同化して全然日本民族と一になると言ふ事を必ずしも丸で不可能なりと軽々に断定する者ではないが、今の日本人の状態では余程困難であると云ふことだけは之を認めざるを得ない」と補足している。おそらく過度に総督府を刺戟することをはばかったのであろう。吉野は続けて言う。

「同化は決して政府のみの事業では無い。国民的事業である。官民合同の非常なる努力を以て後初めて成就し得べき事業である。(中略)政府は法律を以て、総ての学校に日本主義の教育を施さしめて居る。日本語は鮮人の最も重んじて学ばねばならぬ課目である。彼等は日本の皇室を自分達の君として讃へ、君が代の歌を奏し、日の丸の国旗を誇り、日本の歴史、日本の地理を自分達の歴史、自分達の地理として教へられて居る。」

こういう授業が朝鮮の人々の心に素直にうけいれられるとは、いまの私たちには到底考えられないが、当時の日本政府は朝鮮の人々の心にこうしたことを強制できると考えていたのであろう。このような教育自体が朝鮮の人々を反日的にしたにちがいない。

ところが、「他の一面に於て、彼等は社会的にも又法律的にも日本人と均等の機会を与へられて居ない」と吉野は書き、次の挿話を記している。

「予の友人某は、朝鮮の婦人を娶らんとしたが、官吏として不穏当のことなりとの理由で上官の反対を受け、届出しても受理されなかつたと言ふことである。又之も予の知人たる某鮮人の事であるが、彼は日本留学中、其才徳を見込まれて日本某良家の婿養子となり即ち籍を内地に有することになつたが、彼の職を朝鮮政府に奉ずるや、元の生れが朝鮮人たりしとの故を以て、朝鮮人並の待遇を受け、月給も少く今日尚判任官の低い地位に置かれて居る。一方には汝等は日本国民なりといひ、一方には汝等は普通の日本人と伍する能はざる劣《ひく》い階級の者なりといふ。斯くの如くにして朝鮮人の同化を求むる、是れ豈木に縁《よ》つて魚を求むるが如きものではあるまいか。」

吉野の筆誅はまことに鋭い。彼はまた、次のような事例も紹介している。

「日本に留学して政治法律を学んだ同好の連中が、曽つて京城に於て其研究を続くるの目的を以て一つの学会を作つた。其規則の中に本会は政治学、法律学、経済学を研究するを以て目的とすと書いたのを、政治の事は君等は研究しなくてもよいと言つて、或高官は政治学の三字を削るべく迫つたと聞いて居る。之れなどは明白に在朝鮮の官吏が、日本政府の対鮮人教育の方針を誤解したものと言はなければならない。」

「或高官」は「誤解」したのだろうか。たんに無知だったのではないか。学問として研究するなら、政治学に限らず、法律学でも、経済学でも、いくらも日本政府の政策の無法不条理を見出すことができたはずである。吉野作造も「全然朝鮮人を教育しないならば格別、苟《いやし》くも朝鮮人に相当の教育を与ふると云ふ以上は、中に政治法律を学んで日本の統治を批判する位のものゝ出来るのは当然である」と付言している。また、さらにいう。

「之と関聯しても一つ述べて置きたいことは、日本に留学する鮮人学生に就ての朝鮮当局者の考である。日本に留学して居るものゝ中には、総督府辺でこれこそ日本の用をなすだらうと眼星を着けて随分と世話をして寄越したものもある。此等が日本に来ると必ず其結果が悪い。殊に東京に来ると殆んど例外なく悪くなると言ふ。悪くなるとは道楽をするとか放蕩をするとか言ふ意味では無い。朝鮮の政府から見て始末に終へぬ厄介なものになると言ふ意味である。反面に朝鮮人から云はせると、従来は猫の如く柔順で通つたものが、日本に来てより熱烈なる愛国的精神を得て帰ると言ふ意味である。」

「愛国的精神」とは反日的精神の意であろう。吉野はこう説明する。

「知識の開発が必ずそれ自身の地位の自覚を伴ふ事は当然の成行である。独り不明固陋なる輩は、此自然の成行を覚らずして其原因を他に嫁せんとするのである。曽て慶親王は、支那の在日本留学生が殆んど悉く革命の思想を抱いて帰るのを見て、之を孫逸仙《そんいつせん》一派の煽動に帰し、其追放を伊藤公に求めた事があると聞いて居る。朝鮮当局者が朝鮮留学生の態度に就て憂ふるの状、恰かも慶親王の如きものあるは、予の甚だ奇怪とする所である。」

*

吉野作造がこの紀行文で提起している重大な問題は、さらに、米国人、ことに米国人宣教師のキリスト教布教と統治政策の関係である。

「なほ茲に一つどうしても見遁してはならぬのは、朝鮮人の真の開発を計つて居るものは朝鮮に在つて日本人許りでは無い、其外に外人殊に亜米利加の宣教師が多くあると云ふことである。仮りに日本政府が如何に鮮人の開発を不便とし、鮮人の開発を妨ぐる方針を貫徹しようとしても、他方に、仮令其人数が僅かでも、鮮人の開発を計ると言ふ人道的目的の外他意なき若干の米国人が居ると言ふ以上は、朝鮮人は到底開発せられずして畢《おわ》るものでは無い。而して我国政府は、徳義上此等人道の戦士を朝鮮から全然放逐すると云ふ事は到底出来ないのである。勿論今日朝鮮の日本に合併せられた以上、彼等は日本の法律に従ひ、又日本官憲の監督の下に服して居る。けれども彼等の意気込は、日本の領土たる朝鮮に此頃新たに仕事を初めたと言ふ者とは違ふ、自分等の朝鮮人開発の為に努力するもの茲に数十年、即ち鮮人教育と言ふ事業に就ては、自分達は遥に日本人の先輩であるといふ自覚を有つて居る。場合に依つては、彼等の多年事に当つて獲たる経験は優に日本の朝鮮統治を指導し得るものがある位に信じて居るものもあり、而して彼等の期する所は、只朝鮮民族が朝鮮民族として其天分を自覚し、其本来の才能を発揮せんことであつて、日本と撥《ばち》を合はして行くやうな人間を造るといふが如きは、固より彼等の問題とする所では無い。」

「朝鮮政府と米人との反目の根本の原因に就ては、他にいろ〳〵の説があるけれども、予の観察する所に拠れば、主として日本官憲が基督教徒の感情を尊敬しなかつたと言ふ事に帰すると思ふ。日本当局の側では、米人は動もすれば土民を煽動して日本に反抗せしむるとか、或は日本官憲の命に従はざる土民を保護すると言ふ。（中略）然らば如何なる事柄に就て、米人は鮮民保護の名の下に日本官憲の所為に干入し来るかと言ふに、最も普通の場合は安息日問題である。基督教徒殊に亜米利加式の基督教徒に取つて安息日を守るといふことは非常に大切な勤めの一つである。日曜日は之を聖日として専ら精神的修養に之を捧げ、俗事は一切之を執らないと言ふ事に矢釜《やかま》しくきめられて居る。此点は米国宣教師の最も矢釜しく朝鮮人の信者に教へて居る所である。然るに此等の意味合を基督教の事を全く弁《わきま》へない日本の官吏は更に了解しない。其処で、例へば前に述べた道路の修築等の如き場合にも、日曜であらうが委細構はず鮮民に労役を命ずる。すると所謂信仰の固い朝鮮人は、平常は如何に柔順な者でも、日曜日の労役丈けは官命でも之に従ふ事は出来ないとてかたく拒む。官命に従はないのが不都合だと言つて官吏は矢釜しく叱言《こごと》を云ふ。中には官憲の威力を立つる為めには、無理やりにも出て働かせねば気が済まぬといふ者もある。否職務上一旦発した命令は強行せねば済まぬと善意に考ふるものもあらう。かくて此事を厳重に迫ると、基督教信者たる朝鮮人は、然らば一応宣教師に聞いて見ると言ふ。之が官吏の癪に触る種となるのである。我は一国の官吏であるのに、国家を代表しての命令に従ふか従はぬかを、宣教師に聞いて見るとは怪しからぬといふて、先づ遇はぬ先きから宣教師といふものに不快を感ずる。之も人情として致方はない。其上に宣教師は「如何に官命でも日曜日に労役するは神に対する一種の罪なり」と説いたと聞くに及んで、官吏の激昂は其極に達し宣教師は、即ち日本の統治を妨ぐる厄介な者なりと言ふに至る。」

まだ続くが省略する。吉野作造は「一体日本人は概して宗教の民心に及ぼす力と言ふものを余りに軽視するの弊がある」という。また、「西洋各国では、此等の宗教的信仰に対しては、一般に国家の方より大なる譲歩を認めて居る」と説いている。さらに基督教問題については、次のとおり書いている。

「予は身親ら基督教を信ずるものなるが故に、比較的に此等の外人より其本意を聴くの機会を有つて居る。予の観察する所に依れば、彼等は我国官憲の如何に精神的乃至人道的事業に対する理解の欠如して居るかに実は呆れて居る。国運日に日に勃興して已まざる、而して前途に多大の光明を抱いて居る日東帝国の識者が、斯くも高尚なる精神的事業を理解するの見識の無いことは、世界の最も大なる不思議の一つであると或る宣教師は我輩に言つた。彼等は必ずしも我国の識者に精神的事業に同情するの念が無いとは言はない。只彼等の訴ふる所は理解がないと言ふのである。彼等は私立学校殊に宗教学校に対する朝鮮政府の最近の政策に対しては、内心不平と言はんよりは寧ろ其態度の野蛮なるに呆れて居る有様である。斯んな事で本気に朝鮮人の開発を計る積りかと怪んで居る者もある。斯く不服の点が頗る多いのであるが、何分官憲の態度が余りに厳重であるので、初めは随分反抗して見たけれども、迚《とて》も反抗し切れない、然ればと言つて従来の事業を捨てゝ朝鮮を去る訳にも行かぬといふので、遂に心ならずも官憲に屈したのである。彼等の或者はいふ。斯く官憲の干渉が矢釜しくてはトテモやり切れない。去ればとて自分達が事業を中止すれば実に朝鮮人の前途が思ひ遣られる。朝鮮人の開発には自分達の滞在は絶対的に必要である。我等在らずんば此民を奈何せんと。彼等は自惚《うぬぼ》れかは知らぬが此位までに考へて居る。従つて如何に不便があつても到底朝鮮を去るに忍びないのである。而して留つて居る以上は不本意でも朝鮮政府の意を迎へない訳には行かない。其処で、彼等は今日外見上全然我国政府と撥を合はして居るのであるが、然し之を以て朝鮮政府が宗教教育の問題に就て全く彼等を圧倒して最後の勝利を得たりと思ふならば、之れ大なる誤りである。宗教教育に対する方針に就ては、日本内地に於ても議す可き事は尠《すくな》くないと思ふが、朝鮮に於ては、外国宣教師が多年深い根柢を布いて居る丈け、一層此問題の講究が必要であると信ずる。」

吉野作造はふれていないが、現在でも韓国には日本よりもはるかにキリスト教徒の数が多いはずである。比較的に仏教徒は、日本の方が韓国よりもはるかに多い。これは創価学会、立正佼成会のような仏教の新興宗派を加えたばあいのことだが、韓国・朝鮮には開国当初からキリスト教を受容する雰囲気がつよく、吉野作造がこの文章を書いた当時からキリスト教はかなりに広く、かつ深く朝鮮の人々の間に滲透していたようである。そういう信仰に対する理解もおそらく総督府は持っていなかったのである。

吉野作造はこの紀行文を次の文章で結んでいる。

「凡そ植民的経営に成功するものは、一視同仁殆んど国籍の差別を忘れて懸るの心掛がなければならない。我に於て誰彼の差別を忘れゝば、相手方も亦我の外人たることを忘れてかゝる。前にも述べた吉林聖者グレーク氏を、土民がテンデ何国の人なるかを問はざるが如き程度に至らざれば、真の提携調和は出来難い。此点に於て我同胞は余りに自己を他と区別するの意識が強烈である。此事自身のいゝか悪いかは別問題である。然し苟《いやしく》も海外発展に成功するを以て、帝国将来の必要の国是なりとする以上、彼我の区別を忘るゝまでに公正なる態度に出るといふことは極めて必要であると信ずる。」

グレークについては、次の記述がある。

「現時吉林の聖者と言はるゝ英人グレーク氏は、福島中佐（今の大将）が単身騎馬に鞭《むちう》ちて西《シ》比利亜《ベリア》を横断せるに先つこと十年、而かも徒歩で英国から吉林へ来た人である。財産も何も無い。漂然として吉林に足を駐《とど》め、一方には自分の衣食の途を計り、他方には其学び得たる医学を応用して土民の為に尽し、今日では医者として又先生として此地方に非常な尊敬を博して居る。高大夫（高は同氏の支那流の名前、大夫は医者の意）と言へば、同地方に於て宛然《さながら》神様のやうに尊敬されて居る。而して土民の之に心服せる、中には何国の人と言ふを問はずして之に師事して居るものも尠くない。斯ういふ人が偶々一人でも二人でもあれば、他に英人が少し位の乱暴な事をしても、土民は此と彼と差引してそれ程排英の思想に駆られ無い。」

＊

これは紀行文というよりは総督府治政の批判の文章である。この他、まだいくつも紹介したい個所はあるが、これで一応、この文章に関しては筆を擱くこととする。朝鮮の人々の怨恨を買うような治政の過誤が、こうして総督府設立の直後から始まっていたわけだが、おそらく敗戦まで、総督府の姿勢は実質的にほとんど変らなかったのではないか。

2

吉野作造は『中央公論』一九一九（大正八）年四月号に「朝鮮暴動善後策」と「対外的良心の発揮」という二つの評論を発表している。簡略な前者の論旨をまず紹介する。

「朝鮮の暴動は何と云つても大正の歴史に於ける一大汚点である。我々は茲に之を拭ひ去る為めに非常の決心を堅むるの必要がある」と書き起こしている。

「朝鮮に於ける某司直官吏は飽くまで暴徒の鎮定に努力し之を厳罰に処して秋毫の仮借する所なく、以て国法の威厳を示すべしと言つて居る。暴動の形に現はれた以上之も必要であらう。然し之れ丈けで国民は問題の解決に安んずることは出来ない。」

と記し、第二から第五までの方策を提案している。

「第二には之と正反対に鮮民に対する救恤と云ふことを唱ふる者があるかも知れない。（中略）之も鮮民の心を和らげ、日鮮両地の関係を改善する上に多大の効あるべきを疑はざるも、併し之を以て能事終れりとすべからざるは言ふ迄も無い。」

「さうすると第三に我々の差当り当局に希望する所は、一視同仁政策の徹底である。」

「第四に一視同仁政策の必然の結果は、鮮人に或種の自治を認むる方針に出でなければならない。其方法と範囲と時期とに就ては自ら別に攻究の余地はあらう。只方針としては官吏万能の政治を廃《や》め、鮮民をして尠《すくな》くとも在留内地人と協同して統治の監督に当らしむることは絶対に必要である。」

「第五の策として民間に日鮮協同の何等かの疏通機関が設立せられんことを希望する。斯の如きは差当り今度の事件の真相を明かにし、日本の統治に対する忌憚無き批評を聴き、且つ又誤解を防ぐ為めにも必要であるが、殊に将来の解決策を決めるには是非共之に依らなければならない。只問題は今日の場合斯う云ふ機関の設立は望み得るか否かである。予輩の観る所では絶対に不可能とは思はないけれども、非常の困難事たるは疑ふべくもない。而して若し茲に斯かる機運を日鮮両族の間に作興促進するに就いて最も有効なる働きを為し得るものありとすれば、そは朝鮮在留の米国宣教師の一味である。斯く言はゞ世人或は内証事を第三者の捌《さば》きに任《まか》すの不面目を言ふ者もあらう。又彼等と暴徒との関係に関する風説を楯にして反対するものもあらう。けれども大体に於て宣教師に対する疑惑は恐らく誤解であらう。然らざるも彼等は説いて事理を解せざる輩ではあるまい。若し夫れ面目問題の如きに至つては、之れ取るに足らざるヴアニチイである。

（中略）目前の姑息の解決は暫く之を政治家に任かするとして、日鮮両者の真の発達と幸福との為め根本の解決を為すの端緒は、右述べた策を以てする外に道は無いと思ふ。」

吉野作造に衝撃を与え、これほどにラジカルな見解を表明させた「朝鮮暴動」とはいわゆる三・一運動であった。

＊

三・一運動は植民地時代の朝鮮における最大の騒動であった。当時を叙述した著書には必ずふれられているし、その内容も大同小異である。比較的最近刊行された趙景達『植民地朝鮮と日本』(岩波新書)は全八章の中の一章を「三・一運動」と題して、これに充て、「1 独立機運の到来」「2 三・一運動の展開」「3 三・一運動と日本」の三節に分けて説明している。そこで、以下、同書の記述を引用、要約するかたちで、この事件を説明する。

それ以前からロシア、中国、アメリカに独立運動家たちの拠点があったが、第一次世界大戦の終結に先立ち一九一八(大正七)年一月、アメリカ大統領ウィルソンが一四ヵ条の平和原則を戦後構想として発表した中に、被抑圧民族・国家の独立や自治が謳われていたことが、朝鮮の独立運動家たちに大きな期待を呼び起こした。翌一九年二月八日、朝鮮青年独立団、代表崔八鏞以下一一名の名により独立宣言書を採択、各国大使・公使館、日本政府、大臣、国会議員などに郵送し、神田の朝鮮YMCA会館で六〇〇名ほどに及ぶ学友会が開催され、宣言書と決議文が朗読され、「大韓独立万歳《マンセー》」の声が会場に熱狂的にこだました、と同書に記されている。

「一般大衆レベルでは、三・一運動の起爆剤として重要なのは高宗皇帝の死であった。高宗は一九一九年一月二二日、突然に死を迎えた。」服毒自殺、毒殺といった風説が伝えられ、「総督府の発表では脳溢血死ということであったが、毒殺説は以後も信じられた。真偽をめぐっては、今も定説がない」「高宗の葬儀は国葬であり、三月一～七日と決められた。すると全国で哀悼の意を表する白笠の冠用者が続出し、望哭式《ぼうこくしき》も各道各所で行われるようになった。全土は号泣の坩堝《るつぼ》と化した」

「独立の機運は肝心の朝鮮内でも高まっていた。その中心的な役割を果たしたのは宗教団体であり、天道教とキリスト教が重要な役回りを演じた。」東学の流れを汲む天道教では、それ以前にも独立運動を提起した者がいたが教祖の孫秉熙は拒否していた。しかし、その後孫も同意、日本での学生の動きを伝えられ、天道教は大いに刺戟を受け、独立運動の計画を急いだ。

「キリスト教団に働きかけたが、キリスト教団の間でも一月下旬頃から独立運動の計画が進行していた。」

「事は容易に進み、合同がなった。また、二月中旬頃には仏教団側にも働きかけ、三教合同の独立宣言の発表が決まった。そして独立宣言は、孫秉熙を筆頭に「民族代表」三三名の連名（天道教一五名・キリスト教一六名・仏教二名）で発表されることになった。

一方、京城の学生たちも、東京留学生や宗教指導者たちとは別に、一月頃から独立運動を計画しだしていた。（中略）朴熙道の仲介によって宗教指導者たちとの協同戦線が成立した。
大事の決行は、高宗の国葬に合わせ、当初三月三日と決められた。（中略）だが、のちに一日に変更された。」

「こうして三月一日が訪れる。学生四、五千名が午後二時を期してパゴダ公園に続々と集結した。何事かと、老若男女を問わない多くの市民も群れをなして集まってきた。しかし、肝心な民族代表は現れる気配がない。学生らは、民族代表が集まっている仁寺《インサ》洞《ドン》の明月館《ミョンウォルグァン》支店泰《テ》華館《ファグァン》に出向いて速やかな来園を請うたが、意外なことに孫秉熙らはこれを拒絶した。

当初、運動は大衆化・一元化・非暴力を三大原則とすることが確認されていた。しかし民族代表らは、いよいよ挙事の段階になって学生・民衆への不信と恐怖から一元的に大衆的に運動を推進していくことをあきらめ、非暴力のみを標榜したのである。決行日が二日早まったのも、葬儀行列が街を練り回る三日に決行すれば、混乱が避けられないと危惧したためであった。民族代表らは、学生を追い払った後、独立宣言書も朗読せずに、韓龍雲《ハンヨンウン》の挨拶と万歳三唱だけを行い、次いで祝杯を挙げようとする際に逮捕となった。彼らは、あらかじめ当局に自首を申し出ていたのである。

民族代表がついに現れなかったパゴダ公園では、仕方なく学生と一般民衆だけで独立宣言が行われた。午後二時過ぎ独立宣言書が朗読された後、一斉に「大韓独立万歳」が高唱され、太極旗《テグッキ》（韓国旗）を先頭に市中への万歳示威が始まった。合流する群衆は数万名に達し、市中所々で独立演説を行いながら、群衆は三隊に分かれて示威行進を行った。第一隊は高宗の棺が安置され、旧皇室関係者が昼夜慟哭している徳寿宮《トクスグン》である。到着すると群衆は一時静粛を保ち、万歳を三唱したのちに、さらに街頭示威に向かった。第二隊は外国領事館に向かい、第三隊は総督府を目指した。憲兵警察の出動により鎮静化したのは、ようやく午後七時頃のことであった。

当時、京城の人口は二五万人ほどであったが、三日には全国から五〇万人ほどが押し寄せ、一挙に三倍に膨れあがっていた。葬儀の行列は、午前八時半からの日本式と、午後一時半からの朝鮮式に分けて行われた。日本式は厳粛ではあったが、人が集まらなかった。それに対して朝鮮式は満衆を集めて盛大かつ絢爛豪華に行われた。京城は人の波に洗われ、哀惜の声が響いた。翌四日は埋葬の日である。三〜四日には示威はなかった。

しかし五日になると、再び大規模な示威運動が展開される。民衆は苛酷に弾圧されたが、それに呼応するかのように、九日には鍾路《チョンノ》の商家数百戸が閉店した。これは、国政への抗議として王朝時代にしばしば行われた撤市の伝統を踏襲し、漢城商人の毅然たる態度を示すものであった。三月中旬には市内で閉店しない店舗はない状況となったが、当局の圧力によって四月一〇日頃になってようやく営業を再開した。また、労働者や職工などはストライキを敢行し、学生たちは続々と同盟休校に入っていった。」

引用が長くなったが、「運動はあっという間に全国に広まった」と続く。農村地域では「一般には農民が主役であった。全国で逮捕された者のうち、五五・六％は農民である。そこでは伝統的な民乱の作法による運動が展開された。王朝時代には、両班儒生が民衆に担がれて民乱の指導者になったり、あるいは自ら指導者になったりした」と同書には記載されている。

その後、「民族代表になることは拒否したものの、開化派の巨頭で韓末の元老政治家であった金允植も（中略）同じく元老政治家であった李容稙とともに、朝鮮の独立を認めよという「対日本長書」を首相原敬と第二代朝鮮総督長谷川好道宛に送っている」そうである。

つまり、この三・一運動は全朝鮮人をまきこんだ、民族主義的大示威運動であった。一部の学生・知識人の急進派の日本政府に対する抗議ではなかった。「通常、示威集団は太極旗を押し立て万歳を高唱しながら、平和的に行進した。だが、郡庁や面事務所に殺到し、郡守や面長を引き出して「独立万歳」の高唱を強要することもあった。あるいは、時に警察署・駐在所、郵便局などを襲撃し、日本人商店を襲ったり、日本人に暴行を加えたりなどもしている。さらには、電車を壊すとか、電柱を引き倒す、あるいは橋梁を焼き払ったりするなどの破壊行為に出て、通信交通を妨害することもあった。一般に示威運動は、憲兵警察に弾圧されてのちに武器を取っての抗争に移行していった。民衆は、棍棒・割木・木槍・農具などの原始的武器を所持し、多くの場合、投石手段に打って出ている。」同書の著者はこう書き、「人々は、ともに万歳を叫ぶことで、朝鮮人としての一体感に酔いしれた。思えば朝鮮民衆は、一九〇七年の保安法以来、集会や政治活動を禁止されていた。熱狂的な万歳の歓呼は、これまでに蓄積されていたフラストレーションが一挙にはき出されたものであった」と民衆運動を総括している。

　これに対する「弾圧は苛酷であった」と書かれているが、日本政府の対応としてはふしぎではない。「弾圧には、憲兵隊と軍隊だけでなく、鉄道援護隊・在郷軍人会・消防隊までもが動員されている」と同書は記している。また、「その結果、多くの犠牲者が出た。虐殺も数多く行われた。中でも四月一五日、水原郡の堤岩里《チェアンニ》で二十数名のキリスト教徒と天道教徒が教会に閉じ込められて射殺され、教会もろともに焼かれた事件は有名である。」「拷問も苛酷であった。「朝鮮のジャンヌ・ダルク」と讃えられる梨花学堂学生の柳寛順《ユグァンスン》は、天安《チョナン》で活動して逮捕され、拷問のためにわずか一六歳で獄死した」という。

　同書によれば、「被害状況は、当局ができるだけ寡少に報告しようと意図したため、諸説あって定かではない。しかし、上海にいて朝鮮から各種の情報を収集して書かれた朴殷植の記録によれば、死者七五〇九名、負傷者一万五九六一名、被囚者四万六九四八名である」という。

　これに対し、「日本側の被害は官憲の死者八名、負傷者一五八名、破壊された官公署は、警察署・警官駐在所八七ヵ所、憲兵駐在所七二ヵ所、郡・面事務所七七ヵ所、郵便局一五ヵ所、その他二七ヵ所、合計二七八ヵ所となっている」と同書は記載している。

＊

『植民地朝鮮と日本』には引用されていない「宣言書」はこの運動ないし騒動の起爆剤となった宣言であり、「民族代表」とされた人々の思想の表現であるので、承知しておく必要がある。長文だが『朝鮮独立運動の血史』第一巻（東洋文庫）から引用する。

宣言書

われらはここに、わが朝鮮国が独立国であること、および朝鮮人が自由の民であることを宣言する。このことを世界万邦に告げ、人類平等の大義を闡明し、これをもって子孫万代に告げ、民族自存の正当なる権利を永久に有するものである。

半万年の歴史の権威によりてこれを宣言し、二千万民衆の誠忠を合わせてこれを宣布し明らかにし、民族の恒久にして一の如き自由発達のためにこれを主張し、人類の良心の発露に基因したる世界改造の大機運に順応並進せんがためにこれを提起するものである。これ、天の明命、時代の大勢にして、全人類が共存同生する権利の正当なる発動である。天下のなんぴといえども、これを阻止抑制することはできない。

旧時代の遺物たる侵略主義、強権主義の犠牲となって、有史以来累千年、はじめて異民族に箝制される痛苦を嘗めてから、ここに十年を経過した。わが生存の権利を剝奪したのは、およそいくばくであろうか。精神の発展の障碍となったのは、およそいくばくであろうか。民族の尊厳と栄光の毀損したことは、およそいくばくであろうか。新鋭と独創とをもって世界文化の大潮流に寄与補裨すべき機縁を遺失したのは、およそいくばくであろうか。

ああ、旧来の抑鬱を宣揚せんとすれば、時下の苦痛を擺脱せんとすれば、将来の脅威を芟除せんとすれば、民族的良心と国家的廉義の圧縮銷残するを興奮伸張せんとすれば、各個人の人格の正当なる発達を遂げんとすれば、可憐なる子弟に対し恥ずべき財産を遺与せざらんとすれば、子々孫々の永久完全なる慶福を導迎せんとすれば、しからばその最大急務は、民族の独立を確実のものとすることにある。二千万人民のおのおのが方寸の刃をふところにし、人類の通性と時代の良心が正義の軍と人道の干戈とをもって援護するこんにち、われわれが進んで取るになんの強力な障碍もない。退いて事をなすに、なんでわれわれの志が達成できないことがあろうか。

丙子修好条規以来、時々種々の金石の盟約を蹂躙したからといって、日本の信なきを罪せんとするものではない。日本の学者は講壇において、日本の政治家は実際において、わが祖宗の世業を植民地視し、わが文化民族を野蛮人なみに遇し、もっぱら征服者の快楽を貪るのみであるが、わが久遠なる社会的基礎と卓越した民族心理とを無視するものとして、日本の不義をせめんとするものではない。自己を鞭励するのに急なわれわれは、他人を怨み咎めるいとまはない。現在の問題を綢繆するに急なわれわれは、過去を懲弁するいとまはない。こんにちわれわれの専念するところは、ただ自己の建設にあるだけで、決して他を破壊するものではない。厳粛なる良心の命令により、自国の新たな運命を開拓しようとするものである。けっして旧怨および一時の感情によって他を嫉逐排斥するものではない。旧思想、旧勢力に束縛された日本為政家の功名心の犠牲となるという不自然にしてかつ不合理な錯誤状態を改善匡正して、自然にしてまた合理的な正経の大原に帰ろうとするものである。当初から民族的要求に由来しなかった両国併合の結果が、畢竟、姑息的威圧と差別的不平等と統計数字の虚飾との下において、利害が相反する両民族間に、永遠に和同することのできない怨恨の溝をますます深くしているこんにちまでの実績をみよ。勇明、果敢をもって旧き誤りを廓正し、真正なる理解と同情とを基本とする友好的新局面を打開することが、彼我の間に禍いを遠ざけ、祝福をもたらす捷径であることを明知すべきでなかろうか。

また二千万の憤りを含み怨みの心を抱いている民を、もっぱら威力をもって拘束するのは、東洋永遠の平和を保障するゆえんではない。このことによって、東洋の安危の主軸である四億の中国人民の、日本に対する危懼と猜疑とをますます濃厚にし、その結果、東洋全体が共倒れとなり共に亡びるの悲運を招くのはあきらかである。

こんにちわれわれが朝鮮独立をはかるのは、朝鮮人に対しては、民族の正当なる尊栄を獲得させるものであると同時に、日本に対しては、邪悪なる路より出でて、東洋の支持者たるの重責をまっとうさせるものであり、中国に対しては、夢寐にもわすれえない不安や恐怖から脱出させせんとするものである。かつまた、世界の平和、人類の幸福を達成するには、東洋の平和がその重要な一部をなし、そのためにはこの朝鮮の独立が、必要な階段である。どうしてこれが、小さな感情の問題であろうか。

ああ、新天地は眼前に展開せられたのである。威力の時代はすでに去って、道義の時代がきたのである。過去の全世紀にわたって練磨され養われきたった人道的精神は、まさに新文明の曙光を人類の歴史の上に投じはじめ、新春はすでに世界にめぐりきたり、万物のよみがえりを促しつつある。凍氷、寒雪に呼吸を閉ざされていたのが、一時の勢いであるとすれば、和風暖陽に気脈をふるうことも、一時の勢いである。天地の復運に際し、世界の変潮に乗じたるわれわれは、なんらのためらうところもなく、なんらの忌みはばかるところもない。われらに固有なる自由の権利を護りぬき、生々旺盛の楽を飽享すべく、わが自足の独創力を発揮し、春満てる大海に民族の精華を結集すべきである。

われらはここに奮起した。良心はわれらとともにある。真理はわれらとともに進んでいる。男女老幼は、陰鬱なる古巣から活発に起ちきたりて、万民群衆とともに欣快なる復活を成就しようとするものである。千百世祖の霊はわれらを陰ながらたすけており、全世界の気運はわれらを外護している。着手はすなわち成功である。ただ前方の光明にむかって驀進するのみである。

公約三章

一、こんにちわれわれのこの挙は、正義、人道、生存、尊栄のためにする民族的要求であって、すなわち自由の精神を発揮するものである。けっして排他的感情に逸走してはならない。

一、最後の一人まで、最後の一刻まで、民族の正当なる意志をこころよく発表せよ。

一、いっさいの行動は、もっとも秩序を尊重し、われわれの主張と態度とを、あくまでも公明正大ならしめよ。

吉野作造が「対外的良心の発揮」と題する文章で三・一事件についてどんな感想を述べたかを説明する前に、右の「宣言書」について私の見解を記しておきたい。

文章はかなり冗長であるが、格調が高い。朝鮮国が独立国であり、朝鮮人が自由の民であることを宣言してはいるけれども、いかにして日本の権力と対峙して、独立国となり、自由な民衆となるか、についてまったくふれていない。もっぱら日本をふくむ世界の国々や人々の道義心に訴えているのみである。これは儒教の伝統を基盤とし、ウィルソンの民族自決の提案に刺戟されているからであろう。それ故、日本の権力と対峙するための闘争、ことに武力闘争はつゆほども考慮していない。日本政府、日本人の道義心に訴えた宣言であり、非暴力主義の宣言であった。『植民地朝鮮と日本』に「民族代表らは、いよいよ挙事の段階になって学生・民衆への不信と恐怖から」学生を追い払い、独立宣言書を朗読もせずに、逮捕された、と記されているが、「民族代表」らは学生、民衆がこの宣言書に刺戟され、暴力的、武力的闘争に発展することを危惧したのではないか。元来、彼らは非暴力主義を貫徹するつもりだったのではないか。たしかに、儒教的道義心やウィルソンらの人道主義に期待することは、それなりに彼らの信条であり、思想であったろう。しかし、この宣言書が非現実的であることは否定できない。結果として、「運動」は「暴動」に発展し、多くの犠牲者が出た。日本政府の責任は、次元を異にする。これについては吉野の発言を聞きたい。

＊

第一次世界大戦終結後、「道義的創造力の大底潮の汪洋として暫くも其歩を止めざるを見るは大いに吾人の意を強うするものである。然り、戦後の世界の形勢は眼あるものには既に明白となつた。此際に方《あた》つて吾人が対外的良心の発揮を同胞の国民に叫ぶのは決して無用の事では無い」と吉野は「対外的良心の発揮」を書き始める。

「我国民は由来政治問題に関する道徳的意識は甚だ鈍い」と吉野は言い、「それでも国内政治の方面は心ある者の啓発誘導の結果、段々に改まつて行く傾向が見える。けれども更に一歩眼を転じて対外関係の方面を観んか。之に関する国民の道徳的判断は全然吾人を失望せしむるものである。一々例証を引くまでもない。我々は朝鮮の問題を論ずる時に、曽て朝鮮人の利益幸福を真実に考へた事があるか。」

こう記した上で、次のように続ける。

「国際関係が殆んど道義の支配の外に在つた事は、十九世紀を通じて総《す》べての国に行はれる現象であつた。けれども我々は他の一面に於て其処に悲痛なる煩悶のあつた事を忘れてはならない。尠くとも殺伐なる国際競争の反動として、極端な人道主義を主張する少数派のあつた事をも看過してはならない。（中略）今や時勢は一変せんとしつゝある。而して之に応ずべき何等の準備なくして漫然として新国際関係に入るは、我国の将来にとつて予輩は一種の不安を感ぜざるを得ない。」

こう述べて、三・一事件に関する本論に入る。

「朝鮮の暴動は言ふまでもなく昭代の大不祥事である。之が真因如何、又根本的解決の方策如何に就ては別に多少の意見はある。只此等の点を明にするの前提として予輩の茲に絶叫せざるを得ざる点は、国民の対外的良心の著しく麻痺して居る事である。」

「一言にして言へば今度の朝鮮暴動の問題に就ても国民のどの部分にも「自己の反省」が無い。凡そ自己に対して反対の運動の起つた時、之を根本的に解決するの第一歩は自己の反省でなければならない。（中略）何れにしても朝鮮全土に亙つて排日思想の瀰漫して居る事は疑ひもなき事実である。朝鮮に於ける少数の役人の強弁の外今や何人も之を疑はない。而して我国の当局者なり、又我国の識者なりが、曾て此事実を現前の問題として、鮮人其物の意見を参酌するの所置に出でた事があるか。

鮮人動揺の現前の事実に対して吾人の常識は到底之を従来の統治の失敗に帰するの外は無い。」

吉野の発言はまことに率直である。「当局者は曾て自己の失政に反省の色を表はさない」とい い、彼らが法規の命ずる所は洩らす所なく実行した、など弁解するのを耳にすると、「吾人は彼等に植民地統治の能力を疑はざるを得ない」という。また、次のように指摘する。

「自己反省を欠く結果は所謂失政の批難を否認する。而も反抗の事実ある以上強いて原因を他に求めなければならない。茲に於て言ふ、朝鮮の暴動は第三者の煽動に因ると。而して其槍玉に上げらるゝものは外国基督教宣教師である。無論事実問題としては暴動と宣教師との関係を冷静に攻究する必要あるは言ふを俟たない。随つて又責むべきものは仮借する所なく責むるに何の妨げもない。けれども自分に失態が無い、随つて憤る筈も無い、それでも憤るのは誰か第三者の煽動があるだらうと云ふ風な考へ方は、第一に暴動の意義を軽視するの弊に陥り、第二に鎮定の方策を誤る。加之《しかのみならず》さうでも無いものを他人の煽動に乗つたのだらうなどゝ云ふ所から益々反感を挑発する事にもなるし、又不当の嫌疑を掛くる結果として其外国人の本国との友好を紛更するの惧《おそれ》が甚だ大である。」

こう述べた上で吉野は「差当り今度の朝鮮問題に関聯しては特に次の二点に注意する事が必要と思ふ」と記し、これを説明している。

「第一は日本の朝鮮統治が鮮民の心理に事実上如何なる影響を与へたかを究めずしては問題の解決は出来ないと云ふ点である。（中略）鮮民が斯く考へる事に道理ありや否やを姑《しばら》く第二に置いて、事実鮮民が日本の統治をどう考へて居るかを鮮民の立場から考へることが必要だと云ふのである。（中略）自らを不当に高く値踏し、他をば不当に低く値踏みするの弊は殊に民族の間に甚だしい。其れ丈け我々が自ら一日の長を自負して他の民族に臨む場合には、取り分け対手《あいて》の心理を尊重するの必要がある。之を等閑に附して而も朝鮮統治に成功を期するは、所謂木に縁《よ》つて魚を求むるよりも難い。

第二に暴動の起因が第三者の煽動に在りと考へて居る間も亦吾人は到底根本的解決に達する事が出来ない。外国宣教師が事実どれ丈け朝鮮の暴動に関係ありやは先人の偏見を去つて冷静に事実其物を明白にする必要がある。」

以下は省略する。「民族代表」らが手を引いても、暴動は全国の朝鮮民衆、ことに農民の間に拡大したことを見ても、統治の失政は明らかであり、朝鮮・韓国の人々の日本人に対する怨恨は根がふかいのである。

*

吉野作造は『中央公論』の同年七月号に発表した「小題小言」のうち、「水原虐殺事件」にふれ、これが『吉野作造選集』第九巻に収められているので、ついでながら、この短い文章にもふれることとする。水原虐殺事件については『植民地朝鮮と日本』にもとづいて三・一運動を説明したさいに、すでに紹介したので、くりかえさない。吉野の文章によれば「或新聞が某軍人の談として「同じやうな虐殺を水原で実は彼等鮮人が我憲兵に加へた。独り我軍人を責むるのは片手落だ」と言つた」ことについての感想である。

「鮮人がどう云ふ訳で憲兵を虐殺したかの動機は茲に問はない。けれども彼等もやつたから俺もやるのだと云ふ理屈は無い。報復は大国民の慎むべき所、況んや彼はもと身に寸鉄を帯びざるものなるに於てをや。兎角我国の官吏は鮮人を同化する〳〵と云つて却つて彼等に同化されて居る事実が多い。彼等が虐殺で来るなら此方からも虐殺で行く、さうする事が彼等を威服する所以だと考へるなら是れ即ち彼等の考へ方に同化されたものではないか。
又聞く所に拠れば朝鮮の道長官の如きは土民に臨んで威張ること、丸で昔の大名のやうだと云ふ。斯うでなければ官吏としての威厳が保てないと云ふのであるが、分不相応に威張ることに依つて僅かに官吏の威信を保つと云ふのは之れ取りも直さず朝鮮の弊風に我れ自ら同化されたものではないか。本当に同化しようと云ふなら形式で威張らなくとも鮮民が心服するやうに仕向けて行かなければならない。同化政策に対しては我輩根本的に疑を有つて居るけれども、仮りに之が適当の政策だとしても朝鮮の官吏の遣り方は目的夫自身に〔を〕裏切つて居る。」

*

吉野作造はさらに同年八月刊行の『黎明講演集』第六輯に「朝鮮統治の改革に関する最少限度の要求」、『婦人公論』同年同月号に「支那・朝鮮の排日と我国民の反省」と題する評論を寄稿している。吉野が「改革」を要求し、「反省」を求めている事柄は、日本政府の朝鮮統治の失政に外ならない。これまでの評論で指摘している点と若干重複することもあるが、必ずしもまったく同じではないので、あえて引用なり抜粋することとする。

まず、前者「朝鮮統治の改革に関する最少限度の要求」の第一に、「新政会といふ政党の人々が、原総理大臣を訪問して、今日最も緊急とする所の諸問題に就て質問したといふことでありますが、其の中に朝鮮問題といふものが一つも無い。苟も天下の政党として、朝鮮の問題を等閑に附したといふことは、実に驚くべき事である」と言い、「斯の如き次第で、官民共に朝鮮の問題を軽視して居るといふことは、私は甚だ遺憾に思ふ所」であり「吾々が数千年来の歴史を説いて、朝鮮の人の反省を求めるならば、是と同時に、日本人も数千年来の日韓の歴史に依つて、反省すべき所が有るだらうと思ふ」と述べ、水原事件を採り上げている。

「西洋人の指摘に依つて新聞に表れて居る事で、最近最も問題となつて居るのは彼の水原事件であります。水原に於て朝鮮の数十名の良民を或る教会堂に集めて、それを皆焼き殺してしまつた。又自分の亭主が何うなつたらうと思つて、安否を尋ねに往つた婦人をも鉄砲で以て撃ち殺したといふ事件である。是に就て、私は往つて視た訳ではありませぬからして、確言することは出来ませぬけれども是は其現場を後から往つて視た外国人などがある。或は又私の友人で――是は日本人ですが、私の極く親しい友人で朝鮮に居る立派な紳士が、其点を或点まで是認しまして、若し卒《い》ざといふ必要の有つた時分には、何時でも往つて証人になるといふ手紙を、私に呉れた人があります。其他各方面の報道に依りますと、今度の騒動に於ては、日本の方でも残念ながら、所謂野蛮性を発揮して居る事が随分ある。無論朝鮮人の間にも、残酷に憲兵を殺したとか、或は巡査を殺したとかいふ事に付て、責むべき点は多々ありませう。けれども朝鮮人がやつたから此方でもやつて宜いといふ理窟は有りませぬ。残念ながら爾《そ》ういふ暴行をしたといふ点が、吾々の方に多いやうであります。其一例は、今度の騒擾の時に消防夫が出て往つて、鳶口《とびぐち》を以て、朝鮮人の四つか五つになる子供の頭を引掛けたといふ事がある。一体今度の騒擾の鎮定に、消防夫を使つたといふやうな事は、善いのか悪いのか判らぬけれども、私共は甚だ遺憾と思ふ。初には万歳々々と言ふのを腕力を以て逐ひ退ける訳にいかぬから、消防夫を喚《よ》んで来て水を引つかけた。それから在郷軍人団が出て手伝ふといふやうなことで、吾々から見ると、相当の程度を超えた取締を随分やつたやうであります。是も私の友人の話でありますが、警察官に捕へられて引張つて往かれる朝鮮人を、何処かの雑貨屋の子僧が出て来て、其店で売つて居るベースボールのバットで以て殴つた。けれども巡査が一向それを咎めなかつたといふ例もあります。」

この種の情報は公表されなかったので、外国人の方から先ず報道され、日本の官憲も報告しないので真否が分らない。そこで数名の団体が朝鮮に行って調査し、しだいに事実が明らかになってきた。「其の調査に依つても、此等の事実は段々明になるのでありまして、どうも吾々は日本国民の良心の為に、此等の点を実は、黙視することが出来ない。矢張一の人道問題とするの価値は有ると思ふ」と吉野は述べている。

「此頃新聞でも御承知でありませうが、朝鮮から色々の方面の人が参つて居ります。其人々は皆、朝鮮の将来の統治を何うするかといふ事を、或は当局の人に或は吾々国民の間に訴へに来て居るのです。私は此等の人の数名の方と会見を致しましたが、或る意味に於ては、寧ろ此等の人の宏量に感泣する。今度の騒動に於て、日本人が随分乱暴をしたといふ事は、過去の事として深く咎めない。将来の事を何うして呉れるかといふことを、向ふの人が言つて来るのでありますから して、過去の事を咎めないで、将来の事を相談に来たといふ、其彼等の宏量に寧ろ吾々は感謝する。」

こう書いた上で、吉野は「朝鮮の方では、或は自治を希望するとか、独立を求めるとか、或は朝鮮に独立の国会を設けて呉れとか、或は帝国議会に朝鮮の代表者をも出さして呉れとか、色々細かい案があるやう」だが、これらは「今後緩《ゆっく》り研究すべき事」だから、「朝鮮の統治を将来何うするかといふ事に就て、私一個の意見として、最小限度のものとして四つの問題を、提出したい」という。

「第一は、朝鮮人に対する差別的待遇の撤廃といふ事を私は要求する。」「教育に於て、不平等の待遇を受けて居るといふ事が、就中最も私共の反対する所であります。」「先づ第一に、朝鮮には朝鮮人の為めに学校の数が少い。」「小学校は少いながらも在りますが、中学校といふものは殆ど無いと言つて宜い。」「学校の数が非常に少いのみならず、程度が馬鹿に低い。」「朝鮮人には、進んで高等教育を受ける便宜が有りませぬ。」「支那の留学生諸君の中には、帝大其他高等の諸学校に学んで居る者が割合に多いけれども、朝鮮の諸君には極めて少い。少い筈です。之を妨ぐる関門を突破するといふことが容易な事ではないからです。」

「日本人に対しては六百円の補助を与へて、何んな山間僻地でも学校を造る便利が有る。然るに朝鮮人に対しては此特典を与へない。而已ならず相当の費用を負担するからと言つても、朝鮮人の子供を、日本人の組合学校に容れて呉れない。」

吉野は朝鮮人と日本人とを一緒に教育したら宜かろうと提案し、当局者に拒否されたことなども記している。

第二に「朝鮮人を官吏として随分沢山使つて居りますが、朝鮮人なるの故を以て、之を決して高い地位の官吏にはしないといふ、一の不文法があります」という。

「朝鮮の良家の子弟は、此頃段々、教育を受けても何もならぬと言つて、前途を悲観する。前途に何の光明が有るか、自分等が学問をしても、何の希望が無いではないかと言つて、悲観して居る者が多いといふ事です。（中略）彼等の間には一種の歌みたやうな風に次の様な事を歌ふさうです。其の意味は、文官は郡書記、武官になつて精々往つて巡査補といふのです。」

「幸にヤツト官吏になれましても、其同じ程度の官吏で、日本人と朝鮮人との間の俸給が大変に違ふ。又出張旅費なども違ふ。同じ程度の者でも、朝鮮人は日本人の俸給より、三分の一位しか貰へないと申してゐます。」

ここまでは、第一の「差別的待遇の撤廃」の関係であり、第二の提案は「武人政治の撤廃」である。「朝鮮を統治する所の者が、軍人でなければならないといふ理窟は無い。（中略）軍人が政治をするといふのは、是は戒厳令を布いて居る時の事であります」といい、その欠点を具体的に指摘しているが、省略する。

吉野の批判の第三は同化政策である。「朝鮮人に向つて、其の長い歴史を経て出来上つた所の、一切の伝統を忘れて、さうして日本人になれといふ事の無理なことは云ふまでもありません」という。

「第四に言論の自由を与へよといふ事を、私は最後に主張したい」といい、言論の自由のないことの弊害を具体的にあげ、「憲兵政治などは、廃めて貰ひたいといふことを、日本人でも言ふのでありますが、それが上の方に判らない。何故かと云へば新聞が無い――言論の自由が無いから判らないのです。」

いずれも日本の朝鮮における植民地政策がいかに愚昧であったかを鋭く指摘したものだが、こうした愚昧な政策により朝鮮・韓国の人々は極度に虐待され、日本人に対する不平、不満、怨恨をつよくしたのであった。

『婦人公論』に寄稿した評論については、これまで紹介してきた吉野の主張と重複するところが多いので、省くこととする。

＊

『石橋湛山評論集』（岩波文庫）はかねて私が感銘をうけてきた名著だが、この中に三・一運動にふれた文章がある。『東洋経済新報』一九一九（大正八）年五月一五日号に社説として掲載された「鮮人暴動に対する理解」と題する文章である。

「鮮人の暴動は、一時形勢すこぶる重大に見えたが、今や幸いにしてほぼ鎮定に帰した。（中略）暴動の鎮定は表面だけのことだ、官憲の力を以て圧服したまでに過ぎない」とはじまり、「およそいかなる民族といえども、他民族の属国たることを愉快とする如き事実は古来ほとんどない。（中略）朝鮮人も一民族である。彼らは彼らの特殊なる言語をもって居る。多年彼らの独立の歴史をもって居る。衷心から日本の属国たるを喜ぶ鮮人はおそらく一人もなかろう。（中略）故に彼らは彼らの独立自治を得るまでは断じて反抗を止めるものではない」という冷徹な視点を示した上で、次の事実を指摘する。

「聞く所によれば、合併以来幾年にもならぬ今日、朝鮮の富は既にほとんど邦人に壟断《ろうだん》され、いわゆる有利な事業という事業は挙げて邦人の手中に帰せる有様らしい。（中略）また在鮮邦人は犬馬を駆使する如き態度を以て鮮人を駆使すとは、善く聞く話である。吾輩は邦人を世界において稀に見る温和の民なりと思うて居る。富の壟断においても、鮮人の駆使においても、おそらくさまで酷烈ではなかろうかと思う。しかしながら、征服民族と被征服民族との間には自然に不平等の成立つは争われない事実である。」

「這次鮮人の暴動は、全く独立自治の要求に出発せるもので、直接には、邦人の横暴に対する報復という感情にも、多分に支配せられたるべきは勿論である。

これを要するに、這次暴動の根底は極めて深固であり、その意義は極めて重大である。鮮人は自治を得るまでは、今回を手始めに、今後機会あるごとに、暴動その他あらゆる方法において、絶えず反抗運動を起すものと覚悟せねばならぬ。その結果時にあるいは、いかに悲惨なる大犠牲を払うことの起らぬとも限らない。もし鮮人のこの反抗を緩和し、無用の犠牲を回避する道ありとせば、畢竟《ひっきょう》鮮人を自治の民族たらしむるほかにない。」

なお若干続くが略す。吉野が政治学者として理想主義的であるのに比し、経済評論家石橋湛山の現実主義的であることが目立つが、いずれにしても、彼らのような人が存在したことは私たち日本人の良心として誇るに足ると思われる。

＊

吉野作造は前述の評論以後も植民地朝鮮の統治問題に関して、重大な評論を多く発表しているが、私としては『中央公論』一九二一（大正一〇）年一月号に発表された「朝鮮問題」を採りあげたい。

三・一運動の責任をとって朝鮮総督が陸軍大将長谷川好道から海軍大将斎藤実に交替した。斎藤が「これからは「文化政治」をやるといったような趣旨のことをいってから、世間では寺内、長谷川の武断政治から文化政治にかわったように信じられていた」と山辺健太郎『日本統治下の朝鮮』（岩波新書）は記している。そこで吉野はこう書き始めている。

「朝鮮の状態も過去一年の間に殆ど何等目醒しい発展を見て居ない。総督が変つた丈けの事はある。総督の更迭と共に統治方針の大いに改善せられた跡は之を認めるけれども、併し乍ら日鮮両族を真実の意味に於て融和陶〔統〕合する大方針から観て、更に何等の発展を見て居ない事だけは疑を容れない。蓋し今日のやうな状態では、何んなに政治を改善したと云つても、朝鮮人自身の要求には更に触れて居ないからである。故に朝鮮に於ける統治の改善は幾分内地人の慈悲心を満足せしめては居るだらうが、朝鮮人の満足は買つて居ない。」

こう言いながら、吉野は次のように続ける。

「尤も吾々は朝鮮人の満足を買ひさへすれば可いといふ考へであつてはいけない。（中略）かの共同墓地問題の如きは最もよく浅薄なる官僚気分を暴露したものだと思ふ。朝鮮には非常に墓場を尊重する風習がある。風水の地異を案じ、一番好い所に墓場を作れば子孫が繁栄するといふので、金持などは年中墓地の捜索選定に憂身に窶《やつ》して、此処が一番好いといふ事になると、他人の地面であらうが、お上の地面であろうが、構はず墓を作る。為めに朝鮮には由来之れに関する土地の訴訟といふものが非常に多い。且之が無用に土地を使ひ又金を遣ふ所以であつて、朝鮮不振の原因も亦一つは此処に在ると云はなければならない。そこで寺内伯の時代には、かういふ私設墓地を禁じ、凡て墓は共同墓地に作るといふ事にした。之は寔《まこと》に寺内式のやり方で、朝鮮人の為めにも結構な事であるが、然し深い迷信に関係して居る事であるから、急激に之を禁ずるといふのが適当であつたか何うだか疑ひ無きを得ない。（中略）然るに現総督の時代に至り朝鮮人の満足を買はうといふ浅薄の考から、折角作つた共同墓地の制度を強制する事を止め、旧式の墓地をも作る事を許した。是などは一時の満足を買はんが為めに彼等の真の利益を深く考へてやらなかつたといふ点に非難があるのみならず、古老の意見さへ聴けば一般人民の思惑は何《ど》うでもいゝと考へた点に、旧式政治家の特色を発揮して居る。」

このように前置きして吉野は本論に入る。

「吾々は朝鮮統治の根本方針に疑あるのみならず、昨今の騒擾に対する内地官憲の態度に就ても不平がある。読者も知らるゝ如く、昨今朝鮮には排日の気分が漲つて居る。（中略）政治上の考で日本の統治に反対する者は、吾々からは敵だけれども彼等からは憂国の士として尊敬される。吾々の敵視する所以が即ち彼等の尊敬さるゝ所以だから、吾々が不逞呼はりをすればする程、朝鮮人の反日結束は固くなる。純然たる敵国なら是でもいい。朝鮮人を結局我同胞として治めて行からとする上から云へば、是れ程拙い方策はない。」

「朝鮮人は法律上日本臣民である。けれども固有の日本臣民と同一に待遇する事は出来ないといふ事実に基いて、全然内地人と同様の権利を与へられて居ない。是れ法律に於ても朝鮮人を日本人となるべきもので、既に日本人であるものと見てゐない証拠である。（中略）此根本的誤謬が悟られ且つ改められざる限り、吾々日本国民の懸案としての朝鮮問題は実質的に一歩も進める事は出来ない。」

「役人が僅か許りの自己満足に欣んで、大勢は依然何等の進歩を見て居ないといふ憫《あわれ》むべき状態にあるのに、他方間島の虐殺問題なるものが起つて、更に世界に於ける日本の不信を強めたのは、吾々の返すぐ\も遺憾とする所である。間島に於ける不逞鮮人の掃蕩運動が多少の良民を傷け、耶蘇教会にも不当な圧迫を加へた事実は、軍事当局者も之を認めて居るやうだ（注）。然し宣教師側の報告に拠れば、水原事件以上の大暴行だと云ふ。（中略）之に附する解釈は割引して考へねばならぬとしても、十人殺したと云へば十人殺したといふ事実丈は之を承認せざるを得ない。兎に角彼等の弾劾によつて帝国政府の軍事行動が世界の道徳的判定の問題となつた以上、吾々は之に対して出来るならば正々堂々の弁解を為し、出来るなら其罪を悔ひ、将来に対する新しい覚悟を宣明したらいゝではないか。」

さて、ここで斎藤実総督下の「文化政治」の内容と評価を『植民地朝鮮と日本』にしたがって、要約する。

文化政治の第一は憲兵警察制度の廃止であった。ただし、憲兵の多くは普通警察官に採用され、日本から約三〇〇〇人を募集して普通警察官を増員、警察官署は一八六一ヵ所から二七六一ヵ所に増加した。

第二に地方自治について、従来任命制であった府協議会を選挙制にし、新たに面協議会・学校評議会・道評議会を設けた。しかし、日本人の多く住む全国二四の指定面では選挙制とし、他は任命制とする、といった方法であり、選挙のばあいでも、制限選挙で日本人が多く選出されるよう資格を定めていた。

第三が同化政策であるが、「内鮮人共学」を謳ったが、「国語」常用者とそうでない者を区別し、日本人学校と朝鮮人学校との間に垣根を設け、修業年限は日本人学校、朝鮮人学校を同様とし、男子六年制、女子五年制の師範学校を設け、大学教育を認めた。

朝鮮人のための普通学校では、日本語の授業が増えて朝鮮語の授業が減り、日本歴史と日本地理が加わったし、高等普通学校では朝鮮語は必須科目から随意科目となった。

『植民地朝鮮と日本』の著者はふれていないが、朝鮮語の習得機会を少くし、日本歴史、日本地理を教えることは「同化」政策に必要かもしれないが、朝鮮人としてのアイデンティティを弱めることになる。ひいては朝鮮人としての矜持を失わせることになるだろう。朝鮮のような歴史と文化をもつ国の人々に、はたして「同化」政策が望ましいのか、可能なのか、疑問であろう。いずれにしてもこのような教育方針は朝鮮・韓国の人々の心情を傷つけ、不快の感を覚えさせたのではないか。

次に、朝鮮語による新聞・雑誌の発行が許されることとなったのは言論の自由の要請にもとづくものであり、前述した朝鮮語教育を軽視する方針と矛盾するとはいえ、望ましい政策であった。ただし、内地と同様、検閲、発売禁止などが行われていたことはいうまでもない。

総督府はまた、有名無実化していた総督府の諮問機関である中枢院を改革、朝鮮人参議からの意見聴取の機会を増やし、各道の朝鮮人諮問官の参与官からの民情聴取も行うようになった。一方で、親日派の育成を図った。

また、多くの民衆の怨嗟の的となっていた共同墓地への埋葬に関し、私有墓地が許可されることとなったが、その当否はすでに吉野作造が採り上げていた問題である。

文化政治の下で、総督府の肝いりで『朝鮮史』が編纂され、一九三八（昭和一三）年全三七巻の刊行が終った。これは「植民地史観の正史であり、朝鮮史の簒奪にも等しい役割を担わされていた」と前掲書は述べている。

同書はまた、「会社令は、経済政策における強権的な武断政治の象徴的法令であった」と記しているが、一九二〇（大正九）年四月一日、総督府はこれを撤廃した。その結果、会社の設立は許可制から届出制になった。一九二一年、朝鮮人会社数は一二三であったが一九二九（昭和四）年には三二六と二・七倍に増えた。しかし、日本に本店を置く会社が、三井財閥、日本窒素コンツェルンを中心に朝鮮に進出、時に日本人会社は五四一から一二三七に増え、工業についてみると、朝鮮人工場二七五一、総資本金二五三二万円に対し、日本人工場二四二五、総資本金四億九九四〇万円が一九二八年段階の状況であったとある。朝鮮人工場は零細、後進的技術によるものに限られていた。かつて三・一運動にさいして石橋湛山は「朝鮮の富は既にほとんど邦人に壟断《ろうだん》され、いわゆる有利な事業という事業は挙げて邦人の手中に帰せる有様らしい」と書いたが、こうした状況は「文化政治」以降にいっそう現実化したようにみえる。

会社の設立増加とともに労働者も増加した。一九二八（昭和三）年当時、労働者数は一一三万六〇〇〇人、うち工場労働者は三万七〇〇〇人、大部分は単純労働者であり、その他季節的労働者が九八万八〇〇〇人、賃金は一九三一（昭和六）年当時、全労働者平均日給一・七六円、日本人の二・九七円の六割というが、従事した労働の質によるところ多いのではないか、と私は感じる。

また、斎藤実は、朝鮮人官吏の任用待遇の改善を謳ったが、さほどの改善はみられなかったという。総督府官吏の総数は大いに増加しても、朝鮮人官僚は一貫して四〇％前後、高級官僚といっても、局長にまで昇進したのは植民地期をつうじて例外的に一名のみ、しかも高等文官試験に合格した朝鮮人は一三三名に昇った。

「俸給も差別賃金が変わることはなかった。（中略）俸給が日本本国よりも高等官で四割、判任官で六割ほど高く設定されていた。しかし、朝鮮人には適用されず、朝鮮人官吏は最後までその差別賃金に苦しんだ。女学校を出たばかりの日本人女性教員の初任給が、朝鮮人教頭よりも高いという不条理がまかり通った。」

日本人からみると、植民地朝鮮で、異民族、異文化、異風土の中で生活するのに内地と同じ給与では誰も赴任を希望する者はないにちがいないから、特別手当が支給されるのは当然と思われるが、朝鮮人の側からみれば、差別を不当と感じるのも当然である。植民地経営はどう考えても、支配される民族の不平、不満を生じさせずにはすまないようにみえる。

「文化政治」といわれるものは、少くとも表面的には武断政治から変化して、まったく効果がなかったわけではないようだが、実質的に朝鮮・韓国の人々を満足させることは、かりに可能だったとしても、到底実質的な成果をあげたとはいえないようである。

最後に、私が何としても莫迦げていると思うのは、朝鮮神宮の創建である。これまでたびたび引用してきた『植民地朝鮮と日本』によれば、一九二五（大正一四）年一〇月一五日、「南山に朝鮮神宮が創建された。祭神は天照大神と明治天皇である。だが、「内鮮融和」のためには朝鮮の神話上の始祖である檀君も合祀すべきだという議論が、意外なことに、創建直前に神道界から持ち上がった。神道では、一般に地域の氏神が尊崇の対象になる。結局総督府はこれを認めず、

「内鮮融和」とは日本への朝鮮の完全同化を意味するものであるという立場を明確にした。」
朝鮮の人々が天照大神や明治天皇を尊崇するなどということはありえない。信条、信仰の問題を強制できない。吉野作造は同化政策は放棄すべきであると提唱した。「朝鮮統治の根本方針としては」「日本民族は日本民族として、朝鮮民族は朝鮮民族として、各々其特徴に従つて貢献するの途を講ずる」ことが東洋の平和に対する共同の使命だと説いた。朝鮮神宮の創建は、総督府の独善的発想によって、朝鮮の人々の反感をえたにすぎない。

注　間島事件については水野直樹・文京洙『在日朝鮮人　歴史と現在』（岩波新書）に次の記述がある。
「三一独立運動後に中国などで展開された朝鮮人の独立軍活動を弾圧するため、二〇（大正九）年一〇月に独立軍の拠点となっていた間島（現・中国吉林省延辺朝鮮族自治州）に日本軍が出兵して朝鮮人の集落を襲い、数千名を虐殺した。」

3

一九二三（大正一二）年の関東大震災に関して吉野作造は『中央公論』同年一一月号に「朝鮮人虐殺事件に就いて」と題する評論を寄稿している。その冒頭をまず引用する。

「鮮人暴動の流言の出所に就き、親交ある一朝鮮紳士よりこんな話を聞いた。横浜に居る鮮人労働者の一団が、震火災に追はれて逃げ惑ふや、東京へ行つたらどうかなるだらうと、段々やつて来た。更でも貧乏な彼等は、途中飢に迫られて心ならずも民家に行つて食物を掠奪し、自らまた多少の暴行も働いた。これが朝鮮人掠奪の噂さを生み、果ては横浜に火をつけて来たのだらう、などと尾鰭《おひれ》をつけて先きから先きへと広まる。かくして彼等の前途には警戒の網が布かれ、彼等は敢無《あえな》くも興奮せる民衆の殺す所となつた。飢餓に迫れる少数労働者の過失が瞬く間に諸方に広がつて、かくも多数の犠牲者を出だすに至つたのを見て、我々は茫然自失するの外はない。

この説は流言の出所が横浜方面にありとする当局の説明に符合する。暫く之を一面の真相を得たものとしても、併しこれ丈けの出来事が、あれ程の結果を生むだ唯一の原因とはどうも思へない。この外に又勢を助成する幾多の原因があつたものと見なければならない。然らばその原因は何かと云ふ事になるが、我々はまだこれを断定する充分の材料を持たない。併し責任ある××〔官憲〕が、この流言を伝播し且つ之を信ぜしむるに与つて力あつたことは疑ないやうだ。之等の点は追つて事実の明白になつた上で更に論評を試みたいと思ふ。兎に角民衆は、自警団などと称して鮮人虐殺を敢行したものと否とを問はず、×××〔警察官〕の云ふ事だから嘘ではあるまいと、少くとも一時鮮人の組織的暴行を信じた事は明白の事実だ。尤も昂奮の程度には処によつて多少異なるものはある。田舎では事情が分らぬだけ、東京の火は大部分鮮人の手に出たなどとの流言を信じ、復讐的に虐殺を行つたものもあるらしい。東京市内では流石にそれ程ではなかつたが、教養なき階級が自警団などと飛び出してる方面では、可成り乱暴が働かれた様だ。何れにしてもかくして無辜の鮮人の災厄を被つたものの数は非常に多い。罪なくして無意義に殺さるゝ程不幸な事はない。今度の震火災で多くの財と多くの親しき者とを失つた気の毒な人は数限りもないが、併し気の毒な程度に於ては、民衆激情の犠牲になつた無辜鮮人の亡霊に及ぶものはあるまい。今度の災厄に於ける罹災民の筆頭に来る者は之等の鮮人でなければならない。」

石橋湛山も『石橋湛山評論集』（岩波文庫）所収の『東洋経済新報』一九二三（大正一二）年一〇月二七日号に掲載された「小評論・精神の振興とは ほか」に次のとおり書いている。

「震災の二日目からほとんど全国を驚かしたいわゆる鮮人の暴行は、よくやく官憲の発表する所によれば、ほとんど問題にするに足らぬものである。鮮人というから何か角立って聞ゆるが、個々の不良の徒が混乱に際して、若干の犯罪をした。それも官憲の発表によれば、ほとんど皆風説に等しく、多分は氏名不詳、たまたまその明白に氏名の掲げあるものも、現にその者を捕えたるは少ない。かくてはその犯罪者が、果して鮮人であったか内地人であったかも、わからぬわけである。盛んに鮮人騒ぎの伝えられた頃、我が日本の運命もこれにて定まりたりと慨嘆せるは独り小評論子のみではなかったよしだが、今回の官憲の発表を見て、その慨嘆の果して杞憂《きゆう》ならざりしことをいよいよ小評論子は嘆くものである。今更、心配は過ぎ去ったから、安心して来いなどと、鮮人や支那人を招くは、片腹痛い。日本人でさえ心ある者は日本ほど恐ろしい国はないと思っているのに、何で新府《しんぷ》の民《たみ》および外国人が来ようものか。もしこれを招かんと欲するならば、日本は万斛《ばんこく》の血と涙とを以て、過般の罪をつぐなわなければならぬ。

小評論子は先日衆人稠坐《ちゅうざ》の中にて殺人行為を、ほこらかに語ったものあるを見て、これはゆゆしき大事である、厳罰を以て臨まねば、将来いかなる恐れを引き起すやも知るべからずと感じたが、今各地の自警団員が、裁判所に引かるるを見ては、またそぞろに憐《あわ》れを催さざるを得ない。彼らの或る者はその殺人を以て一ぱし国家のため大功を立てたかに思っていたのである。そもそも彼らをして、かく思い込ましめし者は誰か。それこそ真の犯罪人である。この点において、或る団体が、自警団のため冤をそそがんと立てるはもっともである。しかしながらもし自警団員の罪をゆるすべくは、彼らをここに至らしめし者を厳罰に処せねばならぬ。何となならば、この問題はただ十二分に日本の何人かが罪を負いて、而して辛うじてゆるさるべきものであるからである。」

右の文章の「いわゆる鮮人の暴行」について岩波文庫版の注に「一九二三（大正一二）年九月一日の関東大震災直後、朝鮮人蜂起、放火などの流言が発生し、翌二日これを政府が事実と認定、朝鮮人取締りを指令したため、虐殺事件が続発し、数千名の犠牲者が出た」とある。

なお、吉野作造『中国・朝鮮論』（東洋文庫、平凡社刊）には、「吉野は、改造社の『大正大震火災誌』（一九二四）に「朝鮮人虐殺事件」を書き、埼玉県当局の通牒などを紹介して、流言の出所について、官憲の責任あることを述べ、ついで朝鮮罹災同胞慰問班の一員から聞いたという、朝鮮人の虐殺地点と人数（計二、六一三名）を記したが、これは、全文内務省の検閲により削除された」との注が右に引用した文章の後に記されている。私はこの文章を『吉野作造選集』第九巻によっており、これは東洋文庫版と内容が重複しているが、東洋文庫版に収録されていない文章も収められているからである。しかし、前記の注は『吉野作造選集』には付記されていない。

＊

吉村昭『関東大震災』（文春文庫）はその第十一章「自警団」に次のとおり書いている。

「大地震の起った日の夜七時頃、横浜市本牧《ほんもく》町附近で、

「朝鮮人放火す」

という声がいずこからともなく起った。それは、東京市内でささやかれていた社会主義者と朝鮮人放火説とは異なって、純然と朝鮮人のみを加害者とした流言だった。

その流言がだれの口からもれたのかは、むろんあきらかではない。ただ日本人の朝鮮人に対する後暗さが、そのような流言となってあらわれたことはまちがいなかった。（中略）

流言は「朝鮮人放火す」という単純なものであったのに、夜の間に「朝鮮人強盗す」「朝鮮人強姦す」という内容のものとなり、さらには殺人をおかし、井戸その他の飲水に劇薬を投じているという流言にまで発展した。

殺伐とした内容を帯びた流言は、人々を恐れさせ、その恐怖が一層流言の拡大をうながした。そして、その日の正午頃までには横浜市内にたちまち拡がり、鶴見、川崎方面にまで達してしまった。

さらに日没近くになると、横浜市西戸部町藤棚附近から、

「保土ヶ谷の朝鮮人土木関係労働者三百名が襲ってくる」

という風説につづいて、

「戸塚の朝鮮人土木関係労働者二、三百名が現場のダイナマイトを携帯して来襲してくる」

という流言すら起った。それは、具体的な内容をもっていただけに短時間に横浜市から市の近郊にまで伝わった。

このような朝鮮人に関する風説については、後に横浜地方裁判所検事局で徹底した追跡調査がおこなわれた。それによると検事局では、初めその風説を裏づける事実があったのではないかという判断のもとに、流言の発生地を中心に一般人、警官、軍人等から事情を聴取したという。しかし、調査の結果それらの風説は全く根拠のないもので、朝鮮人による放火、強盗、殺人、投毒の事実は皆無で、保土ヶ谷、戸塚の土木関係労働者の集団的行動もなかった。」

いうまでもなく吉村昭は作家である。それ故、若干の虚構はあるかもしれないが、彼の記述はつねに客観的で、綿密な調査にもとづいているので、信頼するに足ると私は信じている。以下、『関東大震災』から抄記する。

「横浜市内に発生した朝鮮人に関する流言は、三つのコースをたどって東京市内に激浪の走るように流れこんだ。」

「その速度はきわめて早く、九月二日午前中には横浜市内をおおった流言が、その日のうちに東京市内から千葉、群馬、栃木、茨城の関東一円の各県に及び、翌三日には早くも福島県にまで達している。」

「庶民は恐怖に駆《か》られて、流言をそのまま警察署や憲兵分隊に通報する。その度に官憲側も調査し、通報内容が全く根拠のないものであることを確認したが、通報が度重なるにつれて官憲側でも事実かも知れぬという疑惑をいだき動揺の色を見せはじめていた。」

「東京市内では、九月二日午前十時頃から早くも朝鮮人に関する流言がひろがりはじめた。そして、避難民の大群がたむろする上野公園等の空地をかすめ過ぎ、市内各所に走っていった。その流言の内容は多岐《たき》にわたっていて、時間の経過とともに不穏なものに変化していた。」

「大地震が発生直後、各町村では、消防組、在郷軍人会、青年団等が火災防止、盗難防止をはじめ罹災民の救援事業につとめた。

被害を受けぬ地域では、炊出しをおこない応急の救護所を設けて避難してくる人々を温かく迎え入れた。その中心となって働いたのが各町村の団体であったが、朝鮮人に関する流言がひろまった頃から、その性格は一変した。

これらの団体は町村自衛のために、朝鮮人来襲説におびえて法で禁じられた凶器を手に武装し、自警団として続々と組織された。そして、一般の男たちも凶器をたずさえて参加し、たちまち大規模な集団になった。その自警団の数は、九月十六日の調査によると東京府、東京市で実に千百四十五の数にものぼった。

所持していた凶器はさまざまだった。九月一日から末日までに警視庁で押収した凶器は、日本刀三百九十、焼刀身百九十七、仕込杖九十一、匕首《あいくち》七十一、金棒六百九十二、猟銃十九、拳銃十八をはじめ、計千九百四十七に及んでいるが、この数は実際にかれらが所持した数のごく一部にすぎなかった。」

「武装したかれらは、昼夜交代で路に検問所を設け、隊を組んで町内を巡回した。かれらは、手当り次第に通行人を呼びとめては訊問する。凶器を手にした自警団は、完全な暴徒集団に化していた。男たちは、町内を探し廻って朝鮮人を発見すると、これに暴力を加え縛り上げて傷つけ、遂には殺害することさえした。」

「自警団員たちは、一般庶民がおびえるので益々増長し、掠奪、暴行、殺傷をほしいままにする者まで出てくるようになった。そして、朝鮮人の中には軍人、警察官に変装している者がいるという流言を信じて、軍人、警察官を襲う事件すら起った。」

「朝鮮人に対する殺人事件は、各所で発生した。」

「当時、東京の各警察署でも独自に風説の調査につとめたが、すべてが単なる流言にすぎぬことを確認している。」

「九月一日午後四時三十分、赤池警視総監は、警視庁、各警察署の焼失等によって災害地の治安を残存の警察官のみで維持することは不可能と考え、東京衛戍《えいじゅ》司令官に出兵を要請した。

その要請にこたえて衛戍司令部では、九月一日夜に近衛師団、第一師団に命じて、要所要所に兵を派し警戒に当らせた。

さらに二日になると、朝鮮人に関する流言が横浜市、東京府を中心にすさまじい早さでひろがった。そして、大塚警察署をはじめ各警察署から朝鮮人来襲の報告が相ついだので、水野内相は赤池総監とともに戒厳令施行を建言した。」

その結果、戒厳令が施行され、戒厳区域は三日に東京府、神奈川県全域、四日には埼玉、千葉二県にも拡大された。二日夕刻、東京戒厳司令部は、厳重警戒をはらうべきだと判断し、警視庁も各警察署に対して、次のとおり通達した。

「鮮人中不逞の挙について放火その他強暴なる行為にいづるものありて、現に淀橋・大塚等に於て検挙したる向きあり。この際これら鮮人に対する取締りを厳にして警戒上違算なきを期せられたし」

吉村昭はこう書いている。

「朝鮮人来襲の流言は、遂に政府、軍、警察関係者に事実と解釈されたのである。全く根拠のない流言が民衆の間に流布され、それが取り締りに当るべき部門にも事実と信じられるにいたったのだ。」

「このように流言を信じこんだ自警団員等によって多くの朝鮮人が虐殺されたが、後に政府はその殺害された朝鮮人の数を二百三十一名と発表した。」

吉村昭は、吉野作造の調査によれば二六一三名とされていると記し、「その後の調査では、難に遭った朝鮮人の実数は六千人以上にも達していると発表されている」と付言している。

＊

ついでだが、萩原朔太郎が『現代』一九二四（大正一三）年二月号に発表した、次の三行からなる「近日所感」という詩がある。およそ社会的、政治的事象に関心を示さなかった詩人がこういう詩を発表したのは、よほど意、激するものがあったにちがいない。

朝鮮人あまた殺され
その血百里の間に連なれり
われ怒りて視る、何の惨虐ぞ

＊

吉野作造の「朝鮮人虐殺事件に就いて」中の見解に戻って紹介する。

「殺された鮮人の大部分が無辜の良民であつたと云ふ事は当局でも断言して居るが、流言の如き事実が全然鮮人の間になかつたかと云ふ事に就いては、久しく疑問とされて居つた。民衆の昂奮余りに軌を逸するを見るや、当局は頻りに慰撫の警告を発して、鮮人の多数は無害の良民なり、妄りに之に危害を加ふる事なからんことを諭した。併し乍ら一度び誤り信じた民衆の感情は、容易に納まるべくもない。当局の戒告に拘らず鮮人の暴行を説くものは今日尚頗る多いではないか。斯くして鮮人の我々の間に於ける雑居は、今日尚充分安全ではない。」

いわば後遺症ともいうべき感情を日本人が持ち続けていたことは、私は無智にして、思い及ばなかった。吉野は「泥棒が東に走つたから東へ行く奴は皆泥棒だと云ふやうな態度だつた」と日本人の当時の「昂奮は余りに常軌を逸して居つた」と評し、「殊に鮮人の暴行に対する国民的復讐として、手当り次第、老若男女の区別なく、鮮人を鏖殺《おうさつ》するに至つては、世界の舞台に顔向けの出来ぬ程の大恥辱ではないか」と私たちの自省を促している。

吉野がこの文章で記している次の挿話は正視できないほど凄惨な実話である。

「これも親交ある朝鮮の紳士から聞いた話だ。彼は突如旅寓を襲はれて二名の×〔警〕官、十四名の青年団員に衛られて、某××〔警察〕署の演武場に抛り込まれた。捕つたのは三人、後手に縛り上げられる時一人は奮慨の余りに反抗しさうに見えたが、此際何事も命のまゝにするが得策と宥めて、おとなしく引かれて行つた。××〔警察〕に行つたら×〔署〕長と対談して事の仔細を明かにし得るだらうと期待したのに、演武場へ抛り込まれたまゝ廿日の間一言も弁明の機会は与へられず、又××〔警察〕側の説明にも接しない。一日、何故の検束かを尋ねやうと試みたが、これに酬いられたのは手厳しい××〔鉄拳〕

の雨であつた。それから先き色々の目に遭つたが、結局同行の二人は所謂行衛不明のリストに入つて最早此世の人ではないらしい。自分の斯うして生き残つたのが不思議な位だ。そして出て見ると、乱暴だと思つたのは、下級の××〔警察〕官ばかりでなく、平素その親切を頼みとして居つた純朴な一般内地人が、故なく我々同胞を滅多切りに切り捲つたといふ。あの親切な純朴な日本人が一朝昂奮すると斯の惨虐を敢てすると知つては、どうして我々は一刻も安心してこの地に留まることが出来やう。」

吉野は同じ文章の中で、「差当り善後策として、何よりも先きに講ぜねばならぬのは、犠牲者に対する救恤乃至賠償であらう」と書いているが、被害者の数さえ、二三一人から数千人以上というほど違うのだから、被害者が特定できたはずもないし、したがって賠償が行われたはずもない。

吉野はこの文章に「最後にもう一つ考へて置きたい事は」と書きだして、次のとおり続けている。

「仮令《たとえ》下級官憲の裏書があつたとは云へ、何故にかく国民が流言を盲信し且つ昂奮したかと云ふ点である。多数の奉公人を使ふ一家の主人が、或る一人を非常に虐待したとする。虐待されても格別反抗もしないので、平素は意に止めなかつたが、その中図らず放火するものがあつて、家が全《ま》る焼けになつたとする。此時誰云ふとなく火を放《つ》けたのはその男だと云ふものがあると、人々が悉く成程と信ずるに相違ない。そは平素は意に留めなかつたが、彼は平素虐待されて居る所から、必ずや主人を恨んで居つた筈だと、各々の心が頷《うなず》くからである。これと同じ様に、鮮人暴行の流言が伝つて、国民が直にこれを信じたに就いては、朝鮮統治の失敗、之に伴ふ鮮人の不満と云ふやうなことが一種の潜在的確信となつて、国民心裡の何所《どこ》かに地歩を占めて居つたのではなからうか。果して然らば、今度の事件に刺戟されて、我々はまた朝鮮統治といふ根本問題に就いても考へさせられる事になる。」

私は吉野の指摘にまったく同感である。私たち日本人は朝鮮の人々を不当不公正に処遇していることを意識し、彼らに不満があることを熟知していた。その不満が暴発したという信念が流言を信じさせ、暴行に走らせたのだと信じている。

*

吉野作造は関東大震災以降もくりかえし朝鮮問題について重大な発言をしている。

『中央公論』一九二四（大正一三）年一一月号の「巻頭言」に「朝鮮の問題」と題して次のとおり記している。

「朝鮮今日の状態は如何といふに、詳しく述ぶる迄もなく、毎日の新聞に注意して居れば一ト通はわかる。就中私共の見逃してならぬ事は、本年度に於ける異常の凶作である。凶作だの豊作だのといふことは日本でもよくある。そこで朝鮮の凶作の事も、内地でも時々あることの様な程度のものに考へてしまふ嫌はあるが、事実そんなものではない。実をいふと平年に於てすら一般の鮮人は日本の凶作以上の苦痛を嘗めて居たのだ。それが本年度の様な凶作となると、本当に喰ふに一物もないといふ窮境に陥るのである。本年度はまだいゝとして、年もあけ二月三月と日を重ねたら何となる。統治の政略上からは無論だが、隣りの親類の死活にかかはる人道問題として亦吾人の大に奮発を要する所ではあるまいか。

若し夫れ凶作に脅さるゝ極度の不景気の結果内地留学の学生の廃学帰郷せるの事実、従て所謂智識階級の人士が為す事もなく各地に散在せるの事実や、米国方面に於ける一部青年の活動開始の事実やを併せ考ふる時、今や朝鮮の問題は事極めて重大である。而して之に備ふる最善の途は断じて師団増設の挙に非ることも、心ある読者の諒とせらるゝ所であらう。」

次はたんに警世の言であるだけでなく、私たち日本人に烈しい羞恥の念を覚えさせる文章といってよい。

「私の友人に朝鮮の某会社に勤むる者がある。彼の云ふ所に依ると、重役は一年の四分三を東京で暮し妻子眷属をも東京に置き乍ら、莫大の俸給の外毎月何千といふ出張手当を取て居る。又或る重役は、昔官吏であつた頃は清廉の令名があつたが、此会社に天降つて数年、罷めて内地に帰る時は数十万の私財を持ち去つたといふ。

もう一人の友達は曰ふ、会社員ならまだいゝ、大した位置の高くない役人の某氏は頻りに内地に金を送て地面を買て居る。又或る人は可なり巨額の金を株に換へたと。

私が斯んな例を列挙するのは、会社員なり官吏なりが不正の富を作つたといふ点に粛正の叫びを高うせうと云ふのではない。朝鮮生民の為に将た朝鮮産業の開発のために向けられた金の如何に大きな部分が、色々の形に於て朝鮮から奪はれ内地に掠め取らるゝかの一例を示して、読者の警戒を促さんが為に外ならぬ。東拓の資金が北海道の地面を担保として政党員に貸出されたとか、又は総督府の機密費が選挙費用に濫用されたとかの噂は、何《ど》れ丈信用していゝか分らぬが、之等の金が直接の使途が何であれ兎に角朝鮮で使はれ朝鮮といふ軀《からだ》の血管に注射されて居つたなら、朝鮮は決して今日の様な栄養不良の状態には陥らなかつたらう。」

吉野はこの「巻頭言」を次の一行で結ぶ。

「我々は色々の意味に於て朝鮮に対して悔まねばならぬ。」

弔意を表する意で、吉野が、悔まねばならぬ、と言ったのではあるまい。前非を悔ゆるの意で、悔まねばならぬ、と言ったにちがいない。

ついで『文化の基礎』一九二五（大正一四）年九月号に吉野は「朝鮮に二十年も居つて農業を経営してゐる友人の手紙の中にこんなものがある」と前書きして「朝鮮の農民」と題する文章を寄稿している。以下がその友人の手紙である。

「「朝鮮の農民は年々貧乏になりまさるのみです。

「総督府では朝鮮全道にわたり一郡村も洩さず金融組合と申す高利貸機関を設けてくれました。之はもともと農業資金を与へて貧困なる農民を救済するといふ趣旨のものでせうが金利は驚くべし抵当貸付に在て日歩四銭五厘、延滞利子五銭八厘、また信用貸付に在ては五銭八厘、延滞日歩六銭五厘といふ高率です。金を借りるには一口拾円以上の出資をして組合員にならねばなりませんから、本当の貧乏人は実の所絶対に寄り附けません。貸付金額は普通五十円乃至二百円程度ですが、抵当貸付には一人信用貸付には二人の連帯保証人がいります。猶借りるときに色々の名義で若干の手数料も取られます。さて愈弁済期が来ますと組合の役員は田舎に出掛けて居催促をやります。返せる見込は無論ありません。そこで田畑は勿論のこと、家屋から耕牛まで取り上げられます。組合の役員は自分の成績さへあがればいゝので、組合員が困らうが困るまいが頓着がありません。組合の決算期に近づくといつも私共の眼に映ずる事一から十まで不快でないものはありません。

「地方庁の技術員即ち農業技手は田舎を巡廻して盛に金肥の奨励をして居ります。農民には固より之を買入るゝ丈の資金がありませんが、技手等は商人と結托して肥料の前貸をさせます。そして殆んど強制的に之を使用せしめてゐます。肥料代金には月に三分の利子を徴するのが普通ですが、之が秋の収穫期になると有無を云はせず取られます。農民に残る所極めて少いことは御話の外です。

「斯んな風で朝鮮農民はとても浮ぶ瀬がありません。彼等が年と共に貧困に陥るのは単に彼等の無智なるが為ばかりではありません。内地の人々にも能くこの事を考へて頂きたいと思ひます。」

総督府が率先して高利金融の仕組を作るなどということは、たんに愚劣とかあこぎだといったことではない。化学肥料の押しつけ販売にしても同じことだが、できるだけ低金利の融通をして農作業を奨励し、それによって農民が富むような政策を総督府は採るべきであった。朝鮮の人々の大部分は農民であった。彼らが豊かになれば、たとえば日本の商品の市場たりえたであろう。窮乏した農民は総督府の負担となり、日本の内地へ流亡するか、アメリカその他へ移民するかしかない。しかも、朝鮮統治に対する朝鮮の人々の恨みつらみだけが残るばかりであった。

ところで、時期的に前後するが、『中央公論』一九二三（大正一二）年五月号に、吉野は「朝鮮人の社会運動に就て」と題する評論を発表している。そのころ、日本内地で「朝鮮労働同盟会」が創立されたことに関連して、

「兎に角右の朝鮮労働同盟会は、創立後日猶浅きにも拘らず、着々発展して今や最も有力なる団体として評さるゝのみならず、又多望なる前途を祝福されて居る。而して之がまた日本労働者と最も緊密に連携しつゝあるは頗る注目すべき現象であらう。無産階級解放といふ高処に手を握

れることに老輩中或は之を一段の危険と観ずるものもあらうが、又一方には朝鮮の民衆運動が今や将に偏狭なる政治的独立の埒外に出でんとしつゝあるに甚深の意義を了解せねばなるまい。」という点に論旨があるが、文中、在日朝鮮人の状況にふれている点が感銘ふかいので、次に引用したい。

「翻て日本内地に於ける朝鮮労働者の状況は如何。先づ其の総数を挙ぐれば廿五万乃至卅万の間を上下し、南は九州一帯より北は北海道樺太沿岸にまでも散在して居る。従来とても毎日平均二百四五十名の移入者と約其半数の帰還者とがあつたが、昨年十二月十五日旅行証明制度の廃止の結果は、帰還者数は依然たるに来住者の数は激増して毎日の平均が八九百名に上つたと云ふ。こは勿論昨年来の農村疲斃《ひへい》の結果が労働者の出稼を余儀なくした為でもある。孰れにしても内地来住の昨今の趨勢はすさまじいものだ。(序に云ふが、大正十年度の統計によると、来住労働者数は、大阪府内だけでも、男・九三三五、女・三二六五で其中約四千人は工場労働者、他は概して土工と無定職者ださうだ。其後来住者は益々増加し、昨今は二万六千以上に達してゐると云ふ。而して工場労働者の総数は大正十年度とさして変らないと云ふから、激増した部分は全部土工と無定職者だと云つていゝ。是れ朝鮮労働者の供給常に市場に溢れて居る所以である。彼等の賃銀が工場労働者に在ても日本人たるそれよりも一日平均五十銭乃至七十銭方格安なるは、単に技術の未熟な為ばかりではないらしい。)

何故に斯く多数の朝鮮労働者が日本内地に移入し来るのか。其の大体の原因は前にも述べたが、今参考の為に朝鮮人たる金鍾範《きんしょうはん》君の説を紹介しやう。君は今実に朝鮮労働運動の中堅人物である。

さて金君の挙げて居る理由は四つある。

第一、日本の対朝鮮政策の産物としての朝鮮農村の疲弊並に之れが結果たりし満州露領方面への移住の最近の不便

朝鮮に対する殖民政策の根底が資本的帝国主義たるは言ふをまたない。其結果農商工業のあらゆる権利は資本家の奪ひ去る所となり、土着農民は遂に祖先伝来の郷里をすてゝ満州及び露領亜細亜方面へ放浪せねばならなかつた（最近十数年間に於ける此種の移出者実に百六十五万に上ると云はれて居る）。然るに政府は之に対して政治上また経済上何等の保護を与へざるのみならず、特に却て種々の迫害をさへ加へたのであつた。殊に夫の琿春事件あつてよりこの方、朝鮮労働者は危難の起るべきを恐れて専ら日本内地に来る様になつた。

第二、小作人の生活難

物価騰貴に伴ふ支出の激増と諸税金の加重とに反比例して、米価の低落甚しく、農家殊に小作人の生活は極度に窮まり、嫌でも応でも出稼せねばならぬ羽目に陥つて居る。

第三、東拓の移民政策と支那人労働者の移入とに由る朝鮮人の駆逐

東拓が日本人一戸を移住せしむること――そが予期の成功を収むると否とに拘らず――の必然

の結果は、朝鮮人の十数戸の耕地喪失である。昨今激増しつゝある支那人の来住も亦朝鮮人の職業を奪ふこと夥しきものがある。

第四、日本当局の朝鮮人招致策

日本政府では、一つには内地産業に於ける生産費を安くする為め、又一つには由て以て日本労働運動の鋒先を鈍らす為め、寧ろ多数朝鮮労働者の来住をよろこび、否之を奨励せんとする傾さへ見へる。去年十二月十五日の旅行証明制度の廃止の如き犢にこの理由に基くものと思ふ。以上の解釈の当否は姑く別論として、金君の様な有力な地位に在る人の言論である丈我々に取つては大に参考になるものがある。」

在日朝鮮人の問題はまさに総督府の統治政策の貧困、愚昧さの産物であった。

なお、右の第三にいう「東拓」とは東洋拓殖株式会社のことだが、同社について高崎宗司『植民地朝鮮の日本人』（岩波新書）に次の記載がある。

「〇八年一二月、東洋拓殖株式会社（東拓）が設立された。農業拓殖を主たる目的とする国策会社で、「堅実なる内地農民を各地に適当に分布し、其土地の所有権を取得せしめ、永住土着して付近鮮農に農事改良の模範を示し、彼等を指導誘掖して地方産業の発達に貢献せんとするを趣旨」とした（筆者不明、一〇三）。朝鮮における農業生産力の中核的担い手の育成をめざしていたのである。当初の計画では、〇九年に一万人、一〇年に二万人、以後、一七年まで毎年三万人、九年間で計二四万人を移民させる予定であった（黒瀬郁二、一〇四）。

移民は計画より一年遅れて一〇年から始まった。それから五年がたった一五年三月末現在、移民したまま残っている戸数は、一〇年度に移住した一三九戸、一一年度の三七六戸、一二年度の七六五戸、一三年度の六九二戸、一四年度の六八七戸にすぎなかった（筆者不明、一〇四）。五年間合計で二六五九戸である。五年間で一二万人という計画に比べると、あまりにも貧しい成果であった。「移民を標榜して創立せられし会社が、創立以来五年を経るも、僅に二千戸に足らざる〔正しくは「二千戸あまり」〕移民を招致せしに過ぎざるは、朝野の非難する所」となった（中野正剛、六九）。

東拓の呼びかけに応じて農業移民をしようとするものは予想よりはるかに少なかった。また、移民をしてみるとすぐに、汗を流すより地主になるほうが簡単であることに気づいて農業をやめた。水原善信は、一五年二月、東拓移民として朝鮮へ渡り、忠清北道の清州に二町歩を給与された。当初は自ら土地を耕したが、まもなく朝鮮人の土地を買い占めたほうが有利なことに気づき、地主化した。そして、二八年までには小作料は数百石に達した（安斎、二二八）。〇六年末、農業に従事する居留民数は一〇六五戸、二九一七人で、一〇年末でも二二一〇戸、七八一二人にすぎない（金柄夏、三七二）。」

右のような東拓の事業が朝鮮の農民を、吉野が引用した書簡にみられるような窮乏化に追いこんだのであった。

＊

ところで私は一九二七（昭和二）年に生まれ、生涯のほとんどを埼玉県大宮で過してきたが、敗戦前、朝鮮人を見かけたことは一人しかない。何の用事をしていたのか知らないが、わが家の近くで数回ぶらぶら歩いていた。気品のある美青年であった。きっと朝鮮の貴族の出身だろうね、と家族で話し合った記憶がある。私の小学生時代であった。

水野直樹・文京洙『在日朝鮮人　歴史と現在』（岩波新書。以下『在日朝鮮人』という）に収められている「在住朝鮮人人口の推移」表によると、在住人口は一九二〇年四〇、七五五、二五年二一四、六五七、三〇年四一九、〇〇九、三五年六一五、八六九、四〇年一、二四一、三一五、四五年八月二、一〇〇、〇〇〇とある。私の小学生時代、一九三五年当時には六一・五万人の朝鮮人が在日していたわけだし、私がいまの文京区内にある旧制東京府立五中に通っていた一九四〇年には一二四万人を越す在日朝鮮人がいたのだから、彼らをほとんど見かけたことがないのはふしぎに思われる。

ちなみに前記人口推移表によると韓国併合の一九一〇（明治四三）年には僅か二、六〇〇とあり、『在日朝鮮人』には「韓国併合前後の朝鮮人労働者のほとんどは、契約期間が終わると朝鮮に帰って行ったが、中にはそのまま日本にとどまり、他の工事現場に移って働き続ける者、あるいは朝鮮飴の行商などをして生計を立てる者もいたと思われる」とあるが、その数は僅か二千人かそこらにすぎなかった。同書からの引用を続ける。

「併合後の朝鮮人労働者で目をひくのは、集団募集によって内地に渡り労働に従事する女性が多かったことである。特に、関西地方の紡績工場に朝鮮人女子労働者の姿が多くみられるようになった。（中略）製糸工場とともに「女工哀史」を象徴する紡績工場は、日本の工業化を牽引する部門であったが、急激な成長のため労働者が不足する工場も多かった。そのため、朝鮮から女子労働者を集団で雇用してくるケースが見られた。寄宿舎で生活し、二四時間操業の工場で長時間労働に従事するだけでなく、埃や騒音の激しい労働現場で働かねばならなかった。

一八年に岸和田紡績が五〇名の朝鮮人女件を募集して就労させたが、成績良好としてさらに多くの女性を募集・雇用し、また縁故を頼ってやって来る者もいたため、二〇年代半ばには岸和田紡績の四工場で合計七八七名（うち男性六一名）の朝鮮人が働くようになった。会社側は朝鮮人宿舎を設けて厳しい労務管理を行ない、長時間労働を強いるなど、劣悪な労働条件であった。」

「一〇年代には紡績工場で働く朝鮮人女性のほか、土木工事に従事する男性労働者も集団募集の形式で渡日したほか、個別就労のケースも次第に増えていった。」

「朝鮮で労働者を集めて日本に連れて行く労働ブローカーには、労働条件や賃金などをごまかしたり、幼い少女を連れて行ったりするものもいた。」

そこで総督府は労働者募集を認可制にしたが、通牒には処罰規定がなかったり、労働ブローカーが警察と結託している場合があったりして、充分な取り締まりがなされなかった。一八年には総督府は労働者募集取締規則を定め、これが後の旅行証明書制度、渡航証明書制度に変わった。二二年旅行証明書はいったん廃止され、関東大震災直後に復活、さらに二四年六月に廃止された。吉野が「朝鮮人の社会運動に就て」で引用した書簡の「第四、日本当局の朝鮮人招致策」にいう「旅行証明制度の廃止」は、この一九二二（大正一一）年の廃止をいう。決定的に廃止されたのはその二年後のようである。

『在日朝鮮人』は「朝鮮からの渡航者は、特に一九二〇年代に継続して増え続けたが、それはどのような要因によるものだっただろうか」と設問し、経済的要因と文化的・社会的要因とをあげている。

「第一の要因は、いうまでもなく植民地朝鮮の経済的状況の変化である。一〇年代の土地調査事業によって土地所有権が明確化される中で、土地を失う農民が増加したことが原因であったが、それに加えて二〇年代の朝鮮産米増殖計画が生み出した経済的要因が大きく作用した。この計画は土地改良（灌漑施設の整備など）、品種改良、施肥の改善（自家肥料から購買肥料への切り替え）などを通じて米の増産を図る政策だったが、農家にとっては多くの資金を要するものであったため、現金収入を増加させねばならなかった。また、各種の税金・公課金の支払いも農家に大きな負担となった。農業だけでは現金を手に入れられない農家は、都市に出て働き口を得ようとしたが、工業化がまだ進んでいなかったため仕事を得られず、荷物運搬などの雑業に就く者が多かった。このような労働力移動の流れの延長で、朝鮮南部から日本に渡航する者が増えることとなった。」

第二の文化的・社会的要因として、日本語を習得した朝鮮の若者は日本で働くことに障害を感じることが少なかったこと、日本についての情報から近代文明の息吹きに接し、日本への渡航を希望する者があったこと、一定の学校教育をうけても朝鮮人にはろくな就職口がなかったこと、などを著者はあげている。

さらに渡日を選んだのは、朝鮮社会の最下層ではなく、むしろ中層に属する者が多かったということも著者は指摘している。

こうして来日した朝鮮人は一九三〇（昭和五）年の国勢調査によると、在住者約四二万人のうち有業者は二六万人、うち、農林水産業八・三％、鉱業六・三％、工業五三・一％、商業一〇・三％、交通業八・一％、公務自由業〇・六％などとあるという。この半数以上の「工業」とは土工、つまり土木建築の肉体労働者であり、鉱業は炭鉱労働者が多い。商業の多くは露店・行商、廃品回収などであり、正規の労働者である者は極めて少なく、「不安定な、いわゆる「3K労働」（キツイ、汚い、危険）に従事していた。このような仕事は、第一次世界大戦後の日本経済にとって「余計なもの」ではなく、むしろ不可欠なものであったのである」と著者は記している。

住居環境について、さらに著者は次のとおり記している。

「日本で働くようになった朝鮮人労働者は、土木労働や炭鉱・鉱山労働の場合は「飯場」「納屋」などで集団生活をする者が多かった。農村部の土木工事では工事が終わると他の工事現場に移っていくことになったが、都市部の土木工事や鉱山では「飯場」はあまり移動せず、朝鮮人の集住地区が形成された。その多くは湿地や河川敷など劣悪な住環境であった。

町工場、商店などで働く者は住み込みの形態が多かったが、大阪のような小規模工場には寄宿舎もないため、飯場から生まれた集住地区に住んだり、下宿をしたりする者が多かった。そのような中から朝鮮人のための「労働下宿」が誕生する。日本人家主から借家した者が労働者を下宿させ食事を出し、さらには働き口を紹介することもあるなど、労働者の「たまり場」「ネットワーク」の役割を果たすものとなった。労働下宿は特に大阪に多かったが、そこでは親戚や同郷者のつながりを強めながら、集住地区とともに民族的な生活や文化が維持される空間であった。

二〇年代、各地に朝鮮人集住地区が形成されていった。土木工事が終わっても飯場がそのまま残ったり、工場が倒産しても寄宿舎にそのまま住みついたりという形で集住地区が生まれる場合もあったが、多くは家や部屋を借りることができず、河川敷や湿地など住環境の悪い空き地にバラックを建てて住む人が増えたため、そこが集住地区になった。当時「朝鮮部落」「朝鮮町」なども呼ばれた集住地区は、上下水道や電気なども通っておらず、衛生状態もよいところではなかったが、故郷から家族を呼び寄せたり、親類や知り合いを頼って来たりする者も多く、人口は増え続けた。しかし、河川敷に建てられたバラックは「不法建築」であるとして、立ち退きを迫られ、強制撤去されることも多かった。

一方で集住地区は、朝鮮人が衣食住の暮らしとその文化を守ることのできる空間でもあった。朝鮮語で話をし、チマチョゴリを着、民族料理を食べるなど、生活様式と文化を維持する機能を果たしていた。規模の大きな集住地区には米屋、八百屋、雑貨屋、菓子屋などのほか朝鮮料理の食材を売る店、朝鮮服を扱う店、ドブロクを売る店、漢方薬店なども生まれた。女性の祈禱師《ムーダン》や漢文を教える老人がいる集住地区もあり、朝鮮の村がそのまま移ってきたかのようであった。そこでは、親睦会や契《けい》と呼ばれる頼母子講《たのもしこう》のような互助組織がつくられ、さらに文化活動や教育活動なども展開されるようになった。

このような朝鮮人集住地区は、日本人の眼には「猥雑」「不潔」としか映らず、理解不能な異文化が日本社会の中に移植されたかのように見えた。取り締まり当局は、朝鮮人集住地区を犯罪の温床、さらには民族運動の拠点として警戒・監視の対象とした。」

＊

恥ずかしいことかもしれないが、この著書を読むまで、私は朝鮮人集住地区というものの存在をまったく知らなかった。おそらく私たち日本人の最下層の人々よりも、さらに疎外されて生活していたのであろう。私たち日本人は彼らをそういう境涯に追いこんだことに責任がある。

第四章　鈴木武雄『朝鮮の経済』

朝鮮総督府による植民地朝鮮の統治について吉野作造がしばしばふれているけれども、必ずしも全貌を伝えていない。全貌のあらましを展望するよう試みてみたい。

高崎宗司『植民地朝鮮の日本人』という著書が二〇〇二年に岩波新書として刊行されている。同書九八頁に一九〇九（明治四二）年末の漢城（京城・ソウル）居留民の職業別人数が示されている。

官吏	二、一三四人
商店員	一、四七八人
雇員	一、二六九人
大工	九六一人
会社員	七三九人

とあるが、同書一二一頁には一九一一（明治四四）年の同市日本人の職業別人数が示されている。

官吏	二、一三四人
商店員	一、四七八人
雇員	一、二六九人
下女	九九三人
大工	九六一人

一九〇九年度には記されている会社員の人数が一九一一年度には記されず、下女の人数が記されている。そのような違いはあっても、この二年間、官吏、商店員、雇員、大工の人数が一人も変っていないということはありえない。筆者が資料から移記したさいの間違いであり、岩波書店の校閲の見落しにちがいない。

また「憲兵についてみると、〇八年四月、六分隊、五一管区、四四二分遣所、一三派出所があった。そして、同年末の日本人憲兵将校は二三四七人であった（姜昌鍚、一〇九）。日本の警察関係の組織は、〇七年一〇月、一二警察署、三警察分署、五九巡査駐在所があった。そして、統監府所属の警視五人、警部四二人、巡査五〇〇人、韓国政府顧問輔佐官（警視）二一人、輔佐官補（警部）七八人、補助員（巡査）一三〇五人、総計一九五一人の日本人が勤務していた（姜昌鍚、九〇）」と、併合前、保護領であった韓国の憲兵、警察官の配置を記している。

一方、韓国併合、三・一事件以後の斎藤実総督のいわゆる文化政治による警察官数等について次のとおり記している。

「総督府は、「文化政治」の陰で、「治安第一主義」を標榜し、警官の一大増員を図った。一府（市にあたる）郡に一警察署、一面（町村にあたる）に一駐在所を目標に、一五〇〇人は日本から転任させ、三〇〇〇人は新たに日本で募集した（松波、七一八）。こうして合計四五〇〇人の警官が朝鮮に渡っていった。二七年、警察官の数は一万一一二九人になった。」

斎藤実が総監に就任したのが一九一九（大正八）年八月だから、四五〇〇人の警官が朝鮮に渡ったというのは一九年末か二〇年ころであろう。一九二七年といえばそれからほぼ七年後である。むしろ〇九年末に警察官が何人になったかが知りたいところである。それよりも、いったい憲兵がどうなったか、本書にまったくふれていないことについても私は不満をもっている。

同じ岩波新書から二〇一三年、趙景達『植民地朝鮮と日本』という、題名の酷似した著書が刊行された。新しい著述だけあって、憲兵警察から憲兵廃止に至る経緯がよほど分りやすく説明されている。総督府発足当時の状況を同書は次のとおり記述している。

「憲兵警察制度発足当初の一九一〇年段階において、憲兵の大小機関（憲兵分隊・憲兵分遣所など）数は六五四、人員は二〇一九人であった。それに対して、警察の大小機関（警察署・巡査派出所など）数は四八一、人員は五六九四人であった。ところが翌一一年には、憲兵の機関は九三五、人員は七七四九人、警察の機関は六七七八、人員は六〇〇七人となっている。憲兵、警察とも増大したが、その人員比率は、二六対七四から五六対四四へと逆転し、憲兵が激増した。駐箚軍とともに、「義兵掃討」の任を背負ったためである。一八年段階では、憲兵機関一一一〇、憲兵数七九七八人、警察機関七五一、警察官数五四〇二人へとさらに増大している。

憲兵と警察官の中には多くの朝鮮人が含まれていた。憲兵では朝鮮人の補助員が過半数を占めた。警察官の場合は、やはり朝鮮人の巡査補だけで過半を占めた。朝鮮を網の目のように支配するには、朝鮮社会に通じる朝鮮人を手足のように使う必要があったのである。」

右の記述中、警察官数に限っては、一一年から一八年段階に六〇〇七人から五四〇二人に減っており、「増大している」とはいえない。また、憲兵の「手足のように使」われる朝鮮人、いわば「義兵討伐」に日本側に参加する、それほど多数の朝鮮人が存在したことは、私には驚異である。

ところで、斎藤実総督の文化政治により、次のとおり改正されたと記されている。

「文化政治を最も可視的に示すものは、官吏や教員の制服帯剣が廃止されたことである。（中略）改正された総督府官制では、憲兵警察制度が廃止され、普通警察への移行が実現した。憲兵の多くを普通警察官に採用し、日本から約三〇〇〇人を募集して普通警察官を増員した。また、朝鮮人の巡査補は巡査に昇格させた。（中略）しかしそれらは、武威の後退を意味するものでは決してなかった。警察官は、一八年末と一九年末を比べてみると、一万三三八〇人（憲兵警察七九七八人を含む）から一万五三九二人へと、約二〇〇〇人増加している。その結果、警察官署は一八六一ヵ所から二七六一ヵ所に増加し、一府郡一警察署、一面一駐在所の原則が実現された。」

一市に一警察署、一町村に一駐在所というのは治安維持のための最少限であり、「武威」により朝鮮人民を抑圧統治したとはいえないのではないか。むしろ日本による植民地朝鮮統治の問題は経済にあったのではないか、と私は考える。

*

私は時に鈴木武雄『財政史』を参照することがある。東大経済学部の教授であった鈴木武雄の右の著書は明治維新以降池田勇人内閣に至る日本財政の概説書なので、私の必要とするような情報を得やすい教科書である。その鈴木武雄は三十代のころ京城大学教授であった。鈴木教授は一九四二（昭和一七）年、日本評論社から『朝鮮の経済』と題する著書を刊行している。刊行の時期のため、「大東亜共栄圏と朝鮮」という附言で終っているけれども、記述の内容は客観的、学問的であって、イデオロギー的に偏向していない。そこで私は『朝鮮の経済』を手がかりとして、植民地統治の成果ないし結果をみることとする。一九四二年という時点は、敗戦まで三年、総督府設置から三〇余年、統治の決算書をみるのにほぼ適した時期と思われる。

まず、同書が紹介している「朝鮮の職業別人口」を移記する。一九三九年末現在である。

	総数	百分比
農業	一六、五三一、四〇四	七二・五
水産業	三四六、九二〇	一・五
鉱業	三四三、七六一	一・五
工業	七三二、四一六	三・二
商業	一、六六五、二二二	七・三
交通業	二六五、五五五	一・二
公務及自由業	九一五、一七四	四・〇
其他の有業者	一、五九〇、九五五	七・〇
無職	四〇九、二四〇	一・八
総数	二二、八〇〇、六四七	一〇〇

「即ち農業が圧倒的に多く、全人口の七二・五パーセントを占めてゐる。他はこれより遥かに低い割合で、商業、其の他の有業者、公務及び自由業、工業、無職、水産業、鉱業、交通業の順に

なつてゐる。後にも見る如く、朝鮮が絶対的にはなほ農業を主とする地域であることがこれによつても明らかに肯けるのである。内地に於ける職業別人口は、昭和五年国勢調査に依るもので、比較するには些か古いが、それにしても、全人口六千四百四十五万人のうち、農業人口は一千四百十四万人、二二パーセントであるに過ぎないのである。

併しながら、相対的な変化については、例へば大正八年末現在農業人口は総人口の八三パーセントを占めて居り、工業人口は僅かに二パーセントに過ぎないのであるから、農業の相対的地位が減少し、工業の相対的地位が増大しつつある近代朝鮮の姿はここにも窺はれるのである。

尚、在鮮内地人の職業別人口を見ると、公務及び自由業が最大で三八パーセント、次が商業の二二・二パーセント、工業の一七・二パーセントと云ふ順で、農業は僅かに五・一パーセントに過ぎない。これを各職業別鮮内総人口に対する内地人の割合について見ると、矢張り公務及び自由業の二六・九パーセントが最大で、次は工業の一五・三パーセント、交通業の一四・二パーセント、商業の八・七パーセントと云ふ順で、農業は僅かに〇・二パーセントに過ぎない。」

右のとおり鈴木武雄は要約している。

そこで朝鮮に渡った日本人数を見る。

一八七六（明治九）年二月、日朝修好条規が締結され、一八七七年一月、「釜山港日本人居留地租借条約」が締結され、釜山に日本人が居留しはじめたが、同年末に三四五人、一八八〇（明治一三）年末に二〇六六人といった水準であった。本格的に日本人が朝鮮に渡るのは一九〇五（明治三八）年一一月、韓国保護条約が締結され、朝鮮が日本の保護国となり、総督府が設けられて以降とみてよいと思われる。前掲高崎宗司著によって在朝日本人数を示す。

一九〇五	（明三八）	四二、四六〇
一九〇六	（明三九）	八三、三一五
一九一〇	（明四三）	一七一、五四三
一九一四	（大三）	二九一、二一七
一九一九	（大八）	三四六、六一九
一九三〇	（昭五）	五三〇、〇〇〇（約）
一九三一	（昭六）	五一〇、〇〇〇（約）
一九四二	（昭一七）	七五〇、〇〇〇（約）
一九四四	（昭一九）	七一〇、〇〇〇（約）

満洲事変の年、一九三一年末に減少したのは日本の景気が上向いたためであろう、と同書は記し、一九四五（昭和二〇）年八月、敗戦時点の統計はないが、南朝鮮に約五〇万人、北朝鮮に約

二七万人、このほか満洲からの避難民が約一二万人いたと言われているとも記している。

＊

ふたたび鈴木武雄の著書を読むこととする。

「旧来の朝鮮農業社会の構造は、全国的規模に於て集積せられた土地所有を物的基礎とする中央集権的官僚制の形式の下に、西欧や日本に於て見られたやうな土地所有の封建的位階制こそ発達を見なかつたものの、矢張り収租権者としての非近代的土地所有者の階級があり、これに隷属する農奴的存在に他ならぬ大多数の耕作農民及び自作農と云つても全国的地主たる国王に隷属する単なる耕作権者に過ぎない少数の耕作農民とから形成せられてゐたのであつて、その意味に於てこれを封建的構造と呼ぶことは決して突飛ではないであらう。」

「旧来の朝鮮農業――延いてそれを根幹とする半島経済を停滞的ならしめた最大の原因は、この封建的な生産関係にあつたと云ふも決して過言ではあるまい。それは最も端的に農業の生産過程に於ける収取関係に見られるのであつて、執租法（作物成熟前立毛のまま収穫高を予想し予め定めた分配率により小作料を算出する方法）、打租法（収穫物を束数により或は脱穀調製し小作料を決定する方法）による場合も、小作料の負担は五割を超え、その他に地税、戸布銭等の負担も大体に於て小作人に課せられ、更に築堰、鑿渠、浚湖、担与等々のために小作人は無償の労働を地主に給付せねばならなかつたのである。このやうな高率小作料のために農民の窮乏は言語に絶し、それは、李朝有数の学者丁若鏞をして次の如く書かしめた程であつた（丁若鏞『牧民心書』—細井肇訳本）。

「想ひ見よ。一結の田から其の穀を得るのは、多い者も八百斗、少い者は六百斗、甚だしいのは四百斗そこ〳〵である。農夫は自分に田地を持たぬから、皆人の田を耕やして、年中額に汗しながら、一家を養ひかねて、近所合壁互に融通し合ふ。扨て秋になると、地主が収穫の半ばを黙つて割いて終ふ。六百斗の者は三百斗、其の中から種子を除いたり、借金を払つたり、剰す所は彼れ此れ百斗に満たぬ。而かも賦税の剝割攘奪此の極に至る。哀々たる下民活きんと欲して生くる能はず」と。このやうに、極度に窮乏化した農民と不生産的寄生的な封建的地主とを以てして、農業の技術が向上発展する謂はれはあり得ない。

かくて灌漑、排水、防水等の設備は著しく荒廃し、又、耕作農民は農具や耕牛や種子や肥料の如き生産手段にも不足を告げた。従つてまたそれらの生産手段は極めて原始的幼稚なものたらざるを得なかつた。」

「旧来の朝鮮経済が近代化するためには、旧来の封建的土地所有制度が近代的私有制度に改められねばならぬことは勿論である。」

そこで、朝鮮が保護国となって以来、日本政府は土地調査事業の実施を韓国政府に要求していたが、植民地となった一九一〇（明治四三）年から一九一八（大正七）年まで、九年間、二〇五〇万円の経費を費して、ようやく終了した、と鈴木武雄著に記されている。やはり同書により「土地調査事業」の内容と失敗、その原因を抄記して引用する。

「この土地調査事業は、土地所有権の調査、土地価格の調査及び地形地貌の調査の三事業を内容としたものである」

「この近代的土地私有制度の確立は、土地私有権者の確定に当つて、土地の現実的保有者であり耕作者であつた農民を土地私有権者とするのでなく、上述した封建的土地所有者即ち収租権者がそのまま近代的土地私有権者とせられた点に、農政改革上の見地からは極めて不徹底なものであつたと言はなければならぬ。（中略）かくて、今まで現実的な土地占有者であり耕作者であつた数百万の農民が土地の占有権を失ひ、契約に依つて地主と耕作関係を結ぶ単なる小作農民に再編成せられた。従前収租権者の介在なく直接国家に納租した農民も、従来の「公田」が国有地に編入せられた結果、例へば国有財産となつた駅屯土の小作人の如く、多くは矢張り小作農となり、（中略）更に土地調査事業が所有地の調査に関して一般に申告主義を採用した結果、従来の慣習上土地所有の何たるかを未だ十分に解しなかつた農民にして、所有証明の不十分と所定手続の不履行のために、当然私有し得べき土地を失つて小作農となつたものも多かつたであらう。」

「このやうに、土地調査及びそれに基く近代的土地所有制度の確立は、朝鮮農村問題の権威久間小作官に依れば、「過去に於ける土地の現実的保有者であり、且つ耕作者であつた農民をば犠牲にして時の収租権者をして直に、土地所有権者とする方法によつて行はれたもので、其の結果は、少数の収租権者と富農が土地を取得し、大多数の農民は土地から離脱せしめられた」のであるが、「之等農民の土地よりの離脱は、直に農業生産に於ける資本家的方法の発達をもたらしたのではなかつた。土地を失へる大多数の農民は、都市労働者、又は農業労働者として、吸収さるる素地を有しなかつた当時の朝鮮に於ては、再び封建社会からそのまま移行されて来た、零細農的生産様式の下に、純然たる小作農として再編成され、今日見るが如き半封建的な小作関係に入り込んだのである」」

鈴木武雄は「土地改革の不徹底」というけれども、これは総督府に対する配慮の表現であり、明らかに総督府の失政であった。李朝時代の停滞した農業を活性化させるためには、耕作者を自作農として育成しなければならなかった。近代的土地制度を確立することは必須であったが、方法を誤って、寄生地主を温存し、厖大な零細小作農を創出してしまったのであった。

右の文章に続く鈴木武雄の文章は私の彼に対する敬意を失わせるに足るものであった。高度の知識人であっても、当時の日本人はこのように考えていたのだ、という見本である。

鈴木武雄は「その已むを得なかつた事情」という見出しの下に、「これに就いては、既に土地調査事業以前より多数の内地日本人が半島に来つて土地に投資してゐた事実を没却することは出来ない」と言い、「日本人最初の営農団体と云はれる木浦興農協会は明治三十五年の設立で、設立後二年間に栄山浦地方に田畓数十町歩を買占めて居り、また現在朝鮮有数の農事会社たる朝鮮興業株式会社は明治三十七年の創立にかかり、今日同社の農事経営の中枢をなす黄海道黄州農場は創立当初の土地買収に端を発する」と言い、「日露役前後に於て、多数の日本人が開港地以外の奥地に土地を事実上所有して農事を営んでゐる」などと言い、「このやうな趨勢が、明治三十九年の「土地家屋証明規則」の発布に依る外国人(日本人)の居留地外に於ける土地所有の法的公認となり、それが更に発展して遂に土地調査事業に依る土地所有制度の確立となつた」と述べ、「かく考へて来ると、高い地代を目的として直接土地に投資せられた資本乃至は高い利子を目的として農業に貸出された資本、又はそのやうな投資若しくは貸出に向はんとする資本にとつては、前代的な零細小作農の再生産に依る高率小作料の移行存続と云ふことが却つて望ましいことであつたとも見るべきで、ここに朝鮮土地改革の特殊の性格が認められるのである」と結んでいる。

これは日本人の資本回収のため朝鮮の零細小作人は犠牲になっても致し方ない、という論理であり、今日の私たちにとっては恥ずかしい限りである。

すでに吉野作造の文章に関連して紹介したが、一九〇八(明治四一)年一二月に設立された東洋拓殖株式会社は五年間に一二万人の農民を朝鮮に移住させる計画であったが、五年を経て僅か二千余戸の移民しか招致できず、「移民をしてみるとすぐに、汗を流すより地主になるほうが簡単であることに気づいて農業をやめた」農民が多いことが高崎宗司『植民地朝鮮の日本人』に記されているし、同書にはまた、不二興業株式会社は敗戦までに七五〇〇町歩を干拓、四六〇〇町歩を開墾し、それらの土地から籾約五六万石が収穫されたが、「不二が実施した自作農創設計画とは、年賦償還売却という名目のもとで、小作料徴収によって既存の投資費用を回収し、小作料以外の水利組合費なども小作人に転稼しようとしたものに過ぎなかった」と記されている。日本人投資家にとって朝鮮における高率小作料はまことに魅力的であり、彼らは限りなく貪欲であったが、総督府が土地調査事業によりその軌道を敷いたのであった。

鈴木武雄は右の文章に続けて、「とは云へ、土地調査事業に依る土地所有の近代的形式の確立は、土地に対する単一にして明確な個人所有権の確立、土地の自由なる売買、譲渡、抵当、質入等の法的確認、丈量の正確と境界の限定並に称呼の確定、経済的取引の安固を期するための登記制度等を齎し、四方教授の所謂「土地の貨幣化」を実現せることに他ならず、その意味に於ては、久しい間前資本主義的な堅い殻の中に閉ぢ籠つてゐた朝鮮経済をば近代化し資本主義経済化する上に根本的に必要な前提条件であり、これに依り自然経済的な旧来の朝鮮経済の解体は促進せられ、商品経済、価格経済への移行が基礎づけられたところの矢張り近代化への進歩的改革であったことが認められなければならない」と続けている。まさにそうした性格の改革であったにはちがいないが、同時にこの改革が強欲な渡鮮日本人の利益となったことはいうまでもない。

＊

鈴木武雄は一九二〇（大正九）年、朝鮮経済は第一段階から第二段階に入ったとみるのが便宜であると説いている。「第一段階にあつては、半島経済をば有機的に内地経済の中に溶け込ましめると云ふよりも、寧ろ謂はば原始産業地域として一応纏りをもつた半島を一つの経済単位としてこれを内地工業に結びつけると云ふ方策が重点をなした如くである」のに対して、「この第二段階に於ては、李朝以来原始産業地域として一応国民経済単位をなしてゐた半島経済が全く解体せられ、内地移出を目的とする米穀中心の単種耕作型産業構造が確立せらるるに至つた。即ち、譬へて言へば、内鮮を通じた帝国全体のなかに於て、半島全体が専ら米を生産する農家の如き分業的位置におかれるに至つたのであるから、これは、既往の半島産業構造を根本から改編せずにはおかないのである。恰も、商品として米をつくるべく専門化せられた農家が、その他の必要品も亦すべて商品としてこれを購入せざるを得ないのと同様の意味に於て、内地移出のために商品化した米穀を通じて、半島経済は完全に内鮮を通じた流通経済の中に織り込まれ、全産業の独立性は玆に全く解体せらるるに至つたのである。」

まさに、インド、セイロン（スリランカ）、インドネシア等が植民地としてモノカルチャー農業と化したのと同様の政策が朝鮮においても採られたのであった。ただ、鈴木武雄は、これは

「大局的には半島経済の発達にとつて頗る幸福であつたと謂はなければならぬ」といふ。

「それは、半島経済を急速に旧来の遺制から解放して近代経済化するに役立ち、更に産米増殖計画の内容たる土地改良事業並に農事改良事業実施のための巨額の資金流入は、増殖せられた米穀の旺盛なる内地移出によるこれが巨額の代金獲得と相俟つて、ひとり当面の産米事業のみならず、半島経済全体を刺戟しこれを活況に導いたのである。この旺盛なる米穀の内地移出は、大正七年より昭和三年に至る迄の半島の対内地貿易を連年出超たらしめた主たる原因をなし、その出超額は最低一千五百万円乃至最高九千五百万円、年平均五千二百万円弱、この出超十二年間の総額六億二千万円弱と云ふ巨額を算したのである。」

ところが一九三〇年前後から熾烈となった世界農業恐慌は、この「単種耕作型」農業諸国に大打撃を与え、朝鮮半島の農業も深刻な影響を受けるに至り、第三段階に入ることとなる。

第二期の末期に赴戦江水系の電力開発を目的とした朝鮮水電株式会社の設立、朝鮮窒素肥料株式会社の設立等により工業がようやく朝鮮半島に発足するが、やはり農業が朝鮮産業の中核であった。鈴木武雄の著書が示す統計によれば、一九三六（昭和一一）年度には

農産物	一、二〇八、九一一	（千円）
林産物	一一八、〇六四	〃

水産物	一六四、〇〇三	〃
鉱産物	一一〇、四二九	〃
工産物	七三〇、八〇六	〃

であり、農業五二%、工業三一%という比率である。一九三九（昭和一四）年には左のとおりであり、一九三六年を一〇〇として増加率を示す。

農産物	一、六四四、二〇〇（千円）	一三六
林産物	一九二、六〇〇　〃	一六三
水産物	三二七、〇〇〇　〃	一九九
鉱産物	二四〇、〇〇〇　〃	二一八
工産物	一、四九八、〇〇〇　〃	二〇五

すなわち、農業四二%、林業五%、水産業八%、鉱業六%、工業三九%という比率となり、工業の発展が目ざましい。一九三九（昭和一四）年末においても、農業人口一六五三万一四〇四人、総人口の七二・五%を占めていたと同書にある農業の実状を見ることとする。「第七章　農業朝鮮

の展望」に次の記載がある。

「さきに述べたやうに、農業は古来朝鮮の基本産業であるが、而も打ち続く秕政と封建的生産構造のために、その農法は粗笨、技術は低劣、土地は荒廃し農民は無気力と頽廃のどん底に沈んでゐた。このやうな謂はば静止的沈滞のうちにあつて精々単純再生産を繰り返すに過ぎなかつた朝鮮農業に、新しい生命を吹き込んだものは、先づ日本人貿易商であり、次いで日本人資本の農地投資であつた。蓋しそれらによつて、農産物の商品化が促進せられたからである。併合以前に於ける韓国輸出貿易を見ると、農産物の輸出額は毎年輸出総額の九割前後を占めてゐるのであつて、貿易を通じて農産物が商品化せられつつあつたことを示してゐるが、当時の貿易相手国として清国は殆んど朝鮮の農産物を輸入する必要をもたなかつたから、これは大部分日本商人に依る対日輸出であつた。そしてこれら農産物の買ひ集めに関して、「日本商人の慣用したる手段は、その収穫期以前に後日収穫の全部又は一部を引渡すべき契約の下に農民に前貸金を為す方法であつた。此の方法は多く農民の窮乏期に契約せらるるが故に買手に取り有利なる条件なると共に、年の豊凶の如何に拘らず商品を入手し得るの便がある。且つ又（鮮）内地に於ける外国人の土地所有の公認せられざりし以前に於ては、之れを以て殆んど土地所有に匹敵すべき効果を収むるの一法ともなつたのである」（四方博、前掲論文一九二頁）。従つて、日本人資本の農地投資が旺盛となり、土地私有制度確立を契機としてそれが益々盛んとなるに至つては、農産物の商品化は愈々促進せられた。蓋し、日本資本の農地投資は、前述したやうに、高き小作料に依る土地投資の好利廻を目標としたものであつたから、謂はば商業的資本の性格強きものであつて、現物小作料として収得せる農産物は必然的に商品化せられねばならなかつたからである。」

「そこで併合後、朝鮮総督府は先づ農業生産の改良増殖を企てた。従つてこれが目標は当然に次の三点に重心がおかれた。

1 食糧品の生産を増殖すること。

2 輸移入農産物に対しては出来得る限り之が自給を図ること。

3 内地及び隣接国に対し輸移出の見込ある産物は力めて生産の改良増殖を図り一面鮮内の消費を節約し輸移出額を増加すること。」

総督府の具体的施策は省略するが、「上述した如き官の指導と及び主として内地人系地主の督励とに依つて、併合以来朝鮮農業は飛躍的に進展した」とあり、「全体としては併合以来農産物生産価額の激増寔にめざましきものがあり、昭和十四年に於ては併合当初の六・八倍に達してゐるのである。また農産物輸移出額も累年激増し、昭和十四年に於ては併合当初の二十九倍を超えて居り、農産物輸移入額も増加してはゐるが、絶対額に於ても将又増加率に於ても、農産物輸移出額は農産物輸移入額を常に遥かに上廻つてゐるのであつて、このことは朝鮮農業生産の飛躍的増加を端的に示すものである」という。

次に「第八章　米の朝鮮」では「米が朝鮮農業の根幹であることは今更多言を要しない」と書きおこし、「優良品種の普及、鮮米の内地市場競争力の増大」「栽培法の改良」を説明、「施肥の改良」の項では次のとおり記述している。

「在来の朝鮮農民はただ木の芽や温突の灰に糞尿を加へたもの、或は路傍の土塊、屋敷内の土等所謂土糞を耕地に与へたに過ぎず、先づ無肥料の掠奪農法といふも過言ではなかつたが、在来品種の栽培にあつてはそれでよかつたのである。否、左様に施肥なくしても自然の儘に成育し得る品種が在来品種として残つたのである。然るに、優良品種の導入は、耕地の地力消耗を来たし肥料の投下を必要ならしめた。かくて掠奪的農法に代つた肥料の導入は先づ堆肥、緑肥等の自給肥料の増産奨励に始まり、次で大正八年以降大豆粕等の販売肥料の施用を奨励し、更に昭和元年以降は更新産米増殖計画の施行と相俟つて肥料改良増施奨励計画を樹立し各種販売肥料の増施奨励に努力したのである。従来朝鮮内に於て製造せられる金肥は、魚肥類、米糖等の他見るべきものがなかつたが、昭和五年咸鏡南道興南に朝鮮窒素肥料株式会社が設立さるるに及び硫安、石灰窒素、過燐酸石灰、化成肥料、調合肥料等各種の肥料を製造することが出来るやうになった。」

このことは、反面、農民にとっては出費を強いられることに他ならなかった。

鈴木武雄は第一次、第二次の産米増殖計画と実現された状態、水利施設の普及改善を詳しく説明しているが、私としては第十二章に記されている農民の実状に何としても注目する必要があると考える。同章の「米の工場生産」の項に次のとおり記載されている。

「朝鮮の農民は、さきにも述べた如く、畓を耕し種を蒔く段階から収穫、脱穀の段階までの生産過程を営むに過ぎない。故に小作料も籾で支払はれるのであり、農民の販売米も玄米ではなくて籾なのである。即ち内地農民は玄米の生産段階まで自ら支配してゐるのに対して、朝鮮農民は籾生産の段階に止まり、籾摺を自ら支配する段階に至つてゐない。そこで、「朝鮮にあつては、商品としての米の生産段階てふ立場より見るときは農民は籾生産の担当者たるに過ぎず、真の意味の米の生産は農家の手を離れて始めて行はれるといふ事に注意しなければならぬ。此の意味に於て、農民生産は米の最終段階たる白米生産のための単なる原料生産にしか過ぎず、それは内地に類例を求めると、寧ろ製糸業に対する繭生産の関係に類似するとさへ云つても或は過言でないかも知れぬ。たゞに生産者たる農民のみではない。大量の小作米を収得する地主にあつてさへ籾は籾の儘にて販売する……乃ち朝鮮農業は玄米ではなくして、籾の生産まで支配するにとゞまるのである」（前掲『朝鮮米穀経済論』一〇一―一〇二頁）。

この籾摺の段階を担当したものが米穀商人であつた。それは籾摺のみでなく精米をも担当した。而もそれは、内地に於ける白米商の如き単なる小規模加工業ではなくて、前掲書に於て内地学者が正当に強調してゐるやうに、「極めて重要な加工業の一となれるもの」であり、「田園工場として農村に発達したものではなく都市工業として市街地に集中発達したところの資本主義的な工場生産」なのである（前掲『朝鮮米穀経済論』一〇五―一〇七頁）。
これらの籾摺精米工場は、既に昭和六年七月に於て、二千百三十七工場を算し、約二万三千馬力の動力を使用して、五百三十三万石の年生産高を挙げてゐるのであるが、当時に於ける鮮米の輸移出高は約五百万石であつたから、この「米の資本主義的工場生産」は、商品としての鮮米の内地移出量とほぼ同量に上つてゐるのであつて、言ひ換へれば、このやうな精穀工業の朝鮮に於ける特異の発達は、移出米としての朝鮮米の資本主義的商品化と密接な関聯があると見なければならぬ。」

鈴木武雄は明らかにしていないけれども、これら精穀工業資本は日本人資本にちがいない。

＊

そこで朝鮮農業に総督府の施策が何をもたらしたかを本書の第十三章にみることとする。

「我々はさきに、土地調査によつて確立を見た近代的土地所有制度が実は前近代的、封建的所有関係の再確認であり、結果としては封建的な零細小作農の再生産であつたことを明らかにした。その後の朝鮮農業の素晴らしい資本主義的発展は、併しながら、このやうな内部機構をそのうちに蔵しての発展であつた。それ故に、土地所有の集積に却つて愈々進展し、その結果としては土地なき農民の集積、零細小作農の拡大再生産を見なければならなかつたのである。前表（中村注。

省略）は、自作及び自作兼小作農が絶対的にも相対的にも減少し、反対に小作農が激増してゐることを示してゐる。農家階級別統計が始めて発表された大正二年以降五ヶ年間の平均では、前代の封建的零細小作農がその儘再生産せられたと云つても、まだ全体の三九・四パーセントしか占めてゐなかつたのであるが、今やそれは五五パーセントを超えるに至つた。まさに小作農の拡張再生産である。

このやうに小作農が拡大再生産せられてゐることは、また土地所有に於ける集積が経営に於ける集中でなくて、不耕作地主の増大であり小作関係の拡大であることを物語るものであるがそれは前表によつて更に明瞭となるであらう。

即ち、農地のうち小作地の占める割合は、畓に於ては六八パーセント、田に於ては五一パーセント、耕地合計に於て五八パーセントを占めてゐるのである。

「このやうな零細小作農の大量的存在は、慥かに朝鮮農業の一つの脆弱点であり、朝鮮農民の昔ながらの貧窮を少しも改善し得ない大きな原因をなしてゐる。朝鮮の農民経済の貧窮さに就いては、昭和五年乃至七年に行はれた朝鮮農会の農家経済調査を内地に於ける農林省の昭和六年の調査と比較せられた久間小作官の所説に依れば、農業経営に投下せられる資本量に於て、朝鮮農民は内地農民の約三分の一、これを耕作面積反当にして約五分の一、反当経営費に於て同じく二分の一以下、経営に於ける農業総収入に於て矢張り二分の一以下、総収入より経営費を控除せる農業所得に於ても、従業者一人当りとして見るときは、同じく二分の一以下、そして農家経済全般に於ても、内地の収支不足九円余に対して朝鮮はその約五倍の四十五円弱である。これを以ても如何に農家の経営が劣弱であるかを知ることが出来る。このことは農民の生活を低劣ならしむるものであることは言ふ迄もなく、それは家計費の比較に於て明瞭に頷ける。即ち、教育費、交際費、娯楽費、衛生費等の所謂第二生活費は、内地農家に於ては総家計費の三七パーセントを占めてゐるのに、朝鮮農家は二一パーセントに過ぎず、絶対額に於ては内地の二分の一以下である。また第一生活費中の飲食費の如きは、反対に、朝鮮農家にあつては総家計費の六〇パーセント以上を占めるに対して内地農家にあつては四二パーセントを占めるに過ぎないのである。」

「而も、ここに比較せられた農家は、内地は耕作反別一町二反余で小経営とも言ふべきものであり、朝鮮はその二倍の二町四反余で寧ろ中経営とも言ふべく、而して前掲表に依ればかかる農家は全鮮農家の一七パーセントに過ぎず、残余の八三パーセントの農家はそれ以下の経営と生活とを送つてゐるものであることが容易に想像せられるのである（久間健一、前掲論文）。」

ただ、「右の調査は昭和五年乃至七年で」あり、昭和十三年には「農家の所得が名目的だけに止らず、実質的にも著しく増大して、それだけ農家の経済が好転したことを如実に物語る」報告があることも鈴木武雄は記している。さらに鈴木は小作料について次のとおり記している。

「総督府調査『農家経済の概況と其の変遷』に依り殖産銀行瀬野氏の示す所に依れば、小作料は総経営費の五五パーセント乃至七五パーセントを占めて、その金額も自作兼小作農家では九十三円から百六十二円に、小作農家では百十七円から二百十円へと増加してゐる。総経営費僅か二百八十八円に過ぎない貧弱な小作農家にとつて小作料がその七三パーセントに当る二百十円を支払はなければならぬと云ふことは、高率小作料の依然たる残存を示すものと云はなければならぬ（瀬野、前掲論文）。」

また、鈴木は、農地価格が一九三一（昭和六）年に比して、一九四〇（昭和一五）年には三倍半近く高騰していると述べ、その一因は鉱工業勃興に伴う鉱工業敷地等のための農地買収が盛んになったことにあるとしても、「結局のところ矢張り朝鮮農業のおくれたる外地的性格に帰すると考へてゐる」とし、「農地利廻は株式利廻に比し二分も上廻つてゐる」ことを指摘し、「農地利廻のこの高水準あるが故に、金利も、株式利廻もこれに牽引せられて内地よりは何程かの高歩を必要とせざるを得ない」と記している。

このことと関連すると思われるが、朝鮮には地主に二つの型がある、と前総督府穀物検査所長山本尋己氏の説明によるとして、以下のとおり記述している。

「第一の型は之を農場式又は合理的経営の様式とでも称すべきものであつて、個人名義又は会社組織の下に多数の事務又は技術の職員を擁し、数十町歩乃至数千町歩の耕地を小作に附し、最も進歩した組織化と技術化を行ひ、合理的に企業化した体型のものである。此の種の経営地主は其の数二百余であつて、経営面積は五十五万町歩に達する。而して経営の主体は内地人に多く朝鮮人に少ない。

農場式経営の特質は多数小作人に対し経営上の資産を貸付すること、小作人の生活を保証すること、耕地の利用増進上土地改良事業を促進すること、従つて土地の生産力を急激に増進すること、公益事業に対し各種の貢献をなすこと等朝鮮農業は勿論文化の開発促進上寄与する処実に尠少でない。南鮮米作地帯の農業が、之等企業的農場の投資と堅実且つ合理的な経営の結果として、驚異に値する進歩発達を見るに至つた過去の実績を振り返り観察すれば明瞭である。今若し仮りに全北の大平野に此の種農場の存在なかりしとせば、第一土地改良即ち水利事業が出来たであらうか。米の生産に欠くべからざる品種の改良、耕牛の普及、緑肥其他の肥料の施用増施、改良農具の普及、病虫害等の駆除予防、籾の加工等々が今日の様に進歩し得たであらうか。多数の小作人の手取籾が増し生活の向上が出来たであらうか。否と云はざるを得ない。勿論之等農場地主の一部にも暗い半面はある。然し此のことあるが故に、その強靭なる生産力増強への関心を全面的に否定する理由とはならない。」

この部分は山本尋己の文章のようだが、「農場地主の一部にも暗い半面はある」という「暗い半面」が何かは説明されていない。たとえば、小作人の生活を保証せず、もっぱら高額小作料を取得することを心がけた地主もある、といった意味であろうか。ただ、健全な地主といえども、その経営の利益のすべてを得たにちがいないのだから、日本人農民が地主化したことによって朝鮮農業経営の合理化、近代化に寄与した面もあるというに尽き、小作人を搾取していることに変りない。

「第二の型に属する地主は朝鮮人側に比較的多く、自からは都市に居住し、耕地の所在地方には代理人、舎音を置き小作人自体をして自然の儘に生産に従事せしめ、従つて分配量も亦旧態依然たるが如き経営である。即ち第一型に対し旧式な不合理な経営である。此の種の経営にありては、小作人の営農は遅々として改善の跡なく、全く豊凶は自然力の適否にのみ支配される。為に小作地主共に手取の収益は向上を見ない。又往々にして、地主の意に非る中間者の搾取や越権の行為が行はれ、小作人の物心両方面に被る苦痛は尠少でない。第二型の地主の経営を第一型の農場式に善導することは予想以上に満足な結果を見るものであつて多数の実績を検討すれば明らかである。」

以下が鈴木武雄の文章である。

「今仮に全鮮の地主小作地から第一型に属するものを控除した残りを第二型地主の実数と見るならば、その数は約十万四千戸、土地面積は約二百万町歩に達する。而もその約四分の一に当る三万三千戸余りは自ら耕作せざる不在地主であると云ふ（中谷忠治『農業生産力拡充運動を阻むもの』——『朝鮮行政』昭和十五年九月号に拠る。但し数字は昭和七年末現在）。

このやうな所謂第二型地主の生産的協力への覚醒こそ望ましいのであつて、かくすれば、「個々の細農に対し直接手足を執つて指導することの労多くして効少きに対し、大地主に体当りして、之を通じて一時に数百人の小作人の小作農と其の耕地を改良し得ることとなり、蓋し得る所が少くない」と中谷小作官は言つてゐるのである（前掲論文）。」

中谷小作官のように、朝鮮農業の発展のために私心なく善意で尽力した日本人も存在したことは私たちにとって慰めである。

鈴木武雄『朝鮮の経済』は、その他にもじつに興味ふかい情報とその分析を示している。要するに、朝鮮総督府による数十年の農業政策は厖大な零細小作農を拡大再生産し、健全な自作農の育成に失敗し、反面、日本人地主をはじめとする日本人資本に大きな利潤をもたらしたにすぎなかった。

＊

鈴木武雄『朝鮮の経済』は「人的資源の質的方面に関聯があるから、朝鮮人の初等教育普及状況及び国語普及状況について一言しておかう」として、その概況を以下のとおり説明している。

「朝鮮に於ては義務教育制度はまだ施行せられてゐない。併し、朝鮮人に対する初等教育の普及は、総督府の鋭意努力し来つたところである。

従前朝鮮人の初等教育機関であつた普通学校は、保護政治時代明治三十九年韓国政府の学制改革当時日本人参画の下に始めてその創設を見たのであつて、日韓併合以前にあつては官立九校、公立五十一校、私立にして公立と同一の取扱を受けたもの四十校を算するに過ぎなかつたが、併合以来著しくその数を増加し、大正八年度末には公立学校五百五十六校となつた。然るに、これらは多く市街地に存在し、地方村落に於ては普通教育機関の欠如せるものが多かつたので、大正八年度より四ヶ年にわたつて三面一校計画を完成し、大正十一年度には公立普通学校数九百となつた。その後年々約七十校内外の増設を見て、昭和三年五月末には官立二校、公立一千四百二十三校、私立八十校に達し、ほぼ二面一校の割合を超える迄に普及を見たのであるが、なほ学校の無い面（村）が一千余面あつたので、昭和四年度以降向ふ八ヶ年を以て一面一校計画を実行することとし、昭和十一年度を以てこれを完成した。昭和十二年度以降は教育機関の倍加拡充計画を実施し、昭和十七年度迄に完成の予定であるが、昭和十四年五月現在官立十一校、公立二千七百二十七校、私立百十七校を算してゐる。尚、僻地に於ける初等教育の普及を図るため、昭和九年度以降修業年限二ヶ年の簡易学校を設立し来つたが、昭和十四年五月末にはその数一千三百二十七校に達した（昭和十三年四月以降後述するやうに教育令の改正があり、内鮮共学を本旨として普通学校の名称も小学校と改称せられたので、右の公立学校数は、主として朝鮮人児童を収容する府第二部特別経済及び学校費経営の小学校数を掲げた）。

このやうな朝鮮人初等教育機関普及の結果、昭和十四年五月末現在に於ける就学朝鮮人児童数は百三十万一千四百八十三人に上る。今、昭和十三年五月末現在の統計に依れば、就学朝鮮人児童数は推定学齢児童数に対し三八・一パーセント（簡易学校を除けば三五・五パーセント）に達してゐるが、この就学歩合は、初等教育機関倍加拡充計画の完成年度たる昭和十七年度には六七パーセントとなる見込みであつて、大体就学希望の全部を収容することが可能となり、更に現在の速度を以て拡充増設が行はれて行けば、昭和二十五年度には全適齢児童を収容することが出来る見込みであると云ふ。かくて、昭和十五年八月、朝鮮人初等学校適齢児童の就学歩合は四五パーセントに達したのであるが、この就学歩合は恰も明治十九年内地に於て義務教育制が実施せられた当時と同様の歩合であるのに鑑みて、総督府は愈〻義務教育制実施の具体的準備に着手したことが発表せられた。おそらく前述した昭和二十五年を俟たずして、昭和二十年頃には義務教育制実施の運びに至るであらうと見られてゐる。」

総督府がこれだけ初等教育に尽力したことは植民地経営としては褒められてよいことにちがいないが、就学率は農村部では三八・一パーセントよりよほど低いだろう。零細小作農が拡大再生産されていた状況では、期待するほどに就学率は向上しなかったのではないか。

もっと問題なのは、上記は朝鮮人児童のための普通学校の普及状態であって、日本人児童には別に小学校が設けられていた事実である。これは後に内鮮共学を原則とすることになるが、「同化」政策を推進するなら、当初から、小学校に朝鮮人児童も収容することとし、同様の教育をすべきだったのではないか。普通学校制は朝鮮人に対する差別意識のあらわれであり、「同化」とは結局のところ建前にすぎなかったのではないか。

鈴木武雄の文章の続きを読む。

「以上の事実から言ひ得ることは、朝鮮が、満洲や北支等と比べて大陸に於ける最も日本的教育の普及した場所だと云ふことである。それは、思想的には「内鮮一体」の深化であり、朝鮮人の皇国臣民化への大きな寄与であるに相違ないが、そのことは、経済的にも朝鮮人の価値を非常に高めるものである筈である。」

このような考え方は独善的というべきだろう。植民地朝鮮における教育組織が満洲偽帝国のそれと同視できないこと、まして占領地にすぎない当時の北支那の状況と比較すべくもないことは当然と思われるし、普通学校と小学校の区別は「朝鮮人の皇国臣民化への大きな寄与」とはならないし、どうしてこれが朝鮮人の価値を高めることになるのか、私には理解できない。

「既に朝鮮人間に於ける国語の普及率は、昭和十四年末に於て、朝鮮人全人口の一三・九パーセントに達してゐるのであるが、併合直後の大正二年末の〇・六パーセントと対比するときは著しい増加と言はねばならぬ。尤も、右の一三・九パーセントの普及率は、これを更に、国語を稍ゝ解する者と普通会話に差支へなき者とに分つときは、前者六・八パーセント、後者七・一パーセントとなり、また男女に分つときは、男二二・一パーセント、女五・六パーセントとなり、男女の間に相当懸隔があるが、何れにしても、国語の普及は内鮮一体化を促進するものであり、且つ例へば近代産業労働者としても、工場に於ける指揮並に意志伝達が速かに徹底し、然らざる場合よりも著しく作業能率を高めるものである。」

鈴木武雄は「普通会話に差支へなき者」と「稍ゞ解する者」を分け、識字率を問題にしていないが、日本語を解するというなら、せめて平仮名、片仮名の読み書きができる程度の識字力をもってほしい。同時に在鮮日本人小学校においてもハングルの発音、読み書き程度は強制的に身につけさせるべきだったのではないか。

趙景達『植民地朝鮮と日本』には次の記載がある。斎藤実総監の文化政策について述べたものである。

「内地延長主義を唱える以上、教育の向上は必須であった。斎藤は、就任直後から教育改革を少しずつ押し進め、一九二二年二月六日、教育令を改正した（第二次）。それまでの改革と第二次教育令で決まった主なことは、まず「内鮮人共学」を謳ったことである。しかし、「国語」常用者とそうでない者を区別し、日本人学校と朝鮮人学校の垣根を設け、日本人学校を小学校・中学校、朝鮮人学校を普通学校・高等普通学校と称するのも従来通りとした。修業年限については、普通学校を四年制から六年制とし、二年制の高等科を設置するとともに、高等普通学校を四年制から五年制とし、日本の中学校とほぼ同程度水準の学校とした。女子高等普通学校も三年制から四年制とし、実業学校も三年ないし五年制となった。また、男子六年制、女子五年制の師範学校を設置した。そして重要なことは、朝鮮人の大きな声に押されて、大学教育を認めたことである。」

こうして京城帝国大学予科が一九二四(大正一三)年に設立されたが、学生定員一六〇名、そのうち約七〇%が日本人で、教職員は二五人であった、と高崎宗司『植民地朝鮮の日本人』に記されている。

趙景達の著書に戻ると、「こうした改革には、同化教育の強化も盛り込まれていた。普通学校では日本語の授業が増えて朝鮮語の授業が減り、日本歴史と日本地理が加わった。また高等普通学校では、朝鮮語は必須科目から随意科目となった」とある。

もし高等普通学校で日本語が必須科目で授業時間も増えたのなら、当然普通学校でも日本語が必須科目であったにちがいない。鈴木武雄のいうように一九三八(昭和一三)年当時の就学率が三八・一%であったとすれば、普通会話に差支えない者が七・一%しかいなかったことは、理解しがたい。真面目に日本語を教育するつもりなら、日本歴史、日本地理の授業は不要だったと思われる。むしろ、朝鮮語の必須科目としての習得を強化し、識字率を向上させるべきだったのではないか。

就学率の低さと朝鮮人の大部分を占める農民の窮乏化とは関連性をもっている。豊かな農民、自営農を育成することに成功していたなら、就学率も高くなったにちがいないし、日本語の習得者も増えたにちがいない。

そもそも「同化」とは朝鮮人にその文化と伝統を捨てさせ、二流の日本人とすることだったのであろうか。そんな無智、無謀な政策を総督府は推進するつもりだったのだろうか。もし真に友好的な親日朝鮮人を育成することを意図したのなら、朝鮮人がその伝統と文化とを維持し、発展させながら、日本人と共存していく方法を探るべきだったのではないか。総督府は農業政策においても失政をかさねたが、教育制度についても、おそらく善意であったにもかかわらず、まったく誤った施策を採り、従順な日本臣民とさせようと試み、かえって反感を買い、恨みを強くさせたのではないか。

ちなみに外村大『朝鮮人強制連行』（岩波新書）には「具体的に朝鮮人の就学率を見れば、一九三五年時点で一七・六％（男子が二七・二％、女子が七・三％）となっており、一九三六年の日本語理解率（一〇歳以下を不理解者として計算した数字）は九・八％（男子では一六・一％、女子三・四％）であった」とあり、鈴木武雄の著書の数値とかなり相違があるが、別の資料によるのであろう。それにしても、「総力戦突入以前に学齢期を迎えていた朝鮮人について見れば、日本語が通じないのが普通であった」と外村が記しているのが実状であった。しかも外村の著書によれば、一三歳以上の朝鮮人のハングル理解率は二二％にとどまり、朝鮮総督府の調査では、一九三八（昭和一三）年時点で、自小作農の八・三％、小作農の一二・四％が世帯主を含め一家のなかの誰もが文字を知らなかったという。

総督府は教育関係の施策についてもまったく過誤を犯したのであった。

*

鈴木武雄は朝鮮産業の工業化については「昭和の初年に至る迄は食料品工業及び製糸業を除く他は微々たるものであつた」が「『朝鮮産業革命』は、新たなる技術に依る電力資源の再発見とこれが化学工業への利用と云ふ形に於て火蓋が切られたけれども、実際に於ける朝鮮工業化運動の先頭に立つたものは紡績工業であつた。麦酒醸造業、セメント工業も注目すべきであり、また、ゴールド・ラッシュを始めとする地下資源開発景気に伴ふ鉱山用器械工業も勃興の気運となり、更に豆電球製造工業、琺瑯鉄器製造工業の如く内地輸出検査乃至輸出統制の回避と朝鮮の低賃金とを目当として進出し来つたものもあつた。要するに朝鮮工業化運動の第一段階は軽工業中心であつたと言ふことが出来る」と述べ、「昭和五年の工産額は二億八千九十六万三千円であるが、昭和十一年の工産額は七億三千八十万六千円で、六年間に約三倍弱の増加を来たしてゐる」といい、「昭和五年と昭和十一年との工場工業の構成を比較して見ると、生産額に於ては食料品工業がこの両年とも第一位を占め、これに次ぐものは昭和五年に於ては紡織工業であつたが、昭和十一年には化学工業がこれに代り紡織工業は第三位となつてゐる。化学工業のこの大躍進は朝窒工場の生産増加のためであるが、紡織工業もその絶対額の増加は三倍弱と云ふ激増である」と記している。「朝窒」とは朝鮮窒素工業株式会社である。鈴木の記述の引用を続ける。

「この時代の朝鮮の工業化が、さきにも述べた如く、内鮮経済関係推進史の全過程を通じて他の時代には先づ見られないところの、資本的運動を第一義的推進力となしたものであることは更めて注目せられねばならぬ。

このことは朝鮮経済の現段階にとつて非常に大きな意義を与へてゐるのである。資本的運動と云つても、その資本は勿論内地資本ではあるが、この内地資本が内地に於て過剰となり、その捌け口と高き外地利潤とを需めて半島に移出せられたのである。」

「この時代に見られた朝鮮の工業ラッシュ、即ち工業投資の形に於ける内地資本の鮮内流入は、高き外地利潤を目指す資本の自律的運動に基くところ大きかつたとは云へ、根本に於て、朝鮮の工業立地条件、特に地理的位置、資源、電力、労力、運輸、治安、思想等に関する条件が大陸の他の如何なる部分よりも優れてゐることにも亦大きな原因があるのであつて、この後者の点は所謂『大陸兵站基地』としての朝鮮を性格づけるものであり、たとひ重要産業統制法や工場法が朝鮮に施行せられても、即ち言ひ換へれば内地に対するアウトサイダー的位置に基く資本の王道楽土たる朝鮮の一時的特殊環境が無くなつてしまつても、尚且つ内地資本を吸引するに足るところの工業朝鮮のための恒久的な基礎条件に他ならないのである。」

その後、若干の紆余曲折はあっても、朝鮮における重化学工業は短期間に飛躍的に発展した。鈴木武雄によれば、「昭和十四年の工産額は、十四億九千八百二十七万七千円で、各種産業総生産額の中に於て占める工産額の割合は、昭和十一年の三一・三パーセントから三八・三パーセントとなり、まさに農産額の十五億四千八百万円、三九・六パーセントに肉薄せんとする」状態となり、「昭和十一年に於ける工場数は五千九百二十七であつたが、同十四年には六千九百五十二を算し、増加率一割七分である反面、従業員数は十八万八千二百五十人から二十七万四百三十九人と四割三分の増加率を示」すに至った。

重化学工業は北朝鮮において発展した。このことが後に「強制連行」ともいわれる、朝鮮人労働力を日本内地にふり向けるための動員を極度に困難にした一因であった。

第五章　パーマー『日本統治下朝鮮の戦時動員』

日韓関係の歴史認識の問題として採り上げられる、創氏改名、朝鮮人徴兵制度、朝鮮人労働動員、従軍慰安婦の問題は、これまで検討してきた日本政府の植民地統治の歴史がもたらした終局的問題と私は考えている。これらの諸問題を考えるには日清戦争以来の日本の朝鮮支配の歴史をふりかえる必要があると考え、これまで筆を費してきた。ようやく、私たちが現在直面している、これらの諸問題を検討する時期がきた。

朝鮮人徴兵制度、朝鮮人労働動員についてはブランドン・パーマー著、塩谷紘訳『検証 日本統治下朝鮮の戦時動員 1937―1945』（草思社刊）を手がかりとし、必要に応じ、その他の著書も参考にするつもりである。従軍慰安婦については次章に執筆方針を記す。創氏改名については、多くの研究書が存在する反面、前掲パーマーの著書にはふれていないので、適宜いくつかの著書を参照するつもりである。

＊

山本七平に『洪思《こうし》翊《よく》中将の処刑』（文藝春秋刊）と題する著書がある。洪思翊は朝鮮人として陸軍中将にまで昇進した唯一の人物であった。責任感がつよく、温容にして部下の信望が篤かった。アジア太平洋戦争末期、南方方面軍総司令部兵站監部総監として、その支配下の多くの捕虜収容所における捕虜の処遇について究極的な責任を負う立場にあった。そのため、捕虜虐待のBC級戦犯の一人として起訴され、公判において一言の発言をすることも、いかなる弁明を述べることもなく、死刑に処せられることとなった。キリスト教徒ではなかったが、従軍牧師に旧約聖書の詩篇第五一篇を読むようたのみ、従容として死刑台に昇ったという。私は洪中将の数奇な運命、身を処した沈着さに心をうたれた。ただ、創氏改名にかかわらず、死に至るまで洪思翊という朝鮮人名を名乗っていることを些か不審に感じた。

比較的最近、内海愛子『キムはなぜ裁かれたのか』（朝日選書）を読み、一四八人の朝鮮人が戦争犯罪者として起訴されたこと、そのうち一二九人が捕虜収容所の監視員だったこと、全羅北道の小作農の家に生まれた金完根が俘虜監視員に「志願」し、二等兵の月給六円に比し、きわめて高額の五〇円の月給を支払われる監視員となり、捕虜の非人道的な処遇に関与したとの訴因により禁固一〇年の判決をうけたこと、などを学び、それほど多くの朝鮮人を戦争犯罪者とした日本人として、忸怩たる思いをふかくしたが、金完根は氏こそ金門《かねかど》と称していたようだが、完根という名は変えていないことに気づいた。その後、『洪思翊中将の処刑』の「あとがき」に引用されているハングルまじりの文章である「南陽洪氏世譜」中「思翊」の項に、ハングルを除き漢字部分のみを示せば「韓民族日人化政策　創氏改名　絶対不応」とあるので、創氏改名が強制されたわけではないことを知った。これも若干不可解に思われた。

これらが「創氏改名」の実状がどんなものであったか、私の好奇心をそそったのであった。宮田節子・金英達・梁泰昊共著『創氏改名』（明石書店刊）の巻末に、一九四〇（昭和一五）年二月、朝鮮総督府法務局が発行した『氏制度の解説　氏とは何か氏は如何にして定めるか』と題する冊子が収録されている。南総督談「司法上に於ける内鮮一体の具現　内地人式氏の設定に就て」と法務局長宮本元談「壻養子、異姓養子及氏制度の制定に就て」の二部から成り、宮本法務局長談の第二部中、「氏制度の解説　氏とは何か氏は如何にして定めるか」という章があり、

第一　氏の観念
第二　氏制度創設の理由
第三　氏の制度が布かれても姓は存続する
第四　内地人式の氏を設けることが強制されて居るのではない
第五　昔内地人式の氏を称へた半島人は無数に居る
第六　氏の定め方

の六項目に分かれている。「談」とあるけれども、です、ます調で理解しやすいように心がけたことを示すもので、ここには総督府の創氏改名に関する思想、方針が簡明に説明されていると思われるので、以下にこれから抄記し、随時、注釈を加えることとする。

まず「第一　氏の観念」から始めることとし、その「㈠　氏とは何か」の説明から抄記する。

「山本とか中村とか云ふのは、或家と他の家とを区別するが為に家に附けた称号でありますす。其の称号を氏と云ふのです。

そこで家とは何かと云へば（中略）戸主が居つて家族を統率して居ります。此の戸主と家族で結合されて居る団体――戸籍上一家として記載されて居る団体――を家と云ふのであります。此の団体に属する人は時に死んだり又は出生して新に加はりますから、団体員は随時変更しますが団体そのものは、何時迄も続くのが普通です。此の団体に附けられた称号が氏です。

所で民法第七四六条は「戸主及ヒ家族ハ其家ノ氏ヲ称ス」と定めて居りますから、或る家即ち前に云ふた団体に属する者は同じ氏を称することになるのであります。戸主である父親が山本と云ふ氏を称へて居れば、其の妻も子も皆同じ山本と云ふ氏を称へる訳です。」

㈡は「姓」の説明である。

「半島人が金とか朴とか称へて居りますが、あれは男系の血族を表はす称号で氏とは全然違ふた観念であります。夫が金であるのに妻が朴であるのは、血統を異にして居るが為其の称呼が違ふのであります。」

この説明は不正確である。金英達『創氏改名の研究』（未来社刊）によれば、「朝鮮における男系（父系）血統の同族集団を「宗」（そう）と言う。宗の異同を識別する標識が、姓と本貫（本）であり、その組合せにおいて同姓同本が同宗であって、同じ一族である。また、「姓＋本」を広い意味での「姓」ともいう。朝鮮の伝統的な家族制度上の原則である「同姓不婚」（同族は結婚しない）、「異姓不養」（同族でなければ養子にしない）の姓は、この広義の姓である」という。私が聞いた風聞に、朝鮮では、同じ金姓の男女が愛し合うおそれがあると、たがいの本貫を相手に訊ねるという。本貫を異にすれば、姓が同じ金ではあっても、同姓不娶《めとらず》の原則の適用を免れるという。

㈢は「姓は支那の模倣である」というが、省略し、㈣「氏と姓との相違」も省略する。

第二は「氏制度創設の理由」であり、㈠半島人の要望、㈡異姓養子、㈢家の観念の確立、の三つの理由を挙げている。

㈠は「内鮮一体と氏制度」と副題し、「大和民族と朝鮮民族とは元々同じ血統の民族です。（中略）内鮮人は歴史的に論証されて居るが如く同祖同根の血縁を有するのですから、精神も形も全く一つに融け合はねばならぬ運命を負ふて居るのです。（中略）斯様な時期に際して、半島人の一部に法律上内地人式氏を称へ得るやうに途を拓いて貰ひ度いと云ふ要望が起つて来たのです。

（下略）」

これほど荒唐無稽なことを恥ずかしげもなく総督府法務局長が言ったものだと、言うべき言葉もない。

(二)の「異姓養子」は、それなりに理由があるようにみえるのだが、どうであろうか。

「朝鮮の慣習では、女子は必ず嫁に行くべきもので、家に留まることは許されなかつたのです。男子のない場合でも同様で、実子である女の子は必ず之を他に出して、血縁の薄い養子を迎へ、其の者に財産を譲らねばならぬのです。それでは親子の情に反し、人生自然の情誼にも反するから、女の子に婿つまり婿養子を迎へ得る途を拓いて貰ひ度いと云ふ要望が十数年前から起つたのです。（下略）」

この慣習が現在の韓国でどうなっているか、私は関心をもっている。

(三)の「家の観念の確立」は、かつての朝鮮では大家族主義であったが、現在では、父母を中心とする小家族制度の生活になり、「家の観念が確立して来た」ので氏を必要とすることとなったというが、説得力をもつ理由とは思われない。

第三に「氏の制度が布かれても姓は存続する」ということは、そのとおりだが、姓が形式上残っても、日常生活が大いに変ることは避けられない。

第四に「内地人式の氏を設けることが強制されて居るのではない」という。洪中将のように日本式氏に変えなかった例もあるから、法律上強制されなかったに違いないが、実状は後に見たい。

第五の「昔内地人式の氏を称へた半島人は無数に居る」は任那、新羅、高麗といった時期の渡来人を言っているので、千年以上も前の例が適切とは思われない。

そう見てくると、氏を創設すべき合理的理由はまったくない。女子に相続権を与えるような慣習ないし法律改正で足り、これは氏の創設とは関係ない。

第六は「氏の定め方」であり、これには㈠から㈦までの説明がある。

その㈠は「氏は戸主が定める」とある。戸主とは家長の意だから、通常の例であろう。

その㈡は「氏を定めるに付ての制限」とあり、「御歴代天皇の　御諱並に御名」「追号、皇族の宮号」等の禁止である。当時としては当然の条件であったにちがいない。

その㈢は「氏は如何にして何時迄に届出るか」とあり、届出期間が二月一一日から八月一〇日迄の六ヵ月間であるとしている。

その㈣「氏の設定と名の変更」は「折角内地人式の氏を設定しても、従来の儘の名では内地人式の氏名として不釣合な場合が多いと思ひます。氏にふさはしい様に名を変へやうと思へば裁判所の許可を得なければなりません」という。

「創氏改名」といわれる以上、法律上はともかく、事実上は改名も強制されたものと私は誤解していたが、むしろ改名は強制されなかった。『キムはなぜ裁かれたのか』の金完根も氏は金門と称したが、名は完根のまま変えなかったことが、この規定から理解できる。これは政策として矛盾しているようだが、後に検討したい。

その㈤は「期間内に氏を届出でなかつた場合はどうなるか」であり、このばあいは戸主の姓がそのまま氏となるという。洪中将のばあいがこれに該当する。すなわち、「創氏」といっても、届出による「設定創氏」と無届による「法定創氏」の二種があったわけである。

㈥は「氏が定まつたらどうなるか」。「例へば李大雨と言ふ戸主が川村と言ふ氏を設定したならば、その氏名は川村大雨となり、母も妻も子も孫も弟も娘も同一戸籍に在る者は皆川村となります」とある。これはこの制度の必然的な結果である。

その㈦は「一旦定まつた氏や名は変更できないか」という設問に対し、原則として変更はできないが、正当な理由があれば裁判所の許可を得て変更できる、と答えている。これもどうといった設問、回答ではない。

問題は上記の設問の㈥である。ここで洪中将の「絶対不応」は貫徹できない。江夫人はそれまでは夫人の父親の姓を称していたにちがいないが、㈥の回答の結果、洪夫人も「氏」として洪を名乗らなければならなくなったのであった。

さて、前記第四に「内地人式の氏を設けることが強制されて居るのではない」とあったが、「法定創氏」が定められていた以上は創氏そのものは強制であり、日本人式の氏に変えることが強制されない、という意味であった。しかも創氏といえば日本人式の二字の氏を創設することとうけとられ、これが事実上強制されたようにみえる。文定昌『軍国日本朝鮮強占三十六年史』には「総督府が創氏改名を強要した具体的な方法を六項にわたって述べている」と宮田節子・金英達・梁泰昊共著『創氏改名』は記し、六項を引用している。

「一、創氏しない者の子弟にたいしては各級学校への入学・進学を拒否する。

二、創氏しない児童にたいして、日本人教師は理由もなく叱責・殴打し、児童をして父母に哀訴させ創氏させる。

三、創氏しない者は、公私を問わず、総督府関係の機関にいっさい採用しない、また現職者も漸次罷免措置をとる。

四、創氏をしない者にたいしては、行政機関でおこなうすべての事務の取扱をしない。

五、創氏しない者は非国民または不逞鮮人と断定して、警察手帳に記入し、査察・尾行などを徹底的にするとともに、あるいは優先的に労務徴用の対象としたり、食糧その他物資の配給対象から除外する。

六、創氏をしない者の名前の書かれている荷物は鉄道局や丸星運送店で取扱わない。」

これは日本人式創氏をしない者に対する苛酷きわまる事実上の強制であり、「法の施行からわずか六カ月という短い期間に、全世帯の八割が新しい創氏名を届け出したとは驚くべき行政効果と言わざるを得ない」と前掲書に記されているが、こうした施策が採られれば、この程度の成果が得られるのは当然であろう。

それにしても、これにより朝鮮人社会に「氏」が導入されたことは間違いない。創氏の結果、朝鮮人社会における親族制度の基本をなす文化である「姓」は有名無実となった。このような伝統・文化の基本を破壊するような政策は、植民地統治の方策として愚劣きわまるものであり、朝鮮人の反感を招いても致し方ないものであった。

*

さてパーマー著『日本統治下朝鮮の戦時動員』を手がかりとして、特別志願兵制度、徴兵制度、労働動員について検討したいが、ジョージ・アキタ、ブランドン・パーマー共著、塩谷紘訳『「日本の朝鮮統治」を検証する　1910—1945』(草思社刊)はパーマーの前掲書に先立ち、冒頭にあるとおり「修正主義的な観点から日本の朝鮮統治を分析した」著書であり、これまでの民族史観を修正する立場から書かれている。同書に「日本の朝鮮植民地支配(一九一〇—四五年)に対する歴史認識が、ゆるやかながら変化しつつあることに議論の余地はない。日本による迫害と、それによって朝鮮が受けた犠牲に焦点を当てた研究に基づく民族史観的な論述は、一九五〇年代の初めから一九九〇年代の半ばまで、西側およびアジアにおける日本の朝鮮統治研究の世界を席巻した。だが一九八〇年代の半ばに入ると、韓国とアメリカにおいて少数の学者が国家の「近代化」を朝鮮の歴史研究の方法論として採用することになり、その過程で研究者たちは、朝鮮の人々が日本の植民統治の恩恵に浴したさまざまな側面を検証するようになったのだった」と記されていることをみても、修正主義史観がどういうものか理解できるであろう。

私は同書を読み、修正主義史観もまた、民族主義史観と同様、ある種の偏向があるように感じ、かなりの記述に同感できなかった。同書に続く『日本統治下朝鮮の戦時動員』も、同様に修正主義史観に立っているので、私には異論も多い。それでも、この時代の検証にきわめて有意義な著書であると信じている。

本書の著者は「はじめに」の章を次の挿話で書き起こしている。

「一九三九年六月二十二日、中国大陸に派遣された日本陸軍の旅団が、山西省《さんせい》西南部に位置し河南省《かなん》との境界をなす中條山脈の急峻な山岳地の一寒村を攻め落とした。だが、再編成された国府軍部隊は日没までに波状攻撃による反撃に転じ、日本軍は退却を余儀なくされた。この戦いで戦死した日本軍兵士の一人は、敵の手榴弾を受けて致命傷を負った李仁錫《イインソク》という朝鮮人兵だった。李は息を引き取る直前、戦友の手を握りしめると、「天皇陛下、万歳!」と叫んだと言われている。李上等兵は日中戦争並びに太平洋戦争（一九三七―四五年）で戦死した最初の朝鮮兵だった。だが、朝鮮人が日本帝国陸軍および海軍で軍役に服していたことを知る者は、国際社会ではごくわずかに過ぎない。

朝鮮併合（一九一〇年）がなかったら、李上等兵が日本軍の兵士として山西省で戦死することはおそらくなかっただろう。朝鮮人民の兵力並びに労働力としての召集・徴用は、朝鮮半島を支配していた日本政府の特権であり、西欧列強は植民地下の現地民の召集をごく普通に行なっていた。日本および韓国で得た情報によると、日本の植民地当局は日本軍の兵士あるいは軍属として少なくとも三十六万人の朝鮮人を召集し、さらに七十五万人を動員して日本国内の炭鉱や軍需産業で就労させた。また、朝鮮国内では、さらに百万人の朝鮮人が各種産業に必要な労働力として動員されたのだった。」

ことわっておかなければならないが、「天皇陛下、万歳！」と叫んで戦死した李上等兵は、いわば同化政策、皇民化の成功した例外的な朝鮮人であったにちがいない。内心まで日本人と同化し、朝鮮人意識を捨て去ることによって、日本人と同等の処遇をうけたいと切望した朝鮮人が存在したとしてもふしぎはない。しかし、私は、李上等兵はあくまでも例外的存在であった、と考える。だから、本書の著者の次のような記述となる。

「日本の当局者にとってのジレンマは、国家の権力増強のためには朝鮮人の兵士と労働者が必要と考える一方で、朝鮮統治に関わっていた官僚たちは、朝鮮人を思想と教育の両面で〝不健全〟とみなしていたため、彼らの戦時動員は果たして機が熟しているか、そしてそれが実際に有用なものになるかという点について懸念を持っていたことだった。」

「日本は戦時のほぼ全期を通して、朝鮮統治体制下の朝鮮人民の過度の反感を買わないよう、注意深く行動した。（中略）一方、動員に対する朝鮮人側の対応は、積極的な協力から断乎たる抵抗まで、幅広いものだった。多くの朝鮮人が、戦争経済が生んださまざまな職業や社会的な地位に就いた。工場労働者になることを選んだ者もいれば、警察官を含む多様な職種を選んだ者もいた。無数の朝鮮人が、日本帝国に奉仕することを強いられたが、逆に日本政府の戦時の要求にまったく従わなかった者も数多くいた。しかし、圧倒的多数の朝鮮人は、当局の強要と、無用の監視の目を避けるため、動員政策を既成事実とみなし、これに黙って従ったのだった。」

「植民地政府はたしかに強力な機関ではあったが、決して一枚岩でもなければ、全知全能でもなかった。植民地内の人民の生活の多くの面を支配したが、その権力には限界と弱点があった。すべての植民地体制を取り仕切る官僚機構は、たとえば一八五七年にインドで目撃されたように、植民地の人民が帝国主義勢力に対して蜂起するのではないかという不安につねに駆られつつ行動した。帝国主義諸国は、植民地化された人民に、民族としての政治意識、歴史観、そして忠誠心を捨てさせることなどできないことを、速かに悟ったのだった。」

冒頭の「植民地政府」は総督府を指し、「一八五七年にインドで目撃された」事件はセポイの反乱をいう。実際、総督府としては、一九〇七（明治四〇）年、第三次日韓協約が締結され、朝鮮が保護国となり、これにともなう韓国軍の解散にさいして生じた「義兵」騒動、併合後、一九一九（大正八）年、高宗帝の死去を契機とした三・一運動のような紛争の再発は何としても避けなければならなかった。個々の個人や企業により零細小作農が拡大再生産されることは放置できても、朝鮮人全般が影響をうける徴兵制や労働力の動員などには細心の注意を払わなければならなかった。

＊

「朝鮮人は、一九三七年以前は日本軍に召集されなかったが、これにはいくつかの訳があった。第一に、朝鮮には兵隊になることを忌み嫌う文化があったことだが、これは儒教社会である朝鮮ではエリート階層が長期にわたって兵役を免除されてきたことに起因する。一方、日本の場合は、エリートだった武士階級が存在した。このように、日本と朝鮮のそれぞれの文化において、兵士に関する社会的価値観はまったく逆だったのである。」

「朝鮮人が志願して兵籍に入ることが許されなかったもう一つの理由は、日本語が話せる若い男性の数があまりにも少なかったことだ。（中略）植民地時代の終末期に及んで、日本語で満足に意思疎通ができる朝鮮人は全男性の四分の一以下であることを示している。（中略）日本語ができない兵士は上官の命令が理解できないし、戦場では使い物にならないからだ。」

著者は会話能力を問題にしているが、読み書き能力も問題である。意思伝達は口頭に限られない。文書によることも多い。そう考えると、朝鮮の青年を日本軍の兵士として使用することは、ほとんど絶望的に思われる。これがすでに指摘した日本人小学校と朝鮮人普通学校を分け、朝鮮人を窮乏させてその就学率をきわめて低いものにとどめていた、総督府の失政の結果であった。

パーマーがあげる第三の理由も同じことである。彼はこう書いている。

「朝鮮人の兵役を妨げていた三つ目の理由は、おびただしい数の法律の壁だった。当時の兵役法では、兵士になる資格として六年間の小学校教育を明示していた。だが、朝鮮の学校は日本の学校と教育課程の仕組みが異なるため、朝鮮人は兵役を志願する資格がない者が大半だったのである。」

総督府が同化を建前としながら、差別を実体としたためにこのような結果を招いたのであった。ここでパーマーは「朝鮮人軍事動員の国際的な意味」と題して、「朝鮮兵の志願制度（一九三八―四三年）と朝鮮人徴兵制度（一九四四―四五年）を通して日本政府が実施した徴兵が当時の帝国主義のシステムの下では一般的に行なわれていたものであること」を詳細に説明しているが、そのことは私たちにとって何の弁解にもならない。

パーマーにしたがって次に朝鮮人特別志願兵制度を検討する。

「朝鮮人（陸軍）特別志願兵制度（以下、〝陸軍志願制度〟と略記）は日中戦争勃発の翌年、一

九三八年に発足した。同年から一九四三年までの間に、日本陸軍は八十万通の志願申請書を受け取り、一万七千六百六十四名の朝鮮人志願兵の入隊を許可した。一九四三年には、朝鮮人学徒特別志願兵制度（以下、〝学徒志願制度〟と略記）の下で六千二百三名の学生が応募し、軍は四千三百八十五名受け入れている。また、海軍特別志願兵制度（以下、〝海軍志願制度〟と略記）に九万人が応募し、そのうちの二千人が合格し、入隊を許された。」

「日中・太平洋戦争への朝鮮人の参戦は、韓国の学者たちが日本の植民地運営の最も抑圧的だった時代をどうとらえているかを理解するにあたって、きわめて重要な要素である。朝鮮人〝強制動員〟の研究者は、総督府の政策を朝鮮がすべての面で日本に牛耳られた悲惨な「強制と搾取の時代」の体験として描いてきた。これらの研究者は、ごく少数の対日協力者の場合を除けば、志願制度の下で受け付けられたすべての願書は強要された結果、提出されたものだと主張する。だが、それは事実ではない。（中略）朝鮮人民は日本の徴兵政策に無抵抗に恭順し、反応していたわけではない。彼らはむしろ、己の運命は己で支配し得る人間として、自らの意思で選択を行なったのである。また、志願制度の導入は、日本軍の朝鮮人兵士動員に対する取り組みが漸進的であったことを例証するものである。」

私はパーマーの見解に反対である。強要なくして、八〇万人が陸軍志願に応募し、六千人余の学生が学徒志願に応募し、九万人が海軍志願に応募することはありえない。この個所のパーマーの見解は、彼が後に引用する情報と矛盾する。たとえば、朝鮮総督府帝国議会説明資料（一九四一年一二月）は一七歳から二五歳以上までの年齢別に一四万五千人余の朝鮮人の志願動機を示しているが、「自発的」とされているのは、あらゆる年齢で三三%ないし三八%で、四〇%を超えない反面、「強制的」とされているのは、あらゆる年齢で四九%から六一%程度であった。パーマーは「軍籍に入る意思を積極的に表明した朝鮮人は、日本を愛する忠誠な皇民か、あるいは（経済的）日和見主義者かのいずれか、だった」、「日中戦争の初期から真珠湾攻撃直後の数カ月間の短い期間、日本軍が各地で連勝を続け、日本全体が民族主義的陶酔感に包まれると、朝鮮人の若者も次第に強い感化を受けるようになり、志願兵となるために応募することが高揚する気持ちの恰好の捌け口となった」と記し、「入隊できれば、三度の飯にありつけ」たという「貧困」や家計を助けるため、といった動機も記している。軍が一九四一年二月までに朝鮮人から受け取った二九三通の血判状の中で後の韓国大統領朴正熙が「私は肉体的にも精神的にも日本人になる用意ができており、天皇陛下のために喜んで命を捧げます」と書いたことをパーマーは記している。当時、朴正熙は日本陸軍士官学校に在学中であった。それ故、志願兵の全員が強制によるものであったというのも間違いだが、自発的に志願した朝鮮の若者もその動機はさまざまであった。

パーマーは「三つの志願制度の検証を通して、いくつかの重要なテーマが顕著となる。第一は、日本政府は朝鮮人を志願兵として動員するために必要な法体制を確立し、当初はそれをきちんと守っていたということだ」といい、「第二のテーマは、朝鮮人は志願制度の下で一律に意思決定能力を奪われたわけではない、という点である」といい、「第三のテーマは、総督府は朝鮮社会に対して絶対的な支配権を決して確立できていなかったことだ」という。

一九四三（昭和一八）年八月一日、朝鮮に徴兵制度が導入された。そのため総督府はあらゆる手段を用いて宣伝、宣撫工作を行なった。これが朝鮮人の心をどこまでとらえたかは疑問だが、実務的には二つの大きな問題があった。一つは朝鮮人の日本語理解力であり、もう一つは戸籍の不備であった。日本語理解力についてはこれまでふれてきたが、「一九四二年十月一日、総督府は五年間の小学校教育を終えていない十七歳から二十一歳の朝鮮人男子を対象に、必修にして無償の訓練を実施すると発表」、「一九四二年十二月一日、朝鮮内の七百十五の公立の訓練所と二十三の私営の訓練所で、訓練が開始され」「四三年までに、訓練所の数は二千六百九十九に増え、合計七万五千三百七十六名が登録されていた。日本には、さらに三百の訓練所があった。四四年には、訓練兵の数は四万千三百八十一名に減ったが、翌四五年には六万八千二百八十八名に増えている。終戦までに、二十一万名の朝鮮人の若者がこれらの訓練所で訓練を受けた」とある。

次の戸籍問題は、植民地時代以前、「日本には戸籍上の変化を当局に厳密に報告する伝統があった」が「朝鮮では——特に下層階級には——それがなかった。したがって、朝鮮の戸籍は、日本の基準で考えると植民地時代の当初から混沌としたものだったのである。」

「一九四二年の時点で、朝鮮の戸籍制度は徴兵の速やかな実施を妨げる三つの主要な問題を内包していた。一つ目の問題だが、総督府当局は朝鮮、日本、および満州在住の朝鮮人のうちの半数は戸籍に載っていないか、あるいは臨時の寄留先を登録していないと推定している。」「二つ目の問題は、徴兵対象者の出生にかかわる誤った情報だった。戸籍に記された年齢が対象者の実際の年齢と異なる場合が多かったのである。幼児死亡率が一六パーセントと高かった当時の朝鮮では、両親は生まれた子供が無事に育っていることを確信するまで地方当局に報告しない場合が多く、それが不正確な記載の一つの理由だった。」「三つ目の問題は、多くの家族が〝幽霊戸籍〟、または複数の戸籍を持っていたことだった。幽霊戸籍とは、家長不在を理由に家族が放棄した戸籍のことである。別の場合には、朝鮮人一家が引っ越してその地で新しい戸籍を取得したものの、古い戸籍があることを当局に通知しないことがあった。」

政府当局が京畿道とソウルで行なった戸籍の調査によると、一件につき平均二つの誤記があった、という。「一九四二年十月十五日、総督府は朝鮮人に対して、家族の記録の更新を義務づけて、戸籍の問題点を解消しようとし」、いくつかの方策を採ったが、「一九四三年後半の段階で、朝鮮人は一家の構成員の変更を八〇パーセントほどしか通達していないのではないか」と総督府は推定していた、という。

最後の問題は、徴兵制の施行の代償として一九四六年度以降に参政権を認める決定をしたことであった。これは日本の敗戦のため実現しなかったことはいうまでもない。これに関して、パーマーは「総督府としては、やろうと思えば、アフリカにおいてフランスとイギリスが採った方策に倣い、必要なだけの兵士あるいは労働者を拉致するか、あるいは初めから村々に人数を割り当てることもできた。だが、総督府はそうはせずに、日本文化に根ざす適法性の観念を基に、徴兵法を改正する道を選んだのだった」と書き、さらに「フランスが西アフリカで行なったような組織的な拉致という手段を講じなかった」と書いているが、パーマーのようなアメリカ人に、植民地住民の拉致といった発想もあることが驚異である。

徴兵制の実施に関するパーマーの記述からの抄記を続ける。

「一九四三年八月、軍は合計二十七万三千百三十九の召集令状を朝鮮の二十歳の青年たちに送付した。令状には、徴兵検査の日付と場所が記されていた。試験を受けるためには、徴兵対象者は令状を地方の軍事務所に返送する必要があった。土地によっては、警察官あるいは地方の役人が令状を対象者に手渡した。令状は日本語だったから、読めない若者もいたのである。令状が郵送ではなく手渡されたもう一つの理由は、着信を直接確認すると同時に、対象が中身を確かめずに姿をくらますことを阻止するためだった。召集令状の配達は、隙あらば逃げようとする対象者と、彼らが逃奔《とうほん》しないよう監視する当局との〝イタチごっこ〟の様相を呈することになった。そのような状況下で、朝鮮人男子は徴兵に甘んじ、検査を受けよという圧力にいたるところで直面した。警察当局、教育者、または愛国班の班長らが召集令状に応えなかった人間の家族を迫害するようになった。警官は徴兵忌避者の家に連日押しかけるのが常態となり、場合によっては家長を署に連行して尋問することもあった。息子が姿をくらましたことで職を失った父親もいた。

発送された合計二十七万三千百三十九通の召集令状のうちの二十三万千四百二十四通（八四・七パーセント）は、当局に返送された。返送されてこなかった四万千七百十五通の令状（一五・三パーセント）は、当時の戸籍制度に相変わらず問題があることと、徴兵忌避者が多いことを示していた。」

「朝鮮軍は、一九四四年の四月一日から八月二十日まで徴兵検査を行なった。朝鮮では検査に携わる医師が不足していたため、関東軍が満州から五十名の医師を派遣して検査を支援した。検査官は三つの点――健康状態、日本語力、そして精神力と思想的傾向――に絞って検査を行なった。」

検査の結果は甲種、乙種が合格、丙種、丁種が不合格であったことは日本国内と同じである。日本国内では元来は乙種も不合格であったが、合格数を増やすため乙種も合格とし、戦争末期には乙種を第一から第三までに区分したうちの第三乙種まで合格とした。私たちのばあいは、健康状態のみの検査だった。一九四五年、徴兵年齢が一七歳に引下げられ、私自身は徴兵検査に代る簡閲点呼をうけたが、健康状態の検査にさいし、性病、痔の検査がきわめて屈辱的であった。ちなみに私は第三乙種で合格と判定された。

こうした分類は朝鮮人についても同じだったと思われるが、「丙種合格者は第二予備役に配属された」とあるので、内地でも、あるいは同じだったのかもしれない。本書には「兵役免除扱いになる男子は日本より多かった」とあり、「朝鮮人の場合は、勤労動員は兵役に等しいものであり、それによって多くの朝鮮人が徴兵を免れている」し、「軍属として雇用された朝鮮人労働者も、軍務を免除された」という。

私自身に興味ふかいのは次の記述である。

「朝鮮の壮丁は、現役兵にならずに済むために、甲種あるいは第一乙種の等級分けを避けようと努めた。そのために、徴兵検査に出頭して病気のふりをしたり、聾唖者を装ったりした。また、視力検査で故意に不合格になった者もいた。一時的な不整脈を起こすために醤油を呑む者もいた。ある者は、レントゲン写真で肺に疾患があるように見せるために、胸部に鉛の粉末を塗った。」

不合格になるため苦労するのは朝鮮人も私たちも変りなかった。ここに挙げられる手段の中、確実なのは醤油を呑むことであった。私の友人の一人は醤油を呑んで不合格になった。他の方法は有効かどうか、私には疑問である。

「朝鮮人徴兵に関する研究の大半は、当局の強要と、徴集兵が払わされた〝犠牲〟に焦点を絞ったものである。だが、歴史の分かれ道が単純な二股である場合は極めて少ない。植民地当局が若者たちに徴兵検査を受けさせたことは否めない事実だが、強制的な手段だけに依拠したわけでもなく、総督府が朝鮮社会を完全に支配していたわけでもない。朝鮮人が自らの運命を自分で決める余地は残されていたのである。多くの朝鮮人男子が抵抗することなく召集令状に従って行動した。多くは、かなりの期間ためらったのちに入営している。だが、まんまと徴兵忌避をした者もいた。徴兵忌避は、もろもろの理由から多くの朝鮮人が下した選択であり、戦争の最後の年にはさらに増えた。」

「朝鮮人の男子の徴兵忌避にはもろもろの理由があったが、最も普遍的だった二つの理由は、家族への義務感の強さと日本政府の同化政策の失敗だった。」

総督府の同化政策の失敗はこれまで私が検証してきたとおりである。

本書には次のとおりの朝鮮総督府の資料が紹介されている。

「半島問題ノ特異性タル戸籍ノ不整備ニ基因スル無籍者復本籍者ノ存在、下層階級民ノ移動頻繁並ニ戸籍関係手続ノ不履行等ハ必然的ニ相当多数ノ所在不明者ヲ予想セラルル実情ニ在リタルヲ以テ、制度実施以来所在不明壮丁ノ調査発見並ニ全壮丁ノ掌握ニハ特ニ留意シ来リタルトコロナルガ、之ガ所在不明壮丁ノ調査ノ結果ハ昨年十二月一日現在九、七六七人ノ多数ニ達シタルヲ以テ、本年三月ニハ之ガ一斉調査計画ヲ樹立シ、本年度徴兵検査終了マデヲ調査機関《ママ》ト定メ、全鮮一斉ニ各関係機関ノ総力ヲ結集シテ継続的調査ヲ実施シタル結果、所在不明者中一、〇三八人ノ多数ヲ発見シ得タル……」

右は一九四四(昭和一九)年の作成にかかるもののようである。

「一九五三年に公開された厚生省の記録によると、日本軍によって動員された朝鮮人の兵士と軍属の総数は二十万九千二百七十九名だった。内訳は、十八万六千九百八十名が陸軍、二万二千二百九十九名が海軍だった。」

「朝鮮人徴集兵の総数を最も多く見積もっているのは、戦時の朝鮮問題研究の第一人者、樋口雄一氏で、氏が推定するところでは、その数は二十一万三千七百十九名である。樋口氏は、正規の徴兵に加えて、日本軍は合計五万八千名(一九四四年と四五年に、二万九千名ずつ)の予備兵を召集し、さらに二万二千名を軍関連の労働者として徴用した、と見ている。

朝鮮人民は、推定合計二十八万六千名から三十六万七千名が陸海軍兵士や軍属として日本の軍事力に貢献した。とはいうものの、彼らは日本の戦争遂行能力にほとんど益していない。」

「朝鮮兵の大多数(六三パーセント)は朝鮮に留まるか、日本本土に送られ、そこで戦闘支援部隊としての役割を果たした。(中略)一九四四年までに日本は守勢に立たされており、日本の輸送船は大方失われていたからである。」

それでも、少数の朝鮮人兵士が軍用機のパイロット等になったようである。本書に「朝鮮人民が尊敬と崇拝の極みを表わしたのが、朝鮮人の飛行士たち――それも、特に特攻隊員として戦死した男たち――だった。最初の朝鮮人特攻隊員が戦死したのは、一九四四年十月のレイテ沖海戦のさなかだった。新聞、雑誌、ラジオ番組はいずれも何カ月もの間この兵士の栄誉を称え、彼を〝もう一人の李仁錫〟（一九三九年六月二十二日に北支で戦死した最初の日本軍朝鮮兵）として書き立てた」という。特攻隊員が必ずしも自発的意思によったものではないにしても、特攻隊員として戦死した朝鮮人兵士が存在したことは、私には驚きであり、かつ、私の心を痛める。

次の記述は、パーマーがアメリカ人だったからこその見方を示しているように思われる。

「日本による植民地民の軍事徴用でユニークだった点は、朝鮮兵に単独の部隊を結成させず、日本人の部隊に組み入れたことだった。つまり、小隊、中隊、大隊の如何を問わず、朝鮮人だけからなる戦隊は不在だったのである。フランスおよびイギリスの植民地帝国は植民地民対象に人種別の部隊を設け、司令官だけをヨーロッパ人（つまり白人）にした。米軍にあっても、黒人もアジア系アメリカ人も一九四八年まで、人種別に構成された部隊にいた。（中略）戦前の資料に基づいて考えられる一つの説明は、軍当局は朝鮮兵の忠誠心と能力を信用していなかった、というものだ。具体的に言えば、当局は朝鮮人が日本軍の機密を中国またはソ連に漏らすか、あるいは亡命して日本との戦争に加担する可能性を危惧していたのである。」

私には朝鮮人部隊を編成しなかったことは、朝鮮人部隊が「義兵」化し、独立運動の契機となることを危惧したためとしか思われない。総督府の失政の原因の多くは、義兵騒動、三・一運動の再現をおそれて、つねに施策が不徹底に終ったことにあると私は考える。

実際問題として、一九四四年の後半までに陸軍から一七五名の朝鮮兵が脱走して中華民国軍指揮下の朝鮮人部隊「光復軍」に加わり、さらに三〇名が中国共産党の紅第四軍に吸収された事例があり、「平壌師団学兵事件」等失敗した抵抗運動も二、三おこったことをパーマーは記している。

「一九四五年八月十五日に戦争が終結したとき、朝鮮兵はかつて栄華を誇った広大な日本帝国の至る所で終戦を迎えた。彼らは日本国と天皇のために血と汗を流し、命を捨てた。日本を守るために死んでいった朝鮮兵の魂は、靖国神社に祀られている。日本のために軍務に就き、命を落とした朝鮮人の数は、これまでに熱い議論の的となってきた。日本の公式文書によると、日本軍で兵役に服した朝鮮兵のうちの二万二千百八十二名が戦死している。内訳は、五千八百七十名が陸軍で、三百八名が海軍、そして一万六千四名が軍属だった。」

ちなみに、戦死した当時、日本人であった彼ら朝鮮人は靖国神社に祀られたが、戦後、日本人でなくなったので、彼らの遺族に軍人恩給は支払われていない。一方、徴兵令を施行した当時の朝鮮総督で、A級戦犯として無期禁固刑をうけた南次郎には軍人恩給が支払われている。

＊

本書はその最終章である第四章を「朝鮮人の労働動員」と題し、その冒頭に次のとおり記している。長文だがあえて全文引用する。

「日本の戦争遂行努力に対する朝鮮人民の最大の貢献は、朝鮮、日本本土、東南アジア、太平洋地域における労働力の提供にあった。戦時下の朝鮮人に課せられた労働の実態は、朝鮮の植民地化から始まったそれまでの労働動向の延長として捉えるべきであると考える。日本が満州に深くかかわることになった一九三一年以降、日本の企業は朝鮮半島の北部一帯で急成長を遂げ、それに伴って何万人もの労働者がこの工業の中心地になだれ込んだ。そして、一九三七年に日中戦争が勃発すると、その後、朝鮮北部はめざましい産業化と都市化を見せることになった。一方、日本列島各地の日本企業もまた、生産レベルを維持するために朝鮮人の労働力を必要としていた。日本の企業では、一九三九年にはすでに労働力が不足していたのである。労働状況は、一九四一年十二月に日本が真珠湾攻撃を敢行したのちにさらに悪化した。何十万人もの日本人男子が軍に取られたからだ。一九三七年から四五年までに、朝鮮総督府は推定四百十万人から七百万人、さらに日本と南太平洋地域で百万人以上の朝鮮人労働者を徴用している。

民族史観に基づく論述は、いわゆる〝従軍慰安婦〟および北海道の炭鉱で勤務した朝鮮人労働者が被った犠牲を強調する。そして、このような立場をとる日本と韓国の研究者たちは、日本による朝鮮人労働力の調達と活用の手段を大西洋奴隷貿易（一六〜一九世紀）と同一視する。これらの朝鮮人が舐めた辛酸は決して否定されてはならないが、彼らの体験だけが朝鮮における戦時徴用の全容を物語るものではない。バランスの取れた研究には、併合以来の朝鮮の労働状況の全体像が含まれなければならないのである。戦時朝鮮の体験は、日本による搾取と朝鮮が被った犠牲という単純化された、二元的な見方に集約されてはならない。日本軍に入隊した朝鮮人の場合と同じように、労働者として徴用された朝鮮人もまた、動員の過程で自らの運命を切り開くために積極的に考え、行動した人々だったのである。

このテーマの分析のアプローチとして、日本による朝鮮人労働力の活用を奴隷制度の一形態とみなすことは、少なくとも以下の三点において間違っている――①そのような視点は、労働契約書に署名するとき、あるいは（徴用期間が通常二年だった契約書が失効する前後に）転職する際に朝鮮人労働者が持っていた選択肢を無視するものである。②多くの朝鮮人は、無償で働いたわけではなく、契約書に基づいて報酬を得ていた。③戦時中、朝鮮で労務に服した朝鮮人の体験は十分に検証されていない。朝鮮人の戦時体験を奴隷制度と同一視する研究者たちは、分析の対象を、労働環境が劣悪だった日本の炭鉱で働いた朝鮮人炭坑夫に絞る。確かに、炭鉱のように奴隷並みに働かされる過酷な労働現場があったことは間違いない。事実、不幸にして多くの朝鮮人（そして日本人）が、惨めな住環境・労働環境の中で日々生活し、搾取や心身の虐待にあえぎ、場合によっては無償で働くことを余儀なくされた。しかし、彼らの体験は朝鮮人の戦時体験の一部に過ぎず、決してその全容ではないのである。」

パーマーの見解を検討する前に、一言だけことわけておけば、彼は「戦時中、朝鮮で労務に服した朝鮮人の体験は十分に検証されていない」というけれども、渡日した朝鮮人が奴隷制度と同様の苛酷な労働を強制されたのであれば、それだけで私たちにはその償いをすべき責任がある、と私は考える。

そこで、朝鮮人労働者が転職する際に選択肢を持っていたか、契約にもとづく報酬を正当に支払われたかどうか、などを検討したい。

*

「一九三七年七月の日中戦争勃発後の数カ月に、近衛文麿内閣は経済統制の強化に踏み切った。三八年四月、内閣は国家総動員法を制定し、翌月、それが朝鮮でも施行されることを決定した(同法が実際に朝鮮に適用されたのは、四五年)。この法律によって労働を含めて、政府による全面的な経済統制システムが確立され、朝鮮半島における戦時動員の法的根拠が生まれた。だが総督府は、日鮮間の多大な経済格差ゆえに、同法を限定的にしか適用できなかった。」

「朝鮮で総動員法が制定されるにあたって、日本と著しく異なっていた点は、労働者の徴用が三つの方式――企業による直接募集、官斡旋式募集、そして労働徴用――に依拠したことである。

日本の徴用では行なわれなかった最初の二つの方式が採用されたのは、政府が朝鮮の特殊な経済・社会状況を考慮していたことを示すものである。戦争末期の数年までは、朝鮮の民衆は精神、愛国心、教育のいずれの面から見ても日本の戦争遂行努力に貢献するには準備不足だったため、日本政府の行動は慎重かつ抑制されたものとなった。」

「国家総動員法の下で行なわれた朝鮮人労働者動員の第一段階は、民間企業による直接募集であり、個々の企業が政府の監督下で募集を任された。これは現行の従業員募集の慣行を踏襲するものだったが、それまでよりも公的な色合いが強かった。植民地当局は、政府が指定した地域内で、直接あるいは職業紹介業者を通して必要な数の労働者を徴用できるように、人数割り当て制を導入した。〝直接雇用〟とは、企業が新聞広告、ビラ、チラシを使い、あるいは口伝えや自社従業員の家族のコネを利用して、指定地域内で募集活動を展開することを意味した。希望者は仲介業者抜きで、企業と直接契約した。警察官や労働事務所は農民の就職を支援し、企業の人集めにも一役買った。しかし、朝鮮半島の地方の役人は、その代償として、企業の採用担当者にしばしば賄賂をせびったのだった。

直接雇用で必要な数の労働者を確保できなかった場合、企業は斡旋業者を使って不足分を補い、彼らに手数料を支払ったが、業者の多くは朝鮮人だった。北海道炭礦汽船会社の場合、一度の出張で五名以上の従業員を確保した業者に報奨金と旅行券を与えている。業者は、労働者と企業の双方が署名した雇用契約書の写しを、一名につき一通確保することを求められた。場合によっては、業者が村から会社まで入社予定の労働者に付き添っていくこともあった。

直接雇用は、建前上は民間企業にかかわる話だったが、総督府の官僚機構はこれに深くかかわった。総督府は労働者を雇用できる地域を指定していたため、当該地域の人口動態についてほとんど何も知らない企業の雇用担当者は、必然的に郡や村の当局――すなわち、警察、愛国班の班長、(戸籍を管理していた)役場の担当官や村長など――に労働力となりそうな男たちの所在を尋ねることになった。警察官は、雇用可能な男とその家族のもとを何の前触れもなしに頻繁に訪れては圧力をかけ、雇用契約書に署名するよう働きかけた。いったん署名が終わると、斡旋業者と役人たちが必要な書類を作成した。多くの斡旋業者が、労働者を集めさせるため、金や女や酒を餌に地方の役人を買収した。業者は、リクルートする相手の同意を得るために、大体はごまかしや〝虎(つまり、政府)〟の威を借りる手段に頼った。ごまかしに関して言えば、彼らは実際より高い報酬を約束したり、実際より短い就労期間を口にしたり、作業内容を偽ったり、(危険な任務であることを承知の上で)労働環境は絶対に安全であると言ったり、職場の外でも教育を受けられる、などと偽ったのだった。そのようなやり方で、業者は正直な商慣行を無視し、ひたすら割り当てられたノルマをこなすことに集中したのである。結果、労働者は現実に不満を抱き、企業は適任の労働者を雇用できなかった。」

失敗に終ったにしても、総督府が出先官署、警察等を利用して、朝鮮人労働者を日本に送りこんだことは、「強制連行」とまで言えないにしても、その結果について、日本政府および日本人に、民間企業による直接募集のばあいといえども、重い責任がある、と私は考える。

官主導による雇用形式のばあいは、責任はもっとはっきりしている。この制度を支える「二本柱は、職業紹介所と朝鮮労務協会だった。(中略) 職業紹介所を通して動員された労働者の数(企業による直接雇用、官主導の雇用、徴用を含む)は、一九三七年の一万二千名から四二年には五万二百八十九名に増えている」という。パーマーが本書で紹介している、常磐炭鉱に雇われた斡旋業者の談話は私を慄然とさせるものであった。

「朝鮮人労務者は南鮮しかないんですね。北鮮は工業地帯だからほとんどいない。すると南鮮では各道《どう》の道庁に常磐炭鉱から何名ほしいからよこせと行く。と、道庁ではどこの群《ママ》に一番遊んでいるのがいるかを知っているので郡に行く。郡から又村(面ということです)に夫々お前のところから何名というように命令す《ママ》。すると、面長さんは大概日本人なんです。すると面長は責任を以って強制的に何月何日までにその人数をかりたてるんです。その家の長男であろうが何が構わない。それでこちらから日本の募集人が募集の書類を持っていくと絶対です。募集係はそれを引率するだけです。ただ、途中汽車からとびおりるのが多くてね。そういうわけだから集まるわけです。」

パーマーは「文盲だった多くの農民たちは徴用されるにあたり、日本語で書かれた法律の文書を読めなかった。また、こうして徴用された農民たちの多くは、わが身の事情を家族に伝える時間的な余裕がなかった。そのため、彼らには〝強制連行された〟という認識が生まれた」と記しているが、この記述は些か不可解である。前記談話は徴用でなく、官主導の雇用方式について、右のような行為が行われたというのであるから、パーマーの記述は混乱しているという他ない。官主導の雇用においても「強制連行」が行われたのであった。

一九四二年、当時の内閣は国民徴用令を朝鮮にも適用した。「徴用令には二つのタイプがあった。一つは、特定の仕事への労働者の徴用を命ずるものであり、もう一つは労働者が現職を離れることを禁ずるものだった。前者の下では、総督府が各道《どう》に必要な労働者の数を割り当てた。」なお、戦争が激化するにつれて、政府は被徴用労働者との間で結んでいた二年あるいは三年間有効の契約を、一方的に延長し、主要産業が十分な労働力を維持できるようにした、とパーマーは記している。

そこで、いったい総数何人の朝鮮人労働者が来日したか、を見ることとする。本書の表4・1「官斡旋方式で企業に採用された朝鮮人の数」は一九三九年から一九四五年までの間、総計三八二、五三七名、表4・2「朝鮮人徴用の年と場所」には一九四一年から一九四五年までの間二二二、〇八二名とあるので、その合計は六〇万人余となり、これに民間企業によって直接募集され、応募した数を合わせると総計となるはずである。一方、同書には次のようにある。

「表4・3と表4・4は、合計九十万七千三百名の朝鮮人労働者を日本の企業に送ることが目論まれた労務動員計画の、相対的な成功と失敗を記すものである。このうち、調達された労働者の数は七十二万四千八百七十五名（七九・九パーセント）で、実際に日本に着いたのは六十万四千四百二十九名だった。徴用されたのに指定された日本の勤務先に到着しなかった十二万四百四十六名の男子のうちの大半は逃亡するか、契約を無視して朝鮮に留まるかしている。朝鮮人労働者の数が割り当て数に満たなかったもう一つの要素は、ノルマに追われた斡旋業者らが、徴用される資格がないとか、あるいは健康状態に問題のある者にまで契約書に署名させたことだった。一万六千名近い被徴用労働者が、身体検査およびメンタルテストの結果、感染症を患っている、あるいは治安に対する脅威となり得るとの理由で、日本到着時に入国を拒否されている。」

私が本書を手がかりとして用いてきたのは、修正主義的偏向に注意すれば、第三者の眼から見た朝鮮人労働者の動員を検討する材料たりうると考えたからだが、統計資料等の分析・検討に関しては必ずしも信用していない。山田昭次・古庄正・樋口雄一共著『朝鮮人戦時労働動員』（岩波書店刊）は、各種の資料を検討した結果、一応、「日本「内地」への朝鮮人戦時労働動員総数は約六七万人と推定できよう」と記した上で、なお検討の余地ある旨を言い、「内地」の朝鮮人軍事要員が六万九九九七名であったとし、「「内地」への労働動員と軍要員・兵士の軍事動員の総数は八〇万人以上になるであろう」と結んでいる。推定労働者数と軍事要員数を加えても約七四万人であるから、なお計算漏れが六万人余あるということは、私は容易に納得できないのだが、批判能力がないので、山田昭次他著の記載を信じることとする。

*

さて、来日した朝鮮人労働者の労働状況を見ることとする。本書には「一九四一年十月、内地の炭鉱産業が擁した労働力は三十二万三千六百九十二名だったが、このうちの四万九百三十六名（十二・七パーセント）が朝鮮人で、彼らの多くは北海道にいた。三年後には、炭鉱労働者は四十万八千百五十九名に増え、そのうち朝鮮人炭鉱労務者は十三万四千四百七十七名（三三パーセント）に上った。だが、数の増加もさることながら、彼らが総じて危険な持ち場で働いていた点は特記すべきと考える。朝鮮人炭坑夫の三分の二は、切羽《きりは》と呼ばれる地下の石炭採掘現場にいたのである。（中略）日本人労働者の後釜として採用された朝鮮人労働者は、おおむね、教育、職業訓練、経験の点で劣っていたため、生産性が損なわれた。日本人の熟練工を朝鮮の農民（あるいは日本人学徒）で補った結果、各産業の生産力は質・量ともに打撃を受けたのだった」という。その続きを読む。

「一方、募集する側も、労働者の訓練や資質ということにはほとんど関心を払わなかったため、質的に劣る労働者の集団が出現することになった。一九四三年の時点で、三年以上同じところに勤務する工場労働者、炭鉱労働者はわずか二〇パーセントに過ぎず、全工業労働者の約半分は一年以下、一年から二年間の者は三〇パーセントに過ぎなかった。朝鮮人労働者の大半は、契約が満期になると同時に炭鉱や工場から去って行った。これは、とりわけ炭鉱業にとっては手痛い損失だった。新人が熟練炭坑夫の八割ほどの効率で働けるようになるには、二年の歳月を要したからである。優秀な労働者を職場に留めておき生産性を維持するために、多くの企業は（政府の支援を得て）一方的に雇用契約を延長した。」

パーマーが「日本による朝鮮人労働力の活用を奴隷制度の一形態とみなすこと」を間違いとする理由の第一として、「労働契約書に署名するとき、あるいは（徴用期間が通常二年だった契約書が失効する前後に）転職する際に朝鮮人労働者が持っていた選択肢を無視するもの」と記していることは前述したとおりだが、二年の契約期間を多くの企業が政府の援助の下に一方的に延長したというのであれば、「間違い」とする理由の第一と矛盾し、この理由は成り立たないこととなる。外村大『朝鮮人強制連行』では「ほとんどは強要によって契約更新がなされたと見るべきであろう」と記しているが、多くのばあい、契約更新が強制されたのではないか。

また、山田昭次他の前掲書は、石炭統制会の資料により「日朝鉱夫の稼働率格差」を示し、「これによれば、両者の稼働率格差は三・二％でそれほど大きくないようにみえる」が、「坑内労働者が八五％をしめる朝鮮人と坑外労働が六〇％をしめる日本人との比較であって」たんに稼動率の格差を見るのは正しくない、としている。この坑内、坑外の労働に日朝鉱夫が占める割合は驚くべき格差であり、朝鮮人差別である。坑内労働が坑外労働に比べ、危険も高く、はるかに辛いことは誰もが知るところである。

しかも同書によれば、「炭鉱の労働時間は普通一二時間であった。しかし、割当量（ノルマ）があり、それを達成しなければ地上には上がれなかった」とある。さらに「朝鮮人は怪我や病気で仕事を休むと食事が与えられなかった」と記し、「民族差別を内包した苛酷な労働、暴力的就労強制と坑内での監視、生存を不可能にするような傷病者の食生活、これらの民族差別は強制労働の重要な側面をなす」とも記している。

同書の「労働災害と民族差別」の項では、二〇〇五年一月一八日付『毎日新聞』を引用し、「韓国政府が公開した日韓会談の記録によると、戦時動員された労働者中死亡者一万二六〇三名、負傷者七〇〇〇名となっている」という。同書は「日本人との死亡率格差も重要である」と言い、「日本人の業務上死亡率は〇・六〇％、朝鮮人のそれは〇・七〇％となり（中略）日朝鉱夫間の死亡率格差は小さい」が、「坑内比率八四・五％の朝鮮人鉱夫の死亡率と坑内比率四二・二％の日本人鉱夫の死亡率がそれほど違わないということは、相当数の炭鉱が朝鮮人の死亡者を申告していない結果とみなければならない」としている。この記述では推測の域を出ないと思われるが、続いていくつかの資料を示し、「朝鮮人の地下死傷率は全体の七三・一%で日本人の二・七倍に達し、死亡者数は日本人四名に対して朝鮮人一六名であった（守屋敬彦、六二―六三頁）。これが日朝鉱夫間の死傷率格差の実態であろう」と続けている。

同書は別の個所で朝鮮人の坑内比率を八五%と記し、ここでは八四・五%と記すような数値の不一致があり、死亡者比率と死傷者比率とを同様に記し、死亡者について「日本人四名に対して朝鮮人一六名」という絶対数でのみ示していることに、私は大いに不満を感じる。

その原因はおそらく著者にあるわけではなく、信頼すべき資料の不足、不備、不整合にあるのであろう。じつをいえば、こうした数値の違いを私はまったく重視していない。朝鮮が植民地であったために、朝鮮人が強制連行ないしそれに近いかたちで来日し、労働を強制されたことが問題であり、労働を強制した事実に歴史認識の基本的問題があると考える。死亡率等は研究者の研究成果をそれなりにうけいれれば足りる。

朝鮮人の所遇については、賃金その他の差別があったことも多くの研究者が指摘している。賃金からの強制貯金について、「戦時労働動員された朝鮮人の半数以上、地方によっては七割以上が愛国貯金や強制貯金や厚生年金保険脱退手当金等の積立金を受け取れなかったことになる。韓国政府発表の未払金申告労働者一〇万五一五一名は企業が未払金をもつ元朝鮮人労働者の一部にすぎない。その上、敗戦後に帰国した「終戦帰国者」に対しても関係企業は未払金の清算をしなかった」と山田昭次他著の前掲書に記されている。同書に次の説明がある。

「朝鮮人の貯金はすべて強制貯金であった。明治鉱業株式会社平山鉱業所を例にとると、国民貯金は愛国貯金、強制貯金、普通貯金の三種類であった。

愛国貯金は賃金から一ヵ月八円七五銭（独身者の場合）を控除し、これを随時「事変公債」または「貯蓄債券」の購入にあて、購入した債券は本人の名義別に会社において保管するが、本人退職の場合の外は渡さないというものである。

強制貯金は愛国貯金の外に各人三〇円の貯金額まで強制として毎月一〇円を賃金から積み立てこれを会社が預かるというもので、協和会長の許可がなければ本人の退職の場合の外引き出すことができないとされていた。年利子は七分であった。

貯蓄額三〇円（愛国貯金を除く）を超過する金額の貯金については本人の随意であるが、できるだけ自発的貯金を励行させる。これが普通貯金である。この貯金も会社貯金で年七分の利子が付く（田中直樹、六一二―六一三頁）。

三種類の貯金のうち普通貯金は強制貯金ではないかに見える。しかしこれも「右は本人に於いて止むを得ず引き出すの実情ありと認めたる時は随時これを払い戻すものとす」との付帯条項があり、結局会社が認めた場合にのみ引出しが可能であった。」

前述のとおり、これらの貯金を半数以上の朝鮮人労働者は受け取れなかった。

この事実は、パーマーが奴隷労働でない理由の第二としてあげている「多くの朝鮮人は、無償で働いたわけではなく、契約書に基づいて報酬を得ていた」という説明が不正確であることを示している。

その他、戦時下の朝鮮人の労働動員については問題が多い。しかし、それらは派生的問題であり、朝鮮が植民地とされていたからこそ朝鮮人に労働を強制することができたのであり、植民地としたことに歴史認識の基本問題がある、と私は考える。

第六章　『日本軍「慰安婦」関係資料集成』上・下巻

日韓歴史認識問題に関する私の感想の最後を、いわゆる「従軍慰安婦」問題に対する考察でしめくくりたいと思う。

かつて私は吉見義明『従軍慰安婦』（岩波新書）を読み、私なりに納得していた。ところが最近、朴裕河『帝国の慰安婦』（朝日新聞出版刊）と熊谷奈緒子『慰安婦問題』（ちくま新書）を読み、大いに啓発された。この機会に、従軍慰安婦問題に関する多くの著述を読み、それらからも教えられることがあった。その中には、たとえば、『証言　強制連行された朝鮮人軍慰安婦たち』（明石書店刊）も含まれ、興味ふかい証言を読むことができた。同書の序にあたる安秉直《アンビョンジク》の「調査に参加して」に「調査を検討するうえで非常に難しかった点は、証言者の陳述がたびたび論理的に矛盾することであった。すでに五十年前のことなので、記憶ちがいもあるだろうが、証言したくない点を省略したり、適当に繕ったりごちゃまぜにしたりということもあり、またその時代の事情が私たちの想像を越えていることもあるところから起こったことと考えられる。この中でも調査者たちを困らせたのは、証言者が意図的に事実を歪曲していると思われるケースだった。私たちはこのようなケースに対処するために、調査者の一人ひとりが証言者との間に信頼関係を築くことによってそのような困難を克服しようとした。そうして大部分の場合は意図した成果を得ることができたが、どうしても調査を中断せざるを得ないケースもあった。こんな場合は、次の機会に再調査することを約束するしかなかった。私たちが調査を終えた十九人の証言は、私たちが自信を持って世の中に送り出すものである」といういうきわめて学問的で良心的な文章がある。それでも、これらの証言に私は疑問を拭いきれなかった。これに反し、鈴木裕子・山下英愛・外村大編『日本軍「慰安婦」関係資料集成』上・下巻（明石書店刊）はほとんどが原資料なので、これを手がかりとし、前述の朴裕河、熊谷奈緒子両氏の著書を参照しながら、私の考えをまとめることとした。

＊

私は一九九三（平成五）年、河野洋平官房長官が発表した、いわゆる河野談話は、従軍慰安婦の問題に関する限りにおいて、私たち日本人の責任を認めるのにほぼ充分な表現であったと考える。以下、念のため紹介する。

「今次調査の結果、長期に、かつ広範な地域にわたって慰安所が設置され、数多くの慰安婦が存在したことが認められた。慰安所は、当時の軍当局の要請により設営されたものであり、慰安所の設置、管理及び慰安婦の移送については、旧日本軍が直接あるいは間接にこれに関与した。慰安婦の募集については、軍の要請を受けた業者が主としてこれに当たったが、その場合も、甘言、強圧による等、本人たちの意思に反して集められた事例が数多くあり、更に、官憲等が直接これに加担したこともあったことが明らかになった。また、慰安所における生活は、強制的な状況の下での痛ましいものであった。

なお、戦地に移送された慰安婦の出身地については、日本を別とすれば、朝鮮半島が大きな比重を占めていたが、当時の朝鮮半島はわが国の統治下にあり、その募集、移送、管理等も、甘言、強圧による等、総じて本人たちの意思に反して行われた。

いずれにしても、本件は、当時の軍の関与の下に、多数の女性の名誉と尊厳を深く傷つけた問題である。政府は、この機会に、改めて、その出身地のいかんを問わず、いわゆる従軍慰安婦として数多くの苦痛を経験され、心身にわたり癒しがたい傷を負われたすべての方々に対し心からお詫びと反省の気持ちを申し上げる。また、そのような気持ちを我が国としてどのように表すかということについては、有識者のご意見なども徴しつつ、今後とも真剣に検討すべきものと考える。

われわれはこのような歴史の真実を回避することなく、むしろこれを歴史の教訓として直視していきたい。われわれは、歴史研究、歴史教育を通じて、このような問題を永く記憶にとどめ、同じ過ちを決して繰り返さないという固い決意を改めて表明する。」

朴裕河は、この河野談話の引用に先立ち、「「河野談話」は謝罪を示しながらも、「強制連行」

を認めているわけではない」と述べ、談話を検討した後、次のとおり記している。「日本政府は、朝鮮の女性たちが日本軍の性欲を解決する道具になっていた理由が「朝鮮半島が日本の統治下にあった」結果、つまり植民地支配という精神的強制体制のもとでのことだったと認めていた。これは、朝鮮人慰安婦問題をめぐる実態を正確に見届けたという点、そのうえで責任を回避・縮小しようとしなかった点で、評価すべきであろう。」

私は従軍慰安婦の問題は、わが国が朝鮮半島を植民地とした過誤に原因すると考えている。いうまでもなく、これは朝鮮人慰安婦に限っていっていることで、他の日本軍占領地域における従軍慰安婦の問題とは区別すべきことである。それ故、朴裕河が「植民地支配」のもとで起こったことだということは理解できるが、「植民地支配という精神的強制体制のもとでのこと」だという「精神的」という意味は私には理解できない。いわゆる皇民化により、朝鮮人は日本人とみなされていたし、総督府の全面的統治下にあった。零細小作農の拡大再生産は総督府の失政の結果だが、こうした朝鮮農民の窮乏が、従軍慰安婦に応募するさい、甘言があったにせよ、なかったにせよ、また直接の応募であったにせよ、それ以前から人身売買され公娼となっていた、その抱え主から転売されたにせよ、そうした状況に彼女たちを追いこんだのであった。ただ、結論を急いではなるまい。

＊

『日本軍「慰安婦」関係資料集成』上・下巻（以下『資料集』という）には、中国大陸における陸軍兵士の中国人女性に対する強姦事件等の軍法会議の判決が相当数掲載されており、こうした事件の頻発が「慰安所」設置の契機となったことを窺わせるが、軍法会議の判決による処罰は意外に軽い。強姦だけならおおむね懲役一年である。たとえば、

「被告人ハ今次支那事変ニ際シ充員召集ニ応召シ、昭和十二年九月一日肩書所属連隊ニ編入セラレ（中略）同年十一月十日上海ニ上陸シ、爾来部隊ト共ニ中支那各地ニ於テ転戦シ同年十二月二十六日ヨリ浙江省呉興県湖州ニ宿営中、同月二十七日午後零時三十分頃飲酒酩酊ノ上湖州城内ヲ散策中、路傍ニ於テ購入シタル生魚ヲ調理セント同城内楊樹街第八号章○○方ニ立越シタル際、同家屋内ニ於テ裁縫中ノ同人妻章△△（当三十二年）ノ姿ヲ認メ俄ニ春情ヲ催シ之ヲ姦淫セント欲シ、所携ノ銃剣ヲ擬シテ同女ヲ畏怖セシメタル上之ヲ寝台上ニ押倒シテ姦淫ヲ遂ゲ其ノ儘同家ニ留リ居タルガ、同日午後五時頃帰隊ニ際シ再ビ同女ヲ姦淫セントシ暴力ヲ用ヰテ同女ヲ寝台ノ側ニ引張リ之ヲ同所ニ押倒シ強テ其ノ袴ヲ剥取リタル際、憲兵ニ発見取押ヘラレ姦淫ヲ遂ゲザリシモノナリ」

という事件について、「強姦既遂ノ点ハ刑法第百七十七条前段ニ、其ノ未遂ノ点ハ同法第百七十九

条第百七十七条前段ニ各該当シ、連続犯ナルヲ以テ同法第五十五条ヲ適用シテ強姦既遂ノ一罪トシ其ノ所定刑期ノ範囲内ニテ処断スベキトコロ其ノ犯行ノ経路ハ判示ノ如クニシテ偶然被害者章△△ノ姿ヲ認メ酒興ニ乗ジ情交ヲ迫リ遂ニ其ノ軌ヲ逸シ判示ノ如キ犯行ヲ敢テシタルモノナリ、而シテ今ヤ被告人ハ飲酒スルヤ放縦淫逸トナリ好デ婦女子ニ狎戯スル自己ノ習癖ニ鑑ル所アリテ深ク飲酒ノ慎ムベキヲ覚リ禁酒ヲ誓ヒ将来ニ於テ自信ヲ期スル所アラントスルヲ以テ被告人ノ犯罪情状憫諒スベキモノアリト認メ、刑法第六十六条第七十一条第六十八条第三号ヲ適用シ其ノ刑ヲ酌量減軽シタル刑期範囲内ニ於テ」懲役一年に処断すべきものと判断したという。

私は二・二六事件の軍法会議にみられたように軍人・兵士の犯罪については特別の刑罰法規と手続が定められていたのではないかと想像していたが、事実は軍人・兵士の犯罪についても一般人に対すると同様の刑法が適用されたようである。現行刑法では強姦罪は三年以上の有期懲役と定められているが、当時は二年以上の有期懲役だったようである。

それにしても、私はこの判決に烈しい憤りを覚える。当初の強姦から被害者の住居に四時間も居座り、帰り際に二度目の強姦を試みようとしているのだから、連続犯とみるのは疑問ではないか。むしろ、強姦、強姦未遂の他、住居侵入罪に問われてもよいのではないか。本人が酒癖の悪いことを自覚した上での犯罪なのだから、情状は酌量すべきではなく、むしろ悪質とみるべきではないか。

こうした犯罪者に対する処罰が、その犯罪の性質上、軽きにすぎるけれども、占領地における犯罪という点において、配慮を欠いているのではないか。いわゆる支那事変が侵略戦争であることはしばらく措くとして、少しでも中国市民の敵意、反日感情をなだめるためには、特別な立法により、この種の行為については、公然、絞首刑にするような苛烈な処罰を課すべきだったのではないか。

この種の強姦罪に対する処罰がおおむね懲役一年であることは、すでに見たとおりだが、それはすべて情状酌量による減刑の結果であり、『資料集』所収の判決にみる限り、酌量すべき情状が存在するとは思われない事件ばかりであるといっても過言でない。これは軍法会議の大局観を欠いた、兵士に対する過剰な同情によるとしか思われない。

じつは、軍上層が私と同様の感をいだき、状況を憂慮していたことが北支那方面軍参謀長の「軍人軍隊ノ対住民行為ニ関スル注意ノ件通牒」と題する文書に示されている。『資料集』に一九三八年六月二七日付で収められている。この通牒は次のとおりである。

「一、軍占拠地内ノ治安ハ徐州会戦ノ結果一時好転セシヤニ看受ケラレシモ最近ニ至リ山東省方面ニ於ケル交通線ノ〔破壊〕復ビ盛トナリ又北部京漢線西方地区共産遊撃隊ノ活動ハ北京北方地区ヲ経テ従来ノ平和境冀東方面ニ迄拡大セラルル等再ビ逆転ノ傾向ヲ示シツツアリ、治安回復ノ前途実ニ多難ナルヲ覚エシム

二、治安回復ノ進捗遅々タル主ナル原因ハ後方安定ニ任ズル兵力ノ不足ニ在ルコト勿論ナルモ一面軍人及軍隊ノ住民ニ対スル不法行為ガ住民ノ怨嗟ヲ買ヒ反抗意識ヲ煽リ共産抗日系分子ノ民衆煽動ノ口実トナリ治安工作ニ重大ナル悪影響ヲ及ボスコト少シトセズ

而シテ諸情報ニヨルニ斯ノ如キ強烈ナル反日意識ヲ激成セシメシ原因ハ各所ニ於ケル日本軍人ノ強姦事件ガ全般ニ伝播シ実ニ予想外ノ深刻ナル反日感情ヲ醸成セルニ在リト謂フ、

三、由来山東、河南、河北南部等ニ在ル紅槍会、大刀会及之レニ類スル自衛団体ハ古来軍隊ノ掠奪、強姦行為ニ対スル反抗熾烈ナルガ特ニ強姦ニ対シテハ各地ノ住民一斉ニ立チ死ヲ以テ報復スルヲ常トシアリ（昭和十二年十月六日方面軍ヨリ配布セル紅槍会ノ習性ニ就テ参照）従テ各地ニ頻発スル強姦ハ単ナル刑法上ノ罪悪ニ留ラズ治安ヲ害シ軍全般ノ作戦行動ヲ阻害シ累ヲ国家ニ及ボス重大反逆行為ト謂フベク部下統率ノ責ニアル者ハ国軍、国家ノ為メ泣テ馬稷《ショク》ヲ斬リ他人ヲシテ戒心セシメ再ビ斯ル行為ノ発生ヲ絶滅スルヲ要ス若シ之ヲ不問ニ付スル指揮官アラバ是不忠ノ臣ト謂ハザルベカラズ

四、右ノ如ク軍人個人ノ行為ヲ厳重取締ルト共ニ一面成ルベク速ニ性的慰安ノ設備ヲ整ヘ設備ノ無キタメ不本意乍ラ禁ヲ侵ス者無カラシムルヲ緊要トス」（原文に濁点を付した。）

五、六項は省略する。

こうした憂慮の下に慰安所設備が求められたのだが、『資料集』には、右の通牒に先立ち、一

九三八年三月四日付の「軍慰安所従業婦等募集ニ関スル件」と題する陸軍省兵務局兵務課起案の文章が収められている。「副官ヨリ北支方面軍及中支派遣軍参謀長宛通牒案」と記されているので、あくまで案であって、実際発せられたものではないかもしれないが、陸軍省がどのように事態を把握していたかを示すには充分である。

「支那事変地ニ於ケル慰安所設置ノ為内地ニ於テ之ガ従業婦等ヲ募集スルニ当リ故ラニ軍部諒解等ノ名儀ヲ利用シ為ニ軍ノ威信ヲ傷ツケ且ツ一般民ノ誤解ヲ招ク虞アルモノ或ハ従軍記者、慰問者等ヲ介シテ不統制ニ募集シ社会問題ヲ惹起スル虞アルモノ或ハ募集ニ任ズル者ノ人選適切ヲ欠キ為ニ募集ノ方法、誘拐ニ類シ警察当局ニ検挙取調ヲ受クルモノアル等注意ヲ要スルモノ少カラザルニ就テハ将来是等ノ募集等ニ当リテハ派遣軍ニ於テ統制シ之ニ任ズル人物ノ選定ヲ周到適切ニシ其実施ニ当リテハ関係地方ノ憲兵及警察当局トノ連繫ヲ密ニシ以テ軍ノ威信保持上並ニ社会問題上遺漏ナキ様配慮相成度依命通牒ス」

当時の日本は公娼制度であった。江戸時代以来女衒《ぜげん》といわれる、女性を遊女屋に斡旋することを業とする者が存在した。軍が自ら慰安婦を募集しなくても、こうした斡旋業者を利用して慰安婦を集めるのが簡便であった。このさい、「軍部諒解等ノ名儀ヲ利用シ為ニ軍ノ威信ヲ傷ツケ」とは、従軍慰安婦を募集していることと矛盾するが、軍隊の威力を利用しないでもらいたい、こっそり集めたいといった趣旨であろう。斡旋業者も適切な者を選ばないと、悪質な業者が誘拐して警察沙汰になるおそれがあるから、注意してもらいたい、という。そうした配慮を払ったとはいえ、慰安所設置は日本政府の全面的了解にもとづいて行われた。一九三八年一一月四日付「支那渡航婦女ニ関スル件伺」と題する内務省警保局の名義の書面を『資料集』から引用する。

「本日南支派遣軍古荘部隊参謀陸軍航空兵少佐久門有文及陸軍省徴募課長ヨリ南支派遣軍ノ慰安所設置ノ為必要ニ付醜業ヲ目的トスル婦女約四百名ヲ渡航セシムル様配意アリタシトノ申出アリタルニ付テハ、本年二月二十三日内務省発警第五号通牒ノ趣旨ニ依リ之ヲ取扱フコトトシ、左記ヲ各地方庁ニ通牒シ密ニ適当ナル引率者（抱主）ヲ選定之ヲシテ婦女ヲ募集セシメ現地ニ向ハシムル様取計相成可候哉　追テ既ニ台湾総督府ヲ通ジ同地ヨリ約三百名渡航ノ手配済ノ報ニ有之

記

一、内地ニ於テ募集シ現地ニ向ハシムル醜業ヲ目的トスル婦女ハ約四百名程度トシ、大阪（一〇〇名）、京都（五〇名）、兵庫（一〇〇名）、福岡（一〇〇名）、山口（五〇名）ヲ割当テ是ニ於テ其ノ引率者（抱主）ヲ選定シテ之ヲ募集セシメ現地ニ向ハシムルコト

二、右引率者（抱主）ハ現地ニ於テ軍慰安所ヲ経営セシムルモノナルニ付特ニ身許確実ナル者ヲ選定スルコト

三、右渡航婦女ノ輸送ハ内地ヨリ台湾高雄マデ抱主ノ費用ヲ以テ陰ニ運行シ同地ヨリハ大体御用船ニ便乗現地ニ向ハシムルモノトス。尚右ニ依リ難キ場合ハ台湾高雄屏東間ニ定期便船ア

ルヲ以テ之ニ依リ引率者同行スルコト
四、本件ニ関スル連絡ニ付テハ参謀本部第一部第二課今岡少佐、吉田大尉之ニ当ル　尚現地ハ軍司令部峯木少佐之ニ当ル。
五、以上ノ外尚之等婦女ヲ必要トスル場合ハ必ズ古荘部隊本部ニ於テ南支派遣軍ニ対スルモノ全部ヲ統一シ引率許可証ヲ交付スル様ニ取扱フコトトス（久門参謀帰軍ノ上直ニ各部隊ニ対シコノ旨示達ス）
六、本件渡航ニ付テハ内務省及地方庁ハ之ガ婦女ノ募集及出港ニ関シ便宜ニ供与スルニ止メ、契約内容及現地ニ於ケル婦女ノ保護ハ軍ニ於テ充分注意スルコト」
以下は省略する。福岡、山口関係の渡航については、同じく内務省警保局長から各県知事に宛てた通牒が発せられているが、これには
「三、引率者（抱主）トノ契約
(イ)　引率者（抱主）ト渡航婦女トノ締結セル前借契約ハ可成短期間ノモノトシ前借金ハ可成小額ナラシムルコト
(ロ)　其ノ他稼業ニ関スル一切ノ事項ハ現地軍当局ノ指示ニ従フコト
四、募集
醜業ヲ目的トスル渡航婦女ノ募集ハ営業許可ヲ受ケタル周旋人ヲシテ陰ニ之ヲ為サシメ、其

ノ希望婦女子ニ対シテハ必ズ現地ニ於テハ醜行ニ従事スルモノナルコトヲ説明セシムルコト、尚周旋料等ハ引率者（抱主）ニ於テ負担セシムルコト」

という条項が含まれている。

例外はあるかもしれないが、日本内地における従軍慰安婦の募集は、営業許可をうけた周旋人が極秘に行い、慰安婦を前借金で抱え主が拘束する、という形式を採り、抱え主が慰安所を経営することとなっていた、とみられる。前借金の額は五百円ないし千円、慰安婦の年齢は満一六歳から三〇歳までとされていたようである。契約期間は通常二年間であった。『資料集』中に収められている契約条項では、「稼高　一割ヲ本人所得トシ」毎月精算するとあるから、九割は抱え主が収奪したものであろう。売春の代金は階級により将校五円、下士官三円、その他の兵士二円といった程度であり、一般兵士のばあい、中国人慰安婦は一円、朝鮮人慰安婦は一円五〇銭であったといわれている。公務員の初任給は、週刊朝日編『値段の明治大正昭和風俗史』（朝日文庫）によれば、一九三七（昭和一二）年には七五円であった。したがって、いかなる技能もない若い女性にとって五百円ないし千円は驚くべき高額であったにちがいない。ただ、稼ぎの九割を抱え主に搾取され、その上、衣裳代、食事代等がかさむので、契約期間が満了しても、なお前借完済することは事実上不可能であったといわれている。

＊

朝鮮については、一九四四年八月二三日付の勅令「女子挺身勤労令」および女子勤労挺身隊関係の資料は『資料集』に収められているが、従軍慰安婦関係の資料はまったく収められていないにひとしい。したがって、上述した著書にもとづき、私見を以下に記すこととする。

私は、朝鮮にも公娼制度が存在していた、という事実を前提とする。ただ、日本における芸妓、酌婦、娼婦がそのまま従軍慰安婦となったわけではないと同様、朝鮮においても公娼がそのまま従軍慰安婦となったわけではない。朝鮮の公娼がどんな存在であったかを、まず見ておく必要があると考える。

一九二六年八月号の『廓清』に神戸基督教青年会総主事奥村龍三が発表した「朝鮮の公娼に就いて」と題する文章が『資料集』に収められている。この文章中、奥村は次のとおり書いている。

「私は京城府の新町遊廓と、仁川の遊廓とを見たのでありますが、私共日本人の眼には、鮮人売春婦が実に可憐に、無邪気に、小供《ママ》小供《ママ》しく見ゆるのであります。あんな可憐な、非挑発的な少女をと思はれるのであります。その少女たちが、三人四人裏長屋のやうな、小屋の入口に立つて、客を呼ぶのです。恰度女学校のバザーで、女学生が品物を売るべく、通行者に強請するやうに、《ママ》

そして、大して粉飾して居るでなく、白い上下の着物を来《ママ》て立つて居る姿は、決して、日本の娼婦型の婦人とは云へないのです。伊達巻に荒い浴衣をみだらに着てゐる《ママ》。この辺の日本売春婦とは、較べものではないのです。それ程、可憐に感ぜられるのです。
　彼等は大体午後八時から、午前二時迄三円であります（日本娼妓は六円から七円）が其の前借金の低額には実に驚きました。仁川の遊廓の入口にある巡査派出所で、帳簿を見せて貰つたのです。三ケ年前借二百五十円、三百円が多いのです。稀に四百円、五百円を見うけました、（日本娼妓の前借金は三年一千円から二千円でした）而かも鮮人の年齢が、十六歳、十七歳、十八歳と云ふ処であつた事です。」

　稀であっても朝鮮人娼婦の前借金が四百円、五百円のばあいがあり、日本人娼婦のばあい、二千円であるというのは信じがたいが、朝鮮人娼婦の前借金が日本人娼婦の前借金よりもかなり低かったことは事実に間違いないであろう。それだけ朝鮮人家庭は困窮に追いつめられていたのである。

　また、『朝鮮日報』一九三六年一〇月七日号の社説「人身売買制度を廃止せよ／人類上、風教上、絶対不可」は次のとおりである。（原文は朝鮮語。）

「慶北義城出生の李某という少女が病父の薬代を得ようと三カ年契約で平壌の某娼楼へ売られて行つたところ、洞里有志たちが熱心に集めたお金でその娘を救出したという人情美譚は、聞く人をして断腸の思いを抱かせる。世の中にこのような純情さえあれば如何なる悪制度、如何なる法律が存在しようと、人々を圧迫し堕落させることがあろうか。しかしこのようなケースは千に一つ、万に一つのことであり、社会全般から見ればこうした人情を探すことは難しい。抱え主が前借金五百円の外に食費、手数料等百数十円を請求し、最後まで李少女に対する売主《ママ》観念を捨てないのを見ると、世の中がどれほど□□□□〔不明〕かを知ることができよう。」

「普通の人の考えでは契約金五百円を持つてきてその娘を引き渡せといえばすぐ引き渡すであろう。しかし娼楼の抱え主は人を売買物とみなすため、その間の食費、手数料を一分の蕩減なく追求するのである。すでに人に対する観念がこうである。三年を契約したが、その間の衣服代、化粧代、薬代、食費等すべての費用を前借した娼妓はその元金及び利子の返済に余裕がなく、終身娼楼の籠中鳥になつてしまう。本意でない売淫、お金を返すための売笑、これが娼楼での醜悪、残忍な真相である。これが文化を誇る現代国家になければならないのであろうか。」

以下は省略するが、この後には「しかも生活苦が年々深刻化するに従い、このような人身売買の傾向が多くなつている」とも記されている。一旦、前借金を受けとって娼妓に身を落とすと、抱え主に衣裳代等を請求され、契約期間が満了しても自由に解放されないのは日本と同様だが、五百円という金額は、「契約金五百円を持つてきてその娘を引き渡せといえばすぐ引き渡すであろう」というほどの高額であった。人身売買により処罰された事例も『資料集』中何件か『東亜日報』の記事として収録されている。（原文は朝鮮語。）

一九三七年一〇月一五日付記事は、「被告金福順、李鍾玉等十一人は、営利誘拐の本部である無許可の人事紹介所を府内竹添町一丁目の某所に置き、昭和十年二月から誘拐団員を京畿以南の各地方に派遣し、夕方や夜になって停車場や繁雑な通りを歩く田舎の女性を見つけると、甘言利説でソウルに行けばおいしい食べ物と衣服を得られるし、相当の収入にもなると誘引し、上京後、無知な女性を酌婦として一人五十円から百円で五十余人を売り飛ばした」とあり、同年一一月五日付記事は彼らが起訴され、懲役三年から一〇ヵ月の求刑があった、と報じている。

さらに『資料集』は、一九三九年三月七日付『東亜日報』の記事を収めている。

「目下、東大門署に摘発され取調べを受けている希有な誘拐魔夫婦、大田府春日町出生、本町五丁目三十三番地、河允明とその妻金春教両人の罪状は、取調べが進むにつれて次々と明らかになっているが、六日午前中までに判明した誘拐処女と処分した処女だけでも百余名を突破したという。取調べによって今後どれほど被害女子が出てくるかわからない。彼ら夫婦は昭和七年から八年間、あらゆる悪質な手段を使って農村の無知な処女と寡婦等を甘言利説で誘拐し、ソウルで就職させてあげると言った後、遊廓、内外酒店の酌婦などとして最高一千三百円、最低百円、平均四、五百円ずつ、主に遊廓に売り、誰もが許せない罪状をしでかしたという。

彼ら夫婦が主に処女たちを誘拐してきた所は全羅南北両道で、彼女たちの父母にはソウルへ連れていって職工として紹介する、と十円または二十円ずつ支払い、父母の承諾を得たあと、連れてきて自分の家の魔窟に入れ、人事紹介所とぜげんなどを通して遊廓、内外酒店、飲み屋の酌婦などに売ったという。」

従軍慰安婦の募集、応募には右に記したような素地があった。主たる方法は斡旋業者が窮乏した農民に数百円の前借金を支払ってその娘を遊廓の抱え主に売り、斡旋業者は前借金の一割程度の斡旋料を受けとり、女性は前借金数百円、契約期間二年ないし三年の契約（売春婦として労務を提供する）を結んで、抱え主の管理、監督の下で働く、という形式である。従たる方法としては、無知な女性あるいはその父母を甘言でつり、誘拐した女性を酌婦、売春婦として売りとばすという形式であり、このばあいでも、売りとばされた女性が買い手である抱え主に前借金債務を負っていることは、前者と変りはない。前者であれば、数百円が女性の父親である農民の手に渡ったが、後者のばあいは、たかだか一〇円、二〇円といった金額で騙されたわけである。

＊

さて、軍が従軍慰安婦たるべき女性たちを集めるにさいして、どういう方法を採ることを考えたか、といえば、まず斡旋業者を利用することであったにちがいない、と考える。彼らこそ窮乏した農村の状況に通じ、どこへ行けば候補者がありうるか、を熟知していた。『資料集』には一九三七年一〇月一日付『東亜日報』の「就職難の朝鮮女子／六十名が売られ戦地北支那に」という見出しが付された次の記事が収められている。（原文は朝鮮語。）

「男たちも戦争になれば恐怖と戦慄に震えるというのに、ましてや女の身で職業戦線で就職難にあえぐ可憐な朝鮮女子六十人が、北支方面へ身を売られて見慣れぬ土地に行った事実がある。安東署の許可を得て、去る二十七日まで北支に行つた者は、日本内地人七人が日本女子一人と朝鮮女子三十五人を連れて行き、朝鮮人六人が朝鮮女子二十八人、合計六十人がすでに行つた、その女子たちに事情を聞いてみると、恥ずかしそうに頭を下げて頰を赤らめながら「私たちも恥ずかしいことも知つているし、危険なことも知つていますが行きたくて行くのではなく、行かざるをえない、避けられない事情があつてやむをえず、卑しくて後ろ指さされる仕事場へ身を売られたのです」といいながら涙を流し、「どうか私たちがこのようなことをしなくても生きられるように就職先を男たちが作つて下さい」と哀願しながら人情風俗言語の異なる慣れない所へ行く者が連日続出中にある。」

この記事の冒頭に「安東県から続続出発」とあるので、こうした光景が連日のように見られたのであろう。「日本内地人七人」と「朝鮮人六人」は慰安所経営者にちがいない。（なお、この記事の「合計六十人」は計算違いか概算であろうか。）

朴裕河の著書に次の記載がある。

「「慰安婦」を必要としたのは間違いなく日本という国家だった。しかし、そのような需要に応えて、女たちを誘拐や甘言などの手段までをも使って「連れていった」のはほとんどの場合、中間業者だった。「強制連行」した主体が日本軍だったとする証言も少数ながらあるが、それは軍属扱いをされた業者が制服を着て現れ、軍人と勘違いされた可能性が高い。たとえ軍人が「強制連行」したケースがあったとしても、戦場でない朝鮮半島では、それはむしろ逸脱した例外的なケースとみなすべきだ。

そういう意味では、慰安婦たちを連れていった（「強制連行」との言葉が、公権力による物理的力の行使を意味する限り、少なくとも朝鮮人慰安婦問題においては、軍の方針としては成立しない）ことの「法的」責任は、直接には業者たちに問われるべきである。それも、あきらかな「だまし」や誘拐の場合に限る。需要を生み出した日本という国家の行為は、批判はできても「法的責任」を問うのは難しいことになるのである。」

私は著者の見解、解釈に同感である。ただ、業者が軍属の服装をすることが許されていたように、募集にさいして、内地と同様、軍の威信を利用したり、誘拐同然の方法を用いたこともありえたと私は考える。

＊

熊谷奈緒子の前掲書に次の記載がある。

「慰安所は日本軍ではなく、民間業者が経営したのではないか、ともよくいわれている。確かに民間業者が組織した慰安所もあったが、軍によって経営された慰安所もあった。基本的に慰安所には以下の三種類があった――①軍が直営する慰安所、②業者に経営させる軍専用の慰安所、③民間の遊廓などを軍が一時的に指定して利用する慰安所、である」

右の記述の末尾に「(吉見・川田一九九七――一四)」とあるのは、その出典が吉見義明・川田文子編著『「従軍慰安婦」をめぐる30のウソと真実』一九九七年、大月書店刊であることを明らかにしているものと思われるが、私は同書を参照できなかった。ただ、吉見義明『従軍慰安婦』は「Ⅳ　慰安婦たちが強いられた生活」「1　管理・統制の実態」に「軍慰安所に対する監督・統制は、現地軍司令部の管理部や後方参謀、兵站の慰安係、師団・連隊などの副官や主計将校、憲兵隊などが担当した。」「直営の軍慰安所は軍が全面的に管理した。民営の形式をとった軍慰安所の経営についても、軍は厳しく監理・統制している」と記している。

これらの文章では、経営、管理、監督といった用語が混乱しており、正確に使用されていないようにみえる。吉見義明の前掲書には、同じⅣ章「2　慰安婦の日常はどのようなものだったか」の項に「報酬をめぐって」という項目があり、「軍慰安所を利用する将兵は、通常、料金を払っている。そのため兵士は、内地や植民地の公娼を買うのと同じような気分で軍慰安所に通っていた」として、馬来《マライ》軍政監が決定した「慰安施設及旅館営業遵守規則」を引用し、かなり詳細に説明している。軍によって相違はあるかもしれないが、『資料集』に一九四四年一二月付「山第三四七五部隊」の部隊長名による「軍人倶楽部ニ関スル規定」が収められている。同部隊の「内務規定」の付録第四として定められているこの規定は、三一項目の規定とその付則から成るものであり、あまりに煩瑣になることを避けるため、興味ふかい条項だけを次に示す。

「一、本規定ハ軍人倶楽部ニ関シ必要ナル事項ヲ規定ス

六、軍人倶楽部ニ於テハ飲食宴会等実施セズ

八、遊興費ハ一切現金払トシ貸借ヲ為スコトヲ禁ズ

九、業婦ノ検黴ノ実施ハ指命《ママ》軍医官ニ於テ毎旬一回之ヲ実施シ其結果ハ会報ヲ以テ一般ニ通牒ス（検査日ハ通常毎月八日、十八日、二十八日トシ時刻ハ其ノ都度示ス）右検査ニハ憲兵立会ス

一〇、前条検査ニ依リ不合格トナリタルモノハ治癒スル迄接客ヲ禁ズ又受検セザルモノハ不合格ト見倣《ママ》ス

一一、営業主ハ衛生施設ヲ完備シ戦力保持ニ遺憾ナカラシムルモノトス之ガ為部隊長ハ必要ニ応ジ衛生検査ヲ実施スルト共ニ所要ノ協力ヲ為スモノモ《ママ》ノトス

一四、軍人倶楽部ノ建物及家作借上料等ハ凡テ営業主側ノ負担トスルモ所要ニ広《ママ》ジ部隊ニ於テ

協力スルモノトス

一五、軍人倶楽部ノ使用料金左ノ如シ

区分	将校	下士官・軍属	兵
時間	〇、四〇	〇、四〇	〇、四〇
料金	三、〇〇	二、五〇	二、〇〇

一六、営業時間ハ毎日十二時ヨリ二十四時迄トシ泊込ハ一般ニ之ヲ禁ズ但シ毎月八日ハ休業日トス

一七、下士官以下倶楽部ヲ使用スル者ハ規定ニ示ス許可証ヲ所持スルモノトス

一八、将校以下ノ倶楽部使用時間左ノ如シ

兵　十二時ヨリ十七時迄

下士官　十七時ヨリ二十時迄

将校　二十時ヨリ二十四時迄

二二、倶楽部ノ使用ハ先着順トシ兵ハ営業主ニ許可証ヲ提示シ料金ヲ支払ヒタル後使用スルモノトス

二四、営業主ハ防諜ニ関シソノ責ニ任ズルモノトス

二六、営業主ハ暴利ヲ貪リ或ハ軍人ヲシテ軍紀ヲ犯サシムル助成行為ナキ様留意スルコト

二七、状況ニ依リ使用者ノ数ヲ制限スルコトアリ
三一、営業及各人ノ売上ゲヲ明記セル帳簿ヲ備付ケ適時検印ヲ受領シ置クモノトス」
付則についても興味ある条項だけを示す。まず、使用者、すなわち軍人に対する規則である。

「五、使用者ハ営業主ノ指示ニ従フモノトス
六、使用者ハ必ズ衛生サツクヲ使用シ罹病ヲ予防スルモノトス万一使用セズ罹病セル場合ハ処罰ス
九、一般ニ業婦ト柵外ニ出デ談話シ又ハ散歩等ヲ行フヲ禁ズ」
次に営業者及び慰安婦に関する規定から抜粋する。
「一、営業主以下ハ誠意ヲ以テ明朗ナル営業ヲ営ムモノトス
二、諸設備ヲ完備シ罹病伝染ノ根源ヲ絶無ナラシムルモノトス
三、業婦ハヨク使用者ノ立場ヲ理解シ何人ニモ公平ヲ第一トシ使用者ヲシテ最大ノ御奉公ヲ為サシムルコトヲ念願シ如何ナル事情ニ依ルモ身ヲ誤ラシメ御奉公ヲ欠カシムルガ如キコト絶体ナキ様万事細心ノ注意ヲ以テ取扱フモノトス
四、営業婦ハ案リニ柵外ヲ散歩シ幕舎又ハ作業場等ニ立入ルヲ禁ズ」
右の規定にみられるように、慰安所は業者が経営したのであって、業者の業務内容からみれば、軍自らが慰安所を運営、経営できるはずもないことが理解できるはずである。つまり、建物等の

設営、借入、維持からはじまり、利用者から料金を徴収し、帳簿をつける、といったことは業者がすべき業務であり、軍が自ら行うことはできない。直接慰安婦を管理するのも業者の業務である。軍は業者およびその業務を管理、監督するにとどまる。そういう意味で、よほど例外的なばあいでなければ、軍直営の慰安所などというものはありえない。熊谷奈緒子のいう①の類型の慰安所はなかった、と私は考える。また③の類型はたんに民間の遊廓を慰安所としたまでのことであり、抱え主が雇っていた娼婦を暫定的に慰安婦とし、抱え主が②の類型における業者の役割をつとめたにすぎない。

軍の管理、監督下に業者が経営した慰安所において、慰安婦が苛酷な労働を、「醜業」と軍自体が呼んでいた業務を強いられたことは間違いない。右に読んだ規則によるばあいでも、一月に一日の休日、その休日にも検診が義務づけられていたし、一日一二時間労働である。現在の私たちからみれば、性奴隷とよんでも当然の処遇であった。だが、彼女たちは前借金で縛られていた。業者と彼女たちとの力関係で、これは日本国内の遊廓における娼婦のばあいも同じだったはずだが、いかに働いても前借金の泥沼から抜けだすことは不可能に近かった。日本国内においても、東北地方の農村の小作農の子女が、凶作などのとき、身売りさせられることは決して稀ではなかった。身売りとは前借金によって娼婦として年季奉公することであった。植民地朝鮮のばあい、零細小作農の窮乏はわが国の東北農村よりも烈しかった。これは多くは内地人の搾取によるものであった。

朴裕河『帝国の慰安婦』に次の一節がある。

「「朝鮮人慰安婦」という存在を作ったのは、植民地の貧困、人身売買組織が活性化しやすかった植民地朝鮮の社会構造、朝鮮社会の家父長制、家のために自分を犠牲することを厭わなかったジェンダー教育、家の束縛から逃れたかったためなど、さまざまなものである。もっとも、その全てを考慮するとしても、朝鮮が植民地化したということこそがもっとも大きな原因であるのは言うまでもない。」

私は著者の意見に全面的に賛成する。「朝鮮人」従軍慰安婦は朝鮮が日本の植民地だったからこそ、植民地としての社会的、経済的歪みが存在したからこそ、存在することとなったのである。

＊

朝鮮人女子勤労挺身隊は従軍慰安婦とは別の問題だが、ここでとりあげることとする。

すでに引用した山田昭次・古庄正・樋口雄一共著『朝鮮人戦時労働動員』（岩波書店刊）はその第五章を「戦時期の皇民化教育と朝鮮女子勤労挺身隊」にあてている。

日本においては、「女子勤労挺身隊に法的根拠を与えたのは、一九四四年八月二三日公布、即日施行された勅令五一九号「女子勤労挺身勤労令」だった。しかし実際には女子勤労挺身隊の組織化はすでに進行し、一九四三年三月末現在、隊員数は二九万二千余人いた（労働省、一一二頁）」とあり、朝鮮については、「『女子勤労挺身勤労令』は日本で公布・施行されると同時に朝鮮でも公布・施行された。しかし朝鮮でもこれ以前に女子勤労挺身隊は発足していた。この章の末尾に付した「朝鮮女子勤労挺身隊動員事例一覧表」に収録した三七事例を時期別に整理した表1によれば、一九四三年二月からこの法令の施行以前に動員された事例は二六件ある」という。（なお章末の「朝鮮女子勤労挺身隊動員事例一覧表」には東京麻糸紡績株式会社沼津工場に動員された六名、不二越鋼材工業株式会社富山工場に動員された二二名、三菱重工名古屋航空機製作所道徳工場に動員された八名、鐘淵紡績株式会社全南光州工場に動員された一名、合計三七名の氏名、生年月日、挺身隊へ動員された年月、当時の満年齢、動員された当時の居住地が記されており、正確にいえば、一覧表に記載した三七名中、二六名がこの法令の施行前に動員されているという意味である。日本人については「二九万二千余人」と人数で記し、朝鮮人については「事例」といって人数を記さないのは何故か、私は理解に苦しむ。）

ついで、同書は「以下、樋口雄一、高崎宗司、余舜珠《ヨ・スンジュ》、鄭鎮星《チョン・ジンソン》の諸研究が明らかにした朝鮮女子勤労挺身隊の動員経過を年表風に記せば、左記のようである」と記し、同じ頁に朝鮮女子勤労挺身隊への動員の時期を三七名について記している。

「〔一九四四年〕

三月二〇日と四月四日、平壌女子勤労挺身隊が平壌地域の某廠に出動。

四月、慶尚南道の鎮海、馬山、釜山などから集められた約一〇〇名が静岡県沼津市の東京麻糸紡績沼津工場に動員される。

五月九日、慶尚北道の浦項と大邱から集められた女子勤労挺身隊が富山市の不二越に到着。

五月、全羅南道の麗水、木浦等から約三〇〇名が三菱重工名古屋航空機製作所道徳工場に動員される。

六月八日、慶尚南道の馬山、晋州から集められた約一〇〇名が不二越に着く。

六月一五日、三菱重工名古屋航空機製作所道徳工場へ全羅南道隊約一五〇名、同製作所大江工場に忠清南道隊約一五〇名が動員される。

七月二日、京畿道の京城と仁川で組織された女子勤労挺身隊が京城を出発、六日に不二越に到着。

〔一九四五年〕

二月二四日、京畿道の京城、仁川、開城から集められた女子勤労挺身隊（一五〇名？）が不二越に向けて出発。

三月二日、全羅北道の全州、群山から集められた一〇〇名および開城以南や忠清北道、全羅南道、その他から集められた六五〇名が不二越に到着。」

右の年表風の記述は、女子勤労挺身隊として動員されたと明記されているもの、その記載のないもの、人数の記載のあるもの、ないもの、出発だけが記載され到着の記載のないもの、到着が記載され出発の記載のないものなど、記載の不統一が甚しい。原資料に統一性がないために生じた不統一であろうが、通常なら信憑性が疑われる記載である。

右に続き、次の記載がある。

「長崎にある川並造船所の組長をしていた朝鮮人の証言によると、平壌から来ていた女子勤労挺身隊二〇〇名が原爆を被爆して全員が死亡したという（在日本大韓民国青年会中央本部、一九六頁）。長崎三菱造船所と長崎兵器廠では「強制的にひっぱられてきた黄海道出身の朝鮮人労働者数千名と女学生三百余名が一挙に爆死したという」（『朝鮮新報』一九六五年八月一九日）。八幡製鉄所にも朝鮮女子勤労挺身隊がいた（『毎日新聞』一九四五年六月七日）。和歌山県のある軍需工場には忠清北道忠州のキョヒョン国民学校・南山国民学校から選ばれた二十余名が動員された（高崎宗司、五二頁）。神奈川県高座郡寒川町相模海軍工廠に学徒勤労動員された湘南中学生だった石渡明好は、一工廠で「防毒面の薬箱のハンダ付けをやらされた。徴用女子工員（朝鮮からの徴用だった）と一緒で、朝から晩までそんなことをやっていた」と回想した（飯田十郎、九二頁）。これらも朝鮮女子勤労挺身隊員かもしれない。」

「朝鮮女子勤労挺身隊員かもしれない」ということは、そうでないかもしれない、ということである。こうした不確実な記述をすることは学問的とは思われない。

同書の記載の続きを引用する。

「なお、一九四四年八月二七日付『毎日新報』によると、同年八月二六日、大阪市北区協和会館で女子勤労挺身隊結成式が挙行された。在日朝鮮人女性も挺身隊に動員された。」

これも理解しにくい記述である。端的に在日朝鮮人女性の女子勤労挺身隊結成式が大阪市北区協和会館で挙行された、ということであるなら、何故そう書かないか。ここで結成された挺身隊には朝鮮人女性も含まれていたということなのか。総督府発行の機関紙における伝聞的な記事のために、こうした表現となったのであろうか。

同書の記述はさらに次のとおり続く。

「日本以外への動員では、動員の時期は不明だが、満州間島省和龍県の南満紡績工場や朝鮮では仁川の帝国繊維工場（余舜珠、一九九五年、六八頁。同一九九七年、一八六頁）、鐘淵紡績株式会社全羅南道光州工場にも動員された（伊藤孝司、六四―六八頁）。一九四五年七月に鐘紡京城工場に学徒動員された学徒の回想によると、一二歳から一八歳前後の朝鮮人少女約四千人が苛酷な労働条件の下で働いていた。この少女たちも女子勤労挺身隊員たちであろう（朝鮮人強制連行真相調査団、一六一―一六三頁）。」

右も風評かもしれないし、事実かもしれない。第五章第一節は次のとおり結ばれている。

「高崎宗司は日本に動員された朝鮮女子勤労挺身隊員の総数を四〇〇〇人止まりと推定した（高崎宗司、五六頁）。朝鮮国内と「満州」への動員数は日本への動員数を越えるだろう。」

この推定にはどういう根拠があるのか。私は動員された朝鮮女子勤労挺身隊の隊員数が相当多数であろうと想像することに異存はないが、根拠のない推定は学問的でないと考える。

＊

朝鮮女子勤労挺身隊の問題を考えるとき、その核心的関心を私は強制性と、動員された隊員の年齢に注いでいる。

まず年齢についていえば、同書の第五章第一節「女子勤労挺身隊の発足」によれば、まず、「女子勤労挺身勤労令」の公布以前、一九四三年九月一三日次官会議決定「女子勤労動員の促進に関する件」で「閣議決定を具体化し、動員対象は女子のうち、新規学校卒業者、一四歳以上の未婚者」等としたという。この一四歳以上という方針は朝鮮でも同じだったようである。同書によれば、朝鮮総督府司政局労務課長林勝寿は、一九四三年一〇月八日付『毎日新報』で、女性動員の対象として「学校出身者、すなわち国民学校、女学校、または女子専門学校出身者で、年齢十四歳以上の未婚女子」と述べているという。

ところで、同書第五章は表1以下表11にいたるまで各種の観点からの統計表を示している。すべて章末の一覧表に示す三七名を対象とした調査であり、統計の母数として過少の感があるが、傾向を窺うに足りるであろう。これによれば「彼女たちが動員されたときの年齢は満一二歳から一六歳にわたるが、満一三歳から一五歳が最も多く、全体の八三・八％を占めた。」この年齢構成は、日本政府の構想した年齢層よりかなり低いものであった。その説明として、同書には次のようにある。

「二八事例の中、女学校教員の説得による応募者は一件のみで、他はすべて国民学校で動員された少女である。女学校生徒もしくは卒業生が動員されなかったのは、一つには朝鮮人女性の早婚のためかもしれない。一九三五年現在、朝鮮人女性の平均結婚年齢は一八・四五歳だった（余舜珠、一九九四年、五二頁）。また女学校生徒もしくは卒業生たちは、甘言に騙されない精神年齢に達していたためかもしれない。一九四三年に女学校を卒業した金文淑《キム・ムンスク》は挺身隊に対する女学校生徒の動きを回想して「女学校卒業生は皆、結婚するか、教師になって難を逃れた」という（戦後責任を問う「関釜裁判」を支援する会、三九頁）。」

強制性の問題と年齢の問題は不可分かもしれない。すでに見てきたとおり、挺身隊に応募することは強制されていなかった。結婚したり、教師になることは挺身隊員にならないですます確実な方法だったが、応募者は貧しい家庭の少女が多かった。表7によると、三七名中、貧しい生家の者が一六名、四三・二％を占め、普通が五名、農民一名、不明五名で、残り一〇名が「裕福、比較的裕福不明」となっている。
応募した動機は甘言と愛国心による。

「表5によると、少女たちの応募の動機は、勉強できる、女学校に行けるといった勉学や進学希望の者が最も多く、三五・一％に達する。表6が示すように、女子高等普通学校（一九三八年四月から高等女学校と改称）の女子学生数は一九三〇年代以降増大し、少しずつ高等普通学校（一九三八年四月から中学校と改称）の男子学生数に追い迫っていた。「女学校に合格しようね」というのが貧しい地域に住む芳山国民学校の子供たちの合言葉だった。親たちは「貧しい地域だからこそ、みんな女学校に入れたいのです。でないと将来を託せる職業に就けませんからね」と言っていた（同上、一二八頁）。（中略）貧しい家の少女にとっては、いや貧しくなくとも、中等教育への少女たちの進学率が増加する傾向にあるとはいえ、まだ性的差別のために男子並みの中等教育進学率に達していない状況の下にある少女たちにとっては、日本の工場に行けば女学校に入れるという甘言は、魅力的だったに違いない。」

この統計によると、三七名中、高等女学校在校生は一名で、その他はすべて国民学校（小学校）程度の学歴しかもっていなかった。いいかえれば、女学校の在校生、卒業生は応募しなかったと解されるだろう。

勤労動員されて日本に行ったところで女学校へ行けるはずもないのだから、これは甘言というより、貧困な家庭に育った少女たちを騙したにひとしい。加えて、この世代の少女たちは「皇民化教育が強化された国民学校に在学し」、愛国心が彼女たちの心に浸透していたという。さらに、警官、里長などに脅迫されて応募した事例もある、という。

それ故、私は朝鮮人女子勤労挺身隊に対する参加は、強制力によるものでなく、甘言、脅迫等があったにしても、拒否可能な、本人の自主的判断によるものと考える。

同書はその第五章第三節に「朝鮮女子勤労挺身隊員の歌」という見出しで、

一つとや、人も知らない静岡の、静岡の、／麻糸会社は籠の鳥
二つとや、二親別れて来てからは、来てからは、／二年満期を勤めましょう
（下略）

という歌を紹介している。こうした歌を朝鮮から渡日した少女が作れるはずがないが、日本人女性にとっても辛い労働を朝鮮人のいたいけな少女たちが強いられたことを思うと、胸が痛む。

同書には、東京麻糸紡績沼津工場、不二越鋼材工業富山工場、三菱重工名古屋航空機製作所道徳工場の「三工場はいずれも少女たちを女学校にも通わせず、勉学もさせなかった。あったのは皇民化教育のみだった」とあるが、勤労動員と学校での勉強が両立しないことは当然の常識で

あった。

労働が苛酷であり、食事が小量で劣悪だったことは、当時の日本人の生活そのものだったから想像できるが、不二越も、東京麻糸も、三菱重工も、三社すべてが賃金を支払わなかったという記述は、私にとって信じがたい、衝撃的な事実であった。私はこうした非人道的な処遇をした日本人の一人として償うべき言葉を知らない。

朝鮮人少女たちをこうした境涯に追いこんだこと自体非人道的だが、その根源は日本が朝鮮を植民地として支配していたことにあった。

*

韓国挺身隊問題協議会を中心とする韓国の人々は従軍慰安婦と女子勤労挺身隊とを混同していると思われる。ソウルに二〇一一年冬にブロンズの少女像の記念碑を建てたのも、二〇一四年にアメリカに同様のブロンズ像を建てたのも、挺身隊の名の下に募集した韓国・朝鮮の少女たちを従軍慰安婦として性奴隷化したという誤解にもとづいているとしか思われない。しかし、従軍慰安婦は挺身隊に動員された少女たちとはまったく関係ない。私は、従軍慰安婦問題に関する限りにおいて、河野談話は日本人の責任を認めるのにほぼ充分であると考えてきたし、アジア平和国民基金もそれなりに有意義であったと考える。しかし、私はここで日韓基本条約および「財産及び請求権に関する問題の解決並びに経済協力に関する日本と大韓民国との間の協定」（以下「日韓請求権協定」という）に立ちかえって考える必要があるという見解をもつ。

一九六五年六月二二日調印、同年一二月一八日に発効した「日本国と大韓民国との間の基本関係に関する条約」（「日韓基本条約」）は、その前文の第一文に

「日本国及び大韓民国は、

両国民間の関係の歴史的背景と、善隣関係及び主権の相互尊重の原則に基づく両国間の関係の正常化に対する相互の希望とを考慮し」

とあり、この「歴史的背景」という言葉に植民地支配の歴史を暗示しているけれども、植民地支配に直接ふれた文言は前文はもちろん、本文にもまったく存在しない。このことは、日韓経済協定にもふれられていない。

日韓請求権協定は、その第一条は三億ドル相当の日本の生産物及び日本人の役務の無償供与と、二億ドル相当の長期低利貸付けを主とし、第二条3項で次のように規定している。

「2の規定に従うことを条件として、一方の締約国及びその国民の財産、権利及び利益であつてこの協定の署名の日に他方の締約国の管轄の下にあるものに対する措置並びに一方の締約国及びその国民の他方の締約国及びその国民に対するすべての請求権であつて同日以前に生じた事由に基づくものに関しては、いかなる主張もすることができないものとする。」

右の「並びに」以下は、

(イ)一方の締約国（日本又は韓国）及び

(ロ)その国民（日本人又は韓国人）の

(ハ)他方の締約国（韓国又は日本）及び

(ニ)その国民（韓国人又は日本人）

に対するすべての請求権は同日（一九四五年八月一五日）以前に生じた事由に基づくものに関しては、いかなる主張もすることができないものとする、という意味である。

この日韓請求権協定の第二条1項は次のとおり規定している。

「両締約国は、両締約国及びその国民（法人を含む。）の財産、権利及び利益並びに両締約国及びその国民の間の請求権に関する問題が、千九百五十一年九月八日にサン・フランシスコ市で署名された日本国との平和条約第四条(a)に規定されたものを含めて、完全かつ最終的に解決されたこととなることを確認する。」

したがって、朝鮮人従軍慰安婦の請求権が存在したとしても、3項の上記(ハ)(ニ)により、日本国あるいは日本国民に主張できないし、主張できないこととして、「完全かつ最終的に解決され」

ている。日韓条約とこれにもとづく日韓請求権協定でこのようにとりきめた以上、日本政府としては法律上、それ以外の立場はとれない。もし従軍慰安婦に賠償金請求権を認めるとすれば、その他さまざまな請求権が主張されることとなり、収拾のつかないこととなる。不二越等の賃金不払については、韓国政府がその責任で処理する、というのが日韓条約の建前である。

だから、従軍慰安婦問題で、日本政府としては、官房長官談話以上のことはできない。私には日韓基本条約および日韓請求権協定は日本が植民地化したが故に朝鮮半島の人々が体験した苦痛を充分に視野に入れていたとは思われない。従軍慰安婦も、徴用工も女子勤労挺身隊もそのごく一部にすぎないと私は考える。

一九九五年七月、アジア女性基金が村山富市内閣による政府協力を得て、民間組織として発足した。これはそれなりに意義があったが、朝鮮が植民地であった事実を配慮していなかったし、他の地域における慰安婦とされた女性たちにも一様に、償いのための金員を支払うものであった。植民地宗主国であった欧米列強が独立国となった旧植民地に植民地支配の責任を認めた例はない。だからといって、この事実が朝鮮を植民地化したことを正当化する理由となるわけではない。

日本政府が日韓基本条約の法的効力をあくまでその建前通り押し通すとしても、私たち日本人が植民地支配の責任を認めてならないことにはならない。これは統監府、総督府の失政、私たちが朝鮮半島の人々に抱いてきた差別的意識と待遇、たとえば関東大震災にさいしての在日朝鮮人虐殺等から強制徴用、従軍慰安婦問題等に至るまでの責任を、市民としての私たちが認め、その償いをするのが、私たちの良心の命じるところだからである。私たちがそうした反省に立ってはじめて、和解のいとぐちが見出せるのではないか。

私は日韓関係の歴史をそのように認識している。

第七章 徴用工事件・韓国大法院二〇一八年一〇月三〇日判決

いわゆる徴用工事件、すなわち、韓国人元徴用工が新日鉄住金に対し提起した訴訟について、わが国の最高裁判所に相当する韓国大法院が新日鉄住金に対し、原告ら各一人あたり一億ウォン（約九〇九万円）の損害賠償を命じる判決を二〇一八年一〇月三〇日に言渡した旨が報じられた。

前記第六章で私は引用したが、日韓請求権協定の第二条3項に

「2の規定に従うことを条件として、一方の締約国及びその国民の財産、権利及び利益であってこの協定の署名の日に他方の締約国の管轄の下にあるものに対する措置並びに一方の締約国及びその国民の他方の締約国又はその国民に対するすべての請求権であって同日以前に生じた事由に基づくものに関しては、いかなる主張もすることができないものとする」

と規定されていることを記し、その解釈を示し、また請求権協定第二条1項に

「両締約国は、両締約国及びその国民（法人を含む）の財産、権利及び利益並びに両締約国及びその国民の間の請求権に関する問題が、千九百五十一年九月八日にサンフランシスコ市で署名された日本国の平和条約第四条（a）に規定されたものを含めて、完全かつ最終的に解決されたこととなることを確認する。」

と規定されていることを引用し、朝鮮人従軍慰安婦に請求権が存在したとしても、日本国あるいは日本国民に主張できない旨を述べた。前章ではことさら朝鮮人従軍慰安婦だけを採り上げたが、彼女らに限らず、すべての日本国民（法人を含む）が韓国および韓国人に対し、またすべての韓国人（法人を含む）が日本および日本人（法人を含む）に対し、請求権を主張できない旨が、請求権協定により合意された、と理解し、そういう趣旨で私は記述したつもりであった。また、第五章では戦争中に来日した朝鮮人労務者の従事した苛酷な労働について記述したが、請求権協定との関係についてはふれなかった。それはこの問題も請求権協定で解決ずみであると理解していたからであった。

そのように理解していたので、私にはどういう理由で韓国大法院が請求権協定にかかわらず新日鉄住金に損害賠償を命じる判決理由を構築できるのか、想像できなかった。私はふだん朝日、毎日、読売、日本経済、東京の五紙を読むことにしているが、視力の衰えのため、かなり杜撰にしか読んでいない。そのため、私の見落としもあるかもしれない。ただ、私の読んだ限りでは、どのように請求権協定を解釈したらこのような判決が言渡されることになるのか、その詳細を知ることができなかった。一部の新聞にはごく簡単に判決理由が書かれていたが、簡単すぎて、判決理由の論理が私には理解できなかった。私は新日鉄住金が応訴することなく、新日鉄住金の代理人が裁判所に出廷したり、その主張を記載した書面を提出することなどもすることなく、判決がなされたのではないか、とさえ疑った。いまだに私は上記新聞各紙が韓国大法院の上記判決の理由をほとんど紹介していないし、判決理由を論評していないことを不審に感じている。

元徴用工の三菱重工業に対する損害賠償事件についても昨年一一月二九日、韓国大法院は三菱重工業敗訴の判決を言渡した。判決理由は先の昨年一〇月三〇日の判決と同じであろうと想像したが、私が読んでいる新聞各紙が判決理由を紹介せず、論評もしていないことは、昨年一〇月三〇日の判決のばあいと同じであった。

また、最近、光州控訴院で第六章でふれた女子勤労挺身隊の元隊員らに賠償を支払うよう三菱重工業に命じた判決が言渡されたという。前記大法院判決を踏襲したものであろう。

こうして韓国大法院判決につよい関心をもっていたところ、最近、山本晴太他五名の共著『徴用工裁判と日韓請求権協定』と題する著書が株式会社現代人文社から出版されたことを知り、早速入手し、同書に新日鉄住金に損害賠償を命じた二〇一八年一〇月三〇日の判決その他の関係資料が同書に収められていることを知り、はじめて韓国大法院の判決理由を精読することができた。

そこで、私が理解した韓国大法院の上記判決の要旨と私の感想を以下に記すこととする。

＊

判決書を読んで私は、新日鉄住金の代理人の氏名が記されているし、上告理由第一点ないし第五点の判断が判決書に記されているので、新日鉄住金は、応訴し、主張すべき主張をした上で、この大法院判決が言渡されたことを知った。

まず、原告らがどういう経過で旧日本製鉄に雇用されるに至ったか、を大法院判決の事実認定から引用する。この経過は「強制連行」ないしこれに準じる強制的圧力により雇用されるに至ったか、どうかを考えるばあい、どうしても考慮しなければならないからである。（なお、旧日本製鉄の権利・義務を新日鉄住金が承継したかどうかも争点の一だが、日韓歴史認識という問題とは関係ないのでこの点にはふれない。）

「（1）原告らは一九二三年から一九二九年の間に韓半島で生まれ、平壌、保寧、群山などに居住していた人々であり、日本製鉄株式会社（以下「旧日本製鉄」という）は一九三四年一月頃に設立され、日本の釜石、八幡、大阪などで製鉄所を運営していた会社である（原文では西暦の年などを洋数字で記しているが洋数字は漢数字で表記することとした。以下同じ）。

（2）一九四一年四月二六日、基幹軍需事業体である旧日本製鉄をはじめとする日本の鉄鋼生産者らを統括指導する政府直属の機構である鉄鋼統制会が設立された。鉄鋼統制会は韓半島で労務者動員を積極的に拡充することにして日本政府と協力して労務者を動員し、旧日本製鉄は社長が鉄鋼統制会の会長を歴任するなど鉄鋼統制会で主導的な役割を果たした。

（3）旧日本製鉄は一九四三年頃平壌で大阪製鉄所の募集広告を出したが、その広告には大阪製鉄所で二年間訓練を受ければ技術を習得でき、訓練終了後には、韓半島の製鉄所で技術者として就職できると記載されていた。亡訴外人と原告2は一九四三年九月頃上記広告を見て、技術を習得して我が国で就職できるという点に心をひかれて応募し、旧日本製鉄の募集担当者と面談して合格し、上記担当者の引率下に旧日本製鉄大阪製鉄所に行き、訓練工として労役に従事した。

亡訴外人と原告2は大阪製鉄所で一日八時間の三交代制で働き、ひと月に一、二次程度外出を許可され、ひと月に二、三円程度の小遣を支給されたのみで、旧日本製鉄は賃金全額を支給すれば浪費する恐れがあるという理由をあげ、亡訴外人と原告2の同意を得ないまま彼ら名義の口座に賃金の大部分を一方的に入金し、その貯金通帳と印鑑を寄宿舎の舎監に保管させた。亡訴外人と原告2は火炉に石炭を入れて砕いて混ぜたり、鉄パイプの中に入った石炭の燃え滓をとり除くなど、火傷の危険があり技術習得とは何ら関係がない非常につらい労役に従事したが、提供される食事の量は非常に少なかった。また、警察官がしばしば立ち寄り、彼らに「逃亡しても直ぐに捕まえることができる」と言い、寄宿舎にも監視者がいたため、逃亡を企てることもできず、原告2は逃亡したいと言ったことが発覚し、寄宿舎の舎監から殴打され、体罰を受けたこともある。

そのような中で日本は一九四四年二月頃から訓練工たちを強制的に徴用し、それ以後は亡訴外人と原告2に何らの対価も支給しなくなった。大阪製鉄所の工場は一九四五年三月頃アメリカ合衆国軍隊の空襲で破壊され、この時訓練工の一部は死亡し、亡訴外人と原告2を含む他の訓練工らは一九四五年六月頃咸鏡道清津に建設中の製鉄所に配置されて清津に移動した。亡訴外人と原告2は寄宿舎の舎監に日本で働いた賃金が入金された貯金通帳と印鑑を引渡せと要求したが、舎監は清津到着後も通帳と印鑑を返さず、清津で一日一二時間もの間工場建設のための土木工事に従事したにもかかわらず賃金は全く支給されなかった。亡訴外人と原告2は一九四五年八月頃清津工場がソ連軍の攻撃により破壊されると、ソ連軍を避けてソウルに逃げ、ようやく日帝から解放された事実を知った。」

大阪製鉄所における労働状況がどれほどつらく、危険だったかについては製鉄所側にも言い分があるだろうし、一九四三、四四、四五年当時、日本人も同じく極度に食料不足だったから弁解の余地がある。また、本人名義の預金通帳を作り、印鑑を預っていたのだから、旧日本製鉄が会社の方針として、本人に返さないこととしたわけではあるまい。しかし、返却しなかった舎監の行為について会社は責任を免れないだろう。また、原告2が軟禁状態におかれたことも争うことはできない。

徴用後は給与が支給されなかったという記述は、私としては、信じたくないのだが、第六章に記したとおり、山田昭次他著『朝鮮人戦時労働動員』には不二越、東京麻糸、三菱重工の三社がそろって女子挺身隊員として動員された朝鮮半島の少女たちに、まったく賃金を支払わなかった、とある。この記述に照らすと、韓国大法院の事実認定に間違いはない、と認めざるをえないように思われる。

韓国大法院判決の事実認定の続きを読む。

「(4) 原告3は一九四一年に大田市長の推薦を受けて報国隊として動員され、旧日本製鉄の募集担当官の引率によって日本に渡り、旧日本製鉄の釜石製鉄所でコークスを溶鉱炉に入れ、溶鉱炉から鉄が出ればまた窯に入れるなどの労役に従事した。上記原告は、酷いほこりに苦しめられ、溶鉱炉から出る不純物につまづいて転び、腹部を負傷して三ヶ月間入院したこともあるが、賃金を貯金してやるという話を聞いただけで、賃金を全く支給されなかった。労役に従事している間、最初の六ヶ月間は外出が禁止され、日本憲兵たちが半月に一次ずつ来て人員を点検し、仕事に出ない者には仮病だと言って足蹴にしたりした。上記原告は一九四四年になると徴兵され、軍事訓練を終えた後、日本の神戸にある部隊に配置され、米軍捕虜監視員として働いていたところ解放になり帰国した。」

釜石製鉄所における労働がどれほどつらく危険であったかはともかく、逃亡をおそれて監禁状態におかれていたことは間違いあるまい。徴兵された朝鮮半島出身の兵士がアメリカ兵捕虜収容所の看守とされることが多く、そのために捕虜虐待などによりBC級戦犯として処罰された者が多かったことも知られるとおりである。それはともかくとして、この原告のばあいにも賃金が支給されていなかったことは言語道断である。韓国大法院判決の事実認定の続きを読む。

「(5)原告4は一九四三年一月頃、群山府(今の群山市)の指示を受けて募集され、旧日本製鉄の引率者に従って日本に渡り、日本製鉄の八幡製鉄所で各種原料と生産品を運送する線路の信号所に配置され、線路を切り替えるポイント操作と列車の脱線防止のためのポイントの汚染物除去などの労役に従事したが、逃走して発覚し、約七日間ひどく殴打され、食事も与えられなかったこともあった。上記原告は労役に従事する間賃金を全く支給されず、一切の休暇や個人行動を許されず、日本の敗戦後、帰国せよという旧日本製鉄の指示を受けて故郷に帰って来ることになった。」

大阪、釜石に限らず、八幡でも旧日本製鉄では朝鮮半島労務者に賃金を支給しないことを会社の方針としていたようである。

どういうわけか、原告1については韓国大法院判決の事実認定には記述が認められない。原告2ないし4については、いずれも強制連行により労務に従事させとまでいうのは適切ではないように感じられるが、ほぼ監禁状態で無償の労務に従事させたことは認めざるをえない。したがって彼ら原告が旧日本製鉄(争いがあったにせよ、その事業を承継した新日鉄住金)に未払賃金の支払義務があり、監禁ないし軟禁状態で労働に従事させ、苦痛を与えた不法行為による損害賠償義務があるので、原告らにはその債権があることまでは確実である。

この原告らの債権は請求権協定第二条三項により〝主張〟することができなくなったと解され

る。ただ、請求権協定と同時に署名された協定合意議事録には、その「2協定第二条に関し」(g)項として、「同条にいう完全かつ最終的に解決されたこととなる両国及びその国民の財産、権利及び利益並びに両国及びその国民の間の請求権には、日韓会談において韓国側から提起された対日請求要綱(いわゆる八項目)の範囲に属するすべての請求が含まれており、したがって同対日請求要綱に関してはいかなる主張もなしえないことと確認された」とあり、八項目中の③に「韓国法人又は韓国自然人の日本国又は日本国民に対する日本国債、公債、日本銀行券、被徴用韓国人の未収金、補償金及び其他請求権の返済請求」が含まれていた。そこで、じつに不自然だが、旧日本製鉄等の日本企業の徴用工に対する未払賃金等は請求権協定第一条により日本政府から韓国政府に支払われる三億ドルの中から韓国政府が徴用工に支払うこととなった。

自ら給与を支払うことなく、韓国政府に支払わせる、こうした破廉恥なしくみの請求権協定および合意議事録を締結した日本政府により債務を免れている徴用工を雇用した日本企業に対して、私はつよい嫌悪を覚え、また韓国の人々に対して烈しい羞恥の情を禁じえない。これまで、旧日本製鉄ないし新日鉄住金しか挙げてこなかったのは大法院の上記判決が取扱ったのがたまたま同社を被告とする事件であったからであり、徴用工問題をかかえている企業は三菱重工業、不二越等数多く、二〇一八年一一月二九日には三菱重工業に対する訴訟について韓国大法院の判決が言渡されたことは上記のとおりである。

そこで、請求権協定および会議議事録にしたがい、韓国政府がどういう措置を採ったかを大法院の上記判決は記述しているので、以下に引用する。

「大韓民国は、請求権協定によって支給される資金を使用するための基本的事項を定めるために一九六六年二月一九日、請求権資金の運用及び管理に関する法律」（以下「請求権支給法」という）を制定し、続いて補償対象となる対日民間請求権の正確な証拠と資料を収集するのに必要な事項を規定するため、一九七一年一月一九日に「対日民間請求権申告に関する法律」（以下「請求権申告法」という）を制定した。ところで、請求権申告法では強制動員関連被害者については「日本国によって軍人・軍属または労務者として召集または徴用され、一九四五年八月一五日以前に死亡した者」のみに限って申告対象とした。その後大韓民国は請求権申告法によって国民から対日請求権申告を受け付け、現実に補償を執行するために一九七四年一二月二一日、「対日民間請求権補償に関する法律」（以下「請求権補償法」という）を制定し、一九七七年六月三〇日までに八三五一九件に対して合計九一億八七六九万三〇〇〇ウォンの補償金（無償提供された請求権資金三億ドルの約九・七%にあたる）を支給したが、そのうち被徴用死亡者に対する請求権補償金として八五五二件に対して一人当り三〇万ウォンずつ合計二五億六五五六〇ウォンを支給した。」

こうして請求権協定は日本政府が期待したように、また、現在、日本政府が主張している解釈にしたがって運用されてきたが、二〇〇四年に入って、韓国で状況が急変した。

＊

韓国大法院の上記判決は、上告理由の判断に先立ち、「大韓民国の追加措置」と題して次のとおり述べている。

「(1) 大韓民国は二〇〇四年三月五日、日帝強占下強制動員被害の真相を究明し歴史の真実を明らかにすることを目的に「日帝強占下強制動員被害の究明などに関する特別法(以下「真相究明法」という)」を制定した。上記法律とその施行令により「日帝強占下強制動員被害」に対する調査が全面的に実施された。」

韓国大法院判決の記述は(2)に続くが、この真相究明法はその題名からみても、特定の政治的目的をもって行われたものとみるべきであろう。ときは二〇〇三年、現大統領文在寅が秘書室長として任えた第一六代大統領盧武鉉ナショナリズム政権下であった。以下が(2)の記述である。

「(2) 大韓民国は二〇〇五年一月頃、請求権協定に関する一部文書を公開した。その後構成された「韓日会談文書公開の善後策に関する民官共同委員会(以下「民官共同委員会」という)」では、二〇〇五年八月二六日、「請求権協定は日本の植民地支配賠償を請求するための協定ではなく、サンフランシスコ条約第四条に基づき韓日両国間の財政的、民事的債権・債務関係を解決するためのものであり、日本軍慰安婦問題等、日本政府と軍隊等の日本国家権力が関与した反人道的不法行為については請求権協定で解決されたものとみることはできず、日本政府の法的責任が残っており、サハリン同胞問題と原爆被害者問題も請求権協定の対象に含まれなかった」という趣旨の公式見解を表明したが、上記公式見解には下記の内容が含まれている。

○韓日交渉当時、韓国政府は日本政府が強制動員の法的賠償、補償を認めなかったため、「苦痛を受けた歴史的被害事実」に基づき政治的補償を求め、このような要求が両国間無償資金算定に反映されたと見るべきである。

○請求権協定を通して日本から受領した無償三億ドルは、個人財産権(保険、預金等)、朝鮮総督府の対日債権等、韓国政府が国家として有する請求権、強制動員被害補償問題解決の性格の資金等が包括的に勘案されたと見るべきである。

○請求権協定は、請求権の各項目別金額決定ではなく政治交渉を通じて総額決定方式で妥結されたため、各項目別の受領金額を推定することは困難であるが、政府は受領した無償資金のうち相当金額を強制動員被害者の救済に使用すべき道義的責任があると判断される。

○しかし、七五年の我が政府の補償当時、強制動員負傷者を保護対象から除外する等、道義的次元から見た時、被害者補償が不十分であったと見る側面がある。

(3) 大韓民国は二〇〇六年三月九日に請求権補償法に基づいた強制動員被害者に対する補償が不十分であることを認めて追加補償の方針を明らかにした後、二〇〇七年一二月一〇日「太平洋戦争前後国外強制動員犠牲者等支援に関する法律」(以下「二〇〇七年犠牲者支援法」という)を制定した。上記法律とその施行令は、①一九三八年四月一日から一九四五年八月一五日の間に日帝によって軍人・軍属・労務者などとして国外に強制動員され、その期間中または国内への帰還の過程で死亡または行方不明となった「強制動員犠牲者」には一人当り二〇〇〇万ウォンの慰労金を遺族に支給し、②国外に強制動員されて負傷を負った「強制動員犠牲者」には一人当り二〇〇〇万ウォン以下の範囲内で障害の程度を考慮して大統領令で定める金額を慰労金として支給し、③強制動員犠牲者のうち生存者または上記期間中に国外に強制動員されてから国内に帰還した者の中で強制動員犠牲者にあたらない「強制動員生還者」のうち、生存者が治癒や補助装具使用が必要な場合にその費用の一部として年間医療支援金八〇万ウォンを支給し、④上記期間中に国外に強制動員され労務提供などをした対価として日本国または日本企業などから支給されるはずであった給与等の支払を受けられなかった「未収金被害者」またはその遺族に、未収金被害者が支給を受けるはずであった未収金を当時の日本通貨一円を大韓民国通貨二〇〇〇ウォンに換算した未収金支援金を支給するよう規定した。」

右の韓国の民官共同委員会の調査結果について私は釈然としない。

その第一は、請求権協定は日本の植民地支配賠償を請求するための協定でなく、サンフランシスコ条約第四条に基づき韓日両国間の財政的・民事的債権・債務関係を解決するものであった、とする点である。日韓両政府間の財政的・民事的債権・債務関係といえば、その主なものが日本の植民地支配に関連する債権・債務であり、これが請求権協定の対象でなかったとみることは正当ではない、と私は考える。これが対象とされていたからこそ八項目要求中にも被徴用韓国人の未収金、補償金等があげられていたのであった。

請求権協定を通して韓国が日本から受領した無償三億ドルは、個人財産権（保険、預金等）、朝鮮総督府の対日債権等、韓国政府が国家として有する請求権、強制動員被害補償問題解決の性格の資金等が包括的に勘案されたと見るべきであるというが、この強制動員被害補償には徴用工問題の解決金という性格は含まない、という意味であろうか。私には不可解という他ない。翻訳の誤りでないとすれば、「強制動員被害補償」の核心は徴用工に対する未払給与等を含む補償のはずである。これも包括的に勘案されているとすれば、請求権協定は日韓両国間の財政的・民事的債権・債務関係を解決するものであるという解釈と矛盾する。また、これに関連して、民官共同委員会の解釈では、請求権協定という「国民」の権利等の個人的権利等をどうみるのかも、不可解であり、明らかでないし、請求権協定の文言の解釈として成り立たないと考える。

また、請求権協定は、請求権の各項目別金額決定でなかったというが、日韓両国間の相互の請求権は多岐にわたるので、各項目別に金額を決定することは不可能であり、かりに各項目別請求権をあげるとすれば、日本政府、日本企業の朝鮮半島への投資の補償もその一として記されることになったであろう。さらに、政治的補償といい、政治交渉といっているが、外交交渉はつねに政治性をもっており、政治的妥協の結果として二国間あるいは多国間の条約、協定等が成立するのだから、協定の政治性を論じても得るところはない。ただし、請求権協定と会議議事録の結果、日本企業の元徴用工に対する未払賃金を韓国政府が支払うこととなったのは、きわめて不自然であるとすでに記したが、不自然であるのみならず合理性がない解決策、妥協案であった、と私は考える。

なお、「強制動員」とくりかえし記されていることに私は抵抗を覚える。その理由は、大法院判決の前記事実認定からは、原告らが来日したのは、広告の文言に騙されたりしたことはあっても、自発的意志と自主的判断によるものであって、総督府等の強制力は存在しなかったように読みとれるからである。しかし、本書の第六章に記したとおり、これら原告のばあいにも日本政府の植民地支配による強制力が働いていたと考え、この文言には拘泥しないこととする。その他は些末な事柄なので、特に記さない。

そこで、大法院の上記判決の判決理由を検討することとなるが、じつはこの判決は第二次判決というべきもので、第一次判決とみるべき判決が二〇一二年五月二四日韓国大法院により言渡されている。

本件の韓国大法院の判決にかかる訴訟に先立ち、原告らは日本の各地の裁判所に被害賠償を請求して訴訟を提起し、敗訴していた。そこで、原告らは韓国において訴訟を提起し、第一審、第二審において敗訴し、大法院に上告した。大法院は、前記のとおり、二〇一二年五月二四日、原告らの敗訴した第二審判決を取消し、第二審を担当したソウル高等裁判所に差戻した。ソウル高等裁判所は大法院の判旨にしたがい、原告ら勝訴の判決を言渡したので、被告である新日鉄住金が大法院に上告した結果、言渡されたのが、これまで読んできた二〇一八年一〇月三〇日の判決である。それ故、本件判決の理由は実質的に二〇一二年五月二四日の判決理由と同じないしその延長線上にあるものであり、そういう意味で二〇一二年五月二四日の韓国大法院判決は日本政府ないし私たち日本人にとって請求権協定の効力範囲に関し深刻、重大な意味をもつものであった。しかし、私が見落としていたためか、この二〇一二年五月二四日の韓国大法院判決について、私はその報道に接した記憶がない。この時点では日本政府が何らかの行動、たとえば、韓国政府に抗議するとか、協議を求めるとか、いった措置を採ったという報道に接した記憶がない。

報道がされたにせよ、報道されなかったにせよ、本件大法院判決の理解に先立って、この第一次判決を検討する必要がある、と私は考える。

＊

二〇一二年五月二四日の韓国大法院判決は、「1　基本的事実関係」「2　国際裁判管轄の存否

に関する判断」を記した上で「3　原告X1、X2の上告理由判断」を述べ、その中で、まず日本の裁判所の判決にふれた後、次のとおり、述べている。

「このように日本判決の理由には日本の韓半島と韓国人に対する植民支配が合法であるという規範的認識を前提とし、日帝の国家総動員法と国民徴用令を上記原告らに適用することが有効であると評価した部分が含まれている。

しかし、大韓民国制憲憲法はその前文で「悠久の歴史と伝統に輝く我ら大韓国民は己未三一運動により大韓民国を建立し、世の中に宣布した偉大な独立精神を継承し、いま民主独立国家を再建するにおいて」と述べ、附則第一〇〇条では「現行法令はこの憲法に抵触しない限り効力を有する」と規定し、附則第一〇一条は「この憲法を制定した国会は檀紀四二七八年八月一五日以前の悪質な反民族行為を処罰する特別法を制定することができる」と規定した。また現行憲法もその前文で「悠久の歴史と伝統に輝くわが大韓民国は三・一運動により建立された大韓民国臨時政府の法統と不義に抗拒した四・一九民主理念を継承し」と規定している。このような大韓民国憲法の規定に照らしてみるとき、日帝強占期の日本の韓半島支配は規範的観点から不法な強占に過ぎず、日本の不法な支配による法律関係のうち、大韓民国の憲法精神と両立しえないものはその効力が排斥されると解さなければならない。そうであれば、日本判決の理由は日帝強占期の強制動員自体を不法であると解している大韓民国の核心的価値と正面から衝突するものであり、このような判決理由が含まれる日本判決をそのまま承認する結果はそれ自体として大韓民国憲法の善良な風俗やその他の社会秩序に違反するものであることは明らかである。したがってわが国で日本判決を承認し、その効力を認定することはできない。

然るに原審はこれと異なり、日本判決の効力を大韓民国の裁判所が承認する結果が大韓民国の善良な風俗やその他の社会秩序に反するとはいえないから承認された日本判決の既判力により上記原告らの請求について日本判決と矛盾する判断をすることができないという理由で上記原告らの請求を直ちに棄却し、大韓民国裁判所の独自的な観点から上記原告らの請求を直接判断しなかった。このような原審判決には外国判決の承認に関する法理を誤解し判決結果に影響を及ぼした違法がある。この点を指摘する上記原告らのこの部分の上告理由の主張は理由がある。」

きわめて情緒的、感情的な表現であり、判断であるという感がつよい。ことに「悠久の歴史と伝統に輝くわが大韓国民は三・一運動により建立された大韓民国臨時政府」といった文言を見ると韓国憲法の起草者は歴史を直視していないのではないか、彼らの希望するように歴史を歪曲しているのではないか、という感をつよくする。「三・一運動」によって臨時政府が建立されたとみることができないことは第三章に三・一運動の実状を詳細に述べたとおりである。

こうした情緒的な歴史認識にもとづき「日帝強占期の日本の韓半島支配は規範的観点から不法な強占に過ぎず、日本の不法な支配による法律関係のうち、大韓民国の憲法精神と両立しえないものはその効力が排斥されると解さなければならない」という。

この二〇一二年五月二四日韓国大法院判決は上記判断に先立ち、前記民官共同委員会の見解を引用し、「請求権協定は日本の植民地支配賠償を請求するためのものではなく、サンフランシスコ条約第四条に基づき韓日両国間の財政的・民事的債権債務関係を解決するためのものであり、日本軍慰安婦問題等は日本政府と軍隊等日本の国家権力が関与した反人道的不法行為については請求権協定で解決したとみることはできず、日本政府の法的責任は残っており、サハリンの同胞問題と原爆被害者問題も請求権協定の対象に含まれなかった」という趣旨の公式意見を表明した」と述べている。この大法院判決も当然請求権協定は徴用工問題等の個人的賠償請求権を対象としない、という立場を採っているわけであり、こうした立場から「日帝強占期の日本の韓半島支配は規範的観点から不法な強占に過ぎず」という判断が導かれている。日帝とは日本帝国の趣旨か日本帝国主義か明らかでないし、強占という言葉も対応する日本語がないために無理につくった造語であろうが、「日帝強占期」とは日本の植民地とされていた時期を指すことは疑いないし、「強占」は強制的占領の意味ではないか。要するに、この大法院判決は植民地である時期における日本の朝鮮半島支配は違法であり、この時期における強制動員自体は韓国憲法の核心的価値と衝突するので、日本判決を承認することは公序良俗に反するものだから、効力や承認することはできない、と判示したものである。

順序が逆になったが、右の韓国大法院判決のいう「日本判決」とは何か、をここで説明する。同判決中、次の説示がある。

「原告X1、X2は一九九七年一二月二四日、日本の大阪地方裁判所に被告と日本国に対して国際法違反及び不法行為等を理由とする損害賠償金と強制労働期間に支給されなかった賃金等の支給を求める訴訟を提起し、二〇〇一年三月二七日に原告請求棄却判決を宣告され、大阪高等裁判所に控訴したが二〇〇二年一一月一九日に控訴棄却判決を宣告され、二〇〇三年一〇月九日、最高裁判所の上告棄却および上告不受理決定で上記判決が確定した（このような日本での訴訟を以下「日本訴訟」と言い、その判決を「日本判決」と言う）。一方、原告らは原告X1、X2の日本訴訟が終了した後の二〇〇五年二月二八日、大韓民国の裁判所であるソウル中央地方院に被告に対して国際法違反及び不法行為を理由とする損害賠償金の支払いを求めて本訴を提起したが、原告X1、X2は日本訴訟で主張した請求原因と同一の内容を本訴の請求原因とした。」

こうした事実関係により、外国判決である「日本判決」を承認するかどうかが問題となったものであり、外国判決の承認の是否はわが国における法理と変らないが、右の韓国大法院判決は次のとおり述べている。

「民事訴訟法第二一七条第三号は外国裁判所の確定判決の効力を認定することが大韓民国の善良な風俗やその他の社会秩序に反してはならないということを外国判決承認要件のひとつとして

規定しているが、ここで外国判決の効力を認定すること、すなわち外国判決を承認した結果が大韓民国の善良な風俗やその他の社会秩序に反するか否かは、その承認の可否を判断する時点で外国判決の承認が我が国の国内法秩序が保護しようとする基本的な道徳的信念と社会秩序に及ぼす影響を、外国判決が扱った事案と我が国の関連性の程度に照らして判断すべきであり、このとき当該外国判決の主文のみならず理由及び外国判決を承認する場合に発生する結果まで総合して検討しなければならない。」

こうして、日本判決を承認すべきかどうかを判断し、すでに述べたとおり、日本判決を承認することは韓国の公序良俗に反する結果となるものであり、これは「日本判決の理由は日帝強占期の強制動員自体を不法であると解している大韓民国憲法の核心的価値と正面から衝突する」からであるという理由であった。

したがって、こうした理由で控訴判決を破棄し、高等裁判所に事件を差戻した第一次大法院判決からみて、二〇一八年一〇月三〇日の第二次大法院判決の結論は当然予期されていたはずである。

*

そこで二〇一八年一〇月三〇日の韓国大法院の判決理由を読むこととする。

「上告理由第一点について」の判断は次のとおりである。

「差戻し後の原審は、その判示のような理由をあげ、亡訴外人と原告2が本件訴訟の前に日本において被告に対して訴訟を提起し、本件日本判決により敗訴・確定したとしても、本件日本判決が日本の韓半島と韓国人に対する植民支配が合法的であるという規範的認識を前提に日帝の「国家総動員法」と「国民徴用令」を韓半島と亡訴外人と原告2に適用することが有効であると評価した以上、このような判決理由が含まれる本件日本判決をそのまま承認することは大韓民国の善良な風俗やその他の社会秩序に違反するものであり、したがって我が国で本件日本判決を承認してその効力を認めることはできないと判断した。」

この争点に対する判断はいわば第一次判決の判決理由のくりかえしにすぎない。「上告理由第三点について」の判断こそがこの判決の真に言わんとするところである。

「ア　条約は前文・付属書を含む条約文の文脈および条約の対象と目的に照らし、その条約の文言に付与される通常の意味に従って誠実に解釈されねばならない。ここにおいて文脈とは条約文（前文および付属書を含む）の他に、条約の締結と関連して当事国間で行われたその条約に関する合意などを含み、条約の文言の意味が曖昧または不明確である場合などには条約の交渉記録および締結時の事情などを補充的に考慮してその意味を明らかにすべきである。

イ　このような法理に従って、前記の事実関係および採用された証拠により認められる下記の事情を総合すると、原告らが主張する被告に対する損害賠償請求権は請求権協定の適用対象に含まれるとはいえない。その理由は次のとおりである。

（1）まず、本件で問題となる原告らの損害賠償請求権は日本政府の韓半島に対する不法な植民支配および侵略戦争の遂行と直結した日本企業の反人道的な不法行為を前提とする強制動員被害者の日本企業に対する慰謝料請求権（以下「強制動員慰謝料請求権」という）であるという点を明確にしておかなければならない。原告らは被告に対して未払賃金や補償金を請求しているのではなく、上記のような慰謝料を請求しているのである。

これに関する差戻し後原審の下記のような事実認定と判断は、記録上これを十分に首肯することができる。即ち、①日本政府は日中戦争や太平洋戦争など不法な侵略戦争の遂行過程において基幹軍需事業体である日本の製鉄所に必要な労働力を確保するために長期的な計画を立てて組織的に労働力を動員し、核心的な基幹軍需事業体の地位にあった旧日本製鉄は鉄鋼統制会に主導的に参加するなど日本政府の上記のような労働力動員政策に積極的に協力して労働力を拡充した。②原告らは、当時韓半島と韓国民らが日本の不法で暴圧的な支配を受けていた状況において、その後日本で従事することになる労働内容や環境についてよく理解できないまま日本政府と旧日本製鉄の上記のような組織的な欺罔により動員されたと認めるのが妥当である。③さらに、原告らは成年に至らない幼い年齢で家族と離別し、生命や身体に危害を受ける可能性が非常に高い劣悪な環境において危険な労働に従事し、具体的な賃金額も知らないまま強制的に貯金させられ、日本政府の残酷な戦時総動員体制のもとで外出が制限され、常時監視され、脱出が不可能であり、脱出の試みが発覚した場合には残酷な殴打を受けることもあった。④このような旧日本製鉄の原告らに対する行為は、当時の日本政府の韓半島に対する不法な植民支配および侵略戦争の遂行と直結した反人道的な不法行為に該当し、かかる不法行為によって原告らが精神的苦痛を受けたことは経験則上明白である。」

この（1）の認定中①②③はおそらくその大部分が真実であり、争うことはできないであろう。私としては、日本人の被徴用者も同様の劣悪な環境で危険な労務に服したと考えているし、原告らの労務よりも第五章に記した北海道の炭鉱における徴用工の労務の方がはるかに過酷であったと考えているが、いずれにしても、わが国が朝鮮を植民地とし、皇民化を促進していたからこそ原告らがこうした境遇を経験することになったのであり、原因は日本による朝鮮半島の植民地化にあった。そこで続いて（2）の記述を読むこととする。以下の記述こそこの問題の法律上の核心といってよい。

「（2）前記の請求権協定の締結経過とその前後の事情、特に下記のような事情によれば、請求権協定は日本の不法な植民支配に対する賠償を請求するための協定ではなく、基本的にサンフランシスコ条約第四条に基づき、韓日両国間の財政的・民事的な債権・債務関係を政治的合意によって解決するためのものであったと考えられる。

①前記のように戦後賠償問題を解決するために一九五一年九月八日に米国など連合国四八ヶ国と日本の間に締結されたサンフランシスコ条約第四条（a）は、「日本の統治から離脱した地域（大韓民国もこれに該当）の施政当局およびその国民と日本および日本国民の間の財産上の債権・債務関係は、これらの当局と日本の間の特別取極によって処理する」と規定していた。

②サンフランシスコ条約締結後、まもなく第一次韓日会談（一九五二年二月一五日から同年四月二五日まで）が開かれたが、その際に韓国側が提示した八項目も基本的に韓日両国間の財政的・民事的債務関係に関するものであった。上記の八項目中第五項に「被徴用韓国人の未収金、補償金およびその他の請求権の弁済請求」という文言があるが、八項目の他の部分のどこにも日本植民支配の不法性を前提とする内容はないから、上記第五項の部分も日本側の不法行為を前提とするものではなかったと考えられる。従って、上記の「被徴用韓国人の未収金、補償金およびその他の請求権の弁済請求」に強制動員慰謝料請求権まで含まれるとは言いがたい。

③一九六五年三月二〇日に大韓民国政府が発行した「韓日会談白書」（乙第一八号証）によれば、サンフランシスコ条約第四条が韓日間の請求権問題の基礎となったことが明示され、さらに「上記第四条の対日請求権は戦勝国の賠償請求権と区別される。韓国はサンフランシスコ条約の調印当事国でないために、第一四条の規定によって戦勝国が享有する「損害および苦痛」に対する賠償請求権を認められなかった。このような韓日間の請求権問題には賠償請求を含ませることはで

きない」という説明までしている。

④その後に実際に締結された請求権協定文やその付属書のどこにも日本植民支配の不法性に言及する内容は全くない。請求権協定第二条1項において「請求権に関する問題は、サンフランシスコ条約第四条（a）に規定されたものを含めて、完全かつ最終的に解決されたこととなる」として、上記第四条（a）に規定されたもの以外の請求権も請求権協定の適用対象になりうると解釈される余地がないではない。しかし上記のとおり日本の植民支配の不法性に全く言及されていない以上、上記の第四条（a）の範疇を超える請求権、すなわち植民支配の不法性と直結する請求権までも上記の対象に含まれるとは言いがたい。請求権協定に対する合意議事録（I）と2（g）も、「完全かつ最終的に解決されるもの」に上記の八項目の範囲に属する請求が含まれていると規定しただけである。」

以下請求権協定の内容や民間共同委員会の意見にふれているが、徴用工等の慰謝料請求権に適法な理由があるとする論理は上記したところに尽きると思われる。

＊

私は右の韓国大法院の論理に納得できない。

韓国大法院は、請求権協定は、サンフランシスコ条約第四条にしたがい「韓日両国間の財政的・民事的な債権・債務関係を政治的合意によって解決」したものであるというが、サンフランシスコ条約第四条（a）は「日本の統治から離脱した地域（大韓民国もこれに該当）の施政当局およびその国民と日本および日本国民の間の財産上の債権・債務関係はこれらの当局と日本の間の特別取極によって処理する」という原文の翻訳を大法院判決が引用しているとおり「韓日両国間の財政的・民事的な債権・債務関係」を二国間で処理することだけを規定したわけではない。日韓両国のみならず二国の各国民が相手方の国または国民に対して有する債権・債務の処理は二国間で行うことを求めたのである。

また、こうした二国間および各国の国民と相手方である他国に対して請求すべき最重要かつ核心的なものは日本の朝鮮半島と植民地支配に関する債権・債務の清算であった。そういう意味で、徴用工問題も当初から要求八項目中に挙げられていたわけである。

日本の植民地支配による治政権行使にさいし不当な行為や違法な行為があったことは事実だが、植民地化した日韓併合条約そのものが当時の国際法上違法であったとは私は考えない。ただし、こうした植民地化が莫迦げた、無謀な政策であったことは私としても充分に認めている。ところが、韓国大法院は植民地化したこと自体が違法であるとし、侵略戦争遂行に手を貸した日本企業はすべてその責任を負うべきであるという立場を採っているかにみえる。しかし、そうした問題をふくめ、請求権協定はすべて解決したのであった。

日本政府は請求権協定によりすべて解決ずみという立場に固執し、大法院判決を支持する韓国政府に抗議している。

歴史的にふりかえると、日韓両国が有する個人に対する外交保護権（外交上その国民を保護する権利）を放棄したにとどまる、という見解を外務省条約局長が発言したこともあり、請求権協定により国民がいかなる権利を放棄したかに関し日本政府の解釈も必ずしも一貫していなかったため、混乱を生じて来た事実もある。

この韓国大法院判決に対する報復措置と解されても致し方ないと私は考えるが、二〇一九年七月四日、日本政府は半導体など三品目を対象に輸出手続を厳格化し八月二日には輸出優遇国リストから韓国を除外することを閣議決定し、他方、韓国も八月二三日、軍事情報包括保護協定（GSOMIA）の破棄を日本に通告した。日韓両国政府の応酬はまことに愚劣である。

＊

このような日韓両国政府がそれぞれ自己の立場、見解だけが正当とみることから生じている現状は決して望ましいものではない。私は徴用工を雇用し、監禁状態ないし軟禁状態で労務に従事させながら給与を支払うことなく、韓国政府が三億ドルの中から元徴用工に支払うことに、疚しさを感じていたかどうかはともかく、平然としていたかのようにみえる日本の企業は元徴用工らに対し賠償責任があると考える。同時に、韓国大法院の判決の論理はきわめて政治的、感情的であって、納得できない。そこで、現状を解決するのに何をなすべきか、何ができるか、私が考えたことを以下に記しておきたい。

このように請求権協定に関して紛争が生じたばあいの紛争解決手段について請求権協定はその第三条に定めているので、まず、その第三条一項から四項までの規定を引用する。

「1　この協定に解釈及び実施に関する両締約国の紛争は、まず、外交上の経路を通じて解決するものとする。

2　1の規定により解決することができなかった紛争は、いずれか一方の締約国の政府が他方の締約国の政府から紛争の仲裁を要請する公文を受領した日から三十日の期間内に各締約国が任命する各一人の仲裁委員と、こうして選定された二人の仲裁委員が合意する当該期間の後の三十日の期間内に合意する第三の仲裁委員との三人の委員からなる仲裁委員会に決定のために付託するものとする。ただし、第三の仲裁委員は、両締約国のいずれかの国民であってはならない。

3　いずれか一方の締約国の政府が当該期間内に仲裁委員を任命しなかったとき、又は第三の仲裁委員若しくは第三国について当該期間内にされなかったときは、仲裁委員会は、両締約国政府がそれぞれ三十日の期間内に選定する国の政府が指名する各一人の仲裁委員とそれらの政府が協議により決定する第三国の政府が指名する第三の仲裁委員をもって構成されるものとする。
4　両締約国は、この条の規定に基づく仲裁委員会の決定に服するものとする。」

＊

そこで、まずこの紛争解決のために採るべき最初の手続は一項による「協議」であり、日本政府は二〇一九年一月に協議を申し入れたところ、韓国政府は六月一九日になって、「日本と韓国の企業が自発的に資金を出し合い原告と和解する案を日本政府に提示したと明らかにした。日本側が受け入れるなら日韓請求権協定に基づく二国間協議に応じる用意があるとした。ただ、日本側はこの案を拒否。韓国側に求めている仲裁委員会の開催を引き続き求める構えだ」と日本経済新聞は報道した。

請求権協定第三条1項による「協議」に入るのに条件をつけてよいとは定めていない。それ故、韓国政府の協議の申し入れは請求権協定の規定に反している。しかし、もし韓国政府の申し入れが日本経済新聞の報道したようなものであったとすれば、日本政府は、日本と韓国の企業が自発的に資金を出し合い原告と和解する案の検討そのものが協議対象になる、ということであれば、協議に応じると回答し、協議に入るべきであった、と私は考える。私は、これまで書いてきたとおり、日本企業には元徴用工に未払い給与を支払い、監禁状態ないし軟禁状態で労務させて苦痛を与えた責任があり、その賠償を韓国政府に支払わせるのは不合理だと考えているからである。

ただ、前記の山本晴太他著『徴用工裁判と日韓請求権協定』には「韓国政府は六月一九日、訴訟当事者の日本企業を含む日韓企業が出資して財源をつくり確定判決の被害者に慰謝料相当額を支払うという提案を日本側が受け入れるなら請求権協定三条1項の外交協議を受け入れるとの立場を表明しましたが、日本政府はこれを拒否し、協定三条3項に基づき仲裁委員を指名する第三国を選定することを求めたと報道されています」と記されている。もし、そういう申し入れなら、この協定に違反して付した条件は韓国大法院の判決を日本政府が承認することを前提とするわけだから、到底日本政府が応じることのできないものである。

このように六月一九日の韓国政府の申し入れがどういうものであったか、不確実だが、いずれにせよ、第三条1項による協議ができないことになったことは確実である。

そこで、2項による仲裁委員の指名になるが、韓国政府は仲裁委員を指名しなかったので、3項の第三国についての合意を求めることになるわけだが、韓国政府は仲裁手続きについては、徹底的に非協力の立場を貫いているようにみえる。私は韓国大法院の判決は情緒的、感情的、政治的であって、論理的にみて納得できない。おそらく中立的客観的に第三者の立場からみたばあい、仲裁委員会も私と同様の判断をするのではないか。そのように予期しているから韓国政府は仲裁に非協力の立場を採っているのではないか、と私は疑っている。

それにしても、このような状態では解決の端緒も見えない。私は当事者間で直接の話し合いをしたらどうか、と考える。ただ、当事者が直接話し合うとお互いの立場に固執して議論が平行線になりやすい。私にはこの話し合いには調停者が存在することが望ましいと思われる。調停者も請求権協定の仲裁委員と同様、双方が一人ずつ調停委員を指名し、こうして指名された二人の調停委員が第三調停委員を選び、これら三人の調停委員会の調停によって和解、妥協案を模索すべきだと考える。もちろん、私は日本企業が相当額の出損をすることを調停の前提としている。政府間で問題を解決できない以上、当事者間の上記のような手続は一考に値すると思うのだが、どうであろうか。記憶ははっきりしないが、原告側弁護士にも日本企業との直接交渉を望む動きがあったはずである。

蛇足ながら、最後に付け加えて言えば、香港返還にさいしても、インドの独立にさいしても、英国は一ポンドの支払いもしていない。フランスのばあい、戦争の後のアルジェリア独立にさいしてもフランスはアルジェリア植民地支配の責任を認めず、一フランの支払いもしていないし、やはり戦争の後に独立したヴェトナムなど旧仏領インドシナ三国にも一フランの支払いもしていない。オランダはインドネシア共和国の独立を認めたハーグ協定でインドネシア共和国に「旧蘭印政府の負債一五億ドルの支払義務、オランダ企業の経営、投資保証、利益送金などを共和国側が承認」させた旨、たとえば、宮本謙介『概説インドネシア経済史』は記している。帝国主義時代の先進諸国のばあい、従軍慰安婦や徴用工のような問題は生じなかったとはいえ、その植民地支配の清算はそんなものであった。遅れて先進帝国主義諸国の植民地政策を追随したわが国は、明治維新以降、じつに愚かであったという感慨がつよい。

後記

青土社が二〇一一年七月に刊行した『精神の風通しのために　日高普著作集』と題する書籍がある。日高は大内力、宇野弘蔵両教授の教えをうけ、マルクス経済学の原論を専攻し、定年まで法政大学で教鞭をとった。マルクス経済学の原論学者としては、宇野教授の学統を継ぐすぐれた業績を遺したと聞いているが、文芸評論、社会評論、書評等についても、丸谷才一さんらが高く評価した文章を生涯にわたり発表した。上記の著作集は、経済学以外の分野における日高の著書六冊の中から代表的な著作を私が選び、編集し、青土社から刊行していただいたものである。

この著作集に「朝鮮人問題のために」と題する評論が収められている。一九四六年に全国大学・高専の文芸部・社会科学部を糾合した綜合誌として『世代』という雑誌が発刊された。加藤周一、中村真一郎、福永武彦の三氏が後に『１９４６・文学的考察』と題する評論集として刊行された「カメラ・アイ」を連載したのも、この初期の『世代』であった。当時の編集長は粕谷一希が『二十歳にして心朽ちたり』と題する伝記を書いた遠藤麟一朗であり、事実上いいだももが中心であった。やがて戦後の混乱期が終ると、学生綜合誌としての『世代』は休刊となった。その後、同人誌化して、当初はガリ版で一九五一年に復刊、同年一二月から活版となり、一九五三年二月、通算一七号を刊行して廃刊した。この後期の同人誌化した『世代』においては、いいだは茨城県の結核療養所で療養生活を送っていたこともあり、疑いもなく、日高普が中心であり、吉行淳之介、清岡卓行、村松剛、橋本一明、菅野昭正、小川徹、八木柊一郎、それに私などが会合に出席、原稿を寄せていた。ちなみに吉行淳之介の「原色の街」が発表されたのは、一九五一年一二月刊の第一四号であった。『世代』は全巻、日本近代文学館により一九八〇年一一月複刻されている。日高が「朝鮮人問題のために」を発表したのは終刊号となった第一七号であった。彼はこの文章をこう書きおこしている。

「どんな人でもいいけれど、外国の人とお友達になりたいの、と或るお嬢さんが言った。だからぼくが、知り合いの朝鮮人を紹介してあげましょうか、と答えたのだ。すると憤然として、外国人ていうのは西洋人のことよ、とどなりつけてきた。それが意外だったわけではない。むしろそれを予期しての一寸したいやがらせだったのだ。どんな人でもいいから外国人と友達になりたいというこのお嬢さんの言葉に、ぼくが少々腹をたてていやがらせをしてやろうと思ったのは尤もだったにしても、いやがらせの道具に朝鮮人をもちだしたのはあまり立派だったとはいえない。朝鮮人が聞いていたらどんな気持だったろうと、あとになってからぼくは思った。」

日高はこの文章中、次のように書いている。

「日本の朝鮮統治のもとに朝鮮人所有の土地のうち一〇〇万町歩を超えるものが日本地主の手に収奪された。土地をうばわれた農民たちは生きる道を求めて内地にわたってくると、例えば一九三一年、大阪の三〇〇〇人以上の労働者をもつ工場の賃金統計によれば、日本人労働者一日二円五〇銭に対して朝鮮人のそれは一日一円二二銭という半分以下の差別待遇だ。彼らは主に炭坑のような重労働と人命の危険な仕事に使われ、必要なときにはいくらでも連れてこられて要らなくなれば犬よりもみじめに追いはらわれる。少しでも不平をのべると待っていましたとばかりサーベルとピストルだ。太平洋戦争の労働力不足で、いやおうなしに内地に徴用されてきた労働者が約六二万、軍人軍属徴発者が約三二万（注）、それが終戦と共に失業させられたのだ。勝手にひっぱってきてこき使った朝鮮人を、戦後七年間石ころのようにほうっておいて、「不満があるなら帰れ」とは何ごとか。帰りたいにも自分の祖国はアメリカの侵略軍によってさんざんにあらされ、自分の故郷を焼きはらう爆撃機がこの日本の飛行場からとびたち、自分の同胞を虐殺する黄燐爆弾がこの日本の工場でつくられているというのに。朝鮮戦争以前に帰国した数をさしひいて現在、日本にいる朝鮮人は約七〇万、その内で貧しいながら職にありついている者はわずかしかない。出身地は、北九州や山口県から入ってくることから想像できるように、九九パーセントが南朝鮮である。しかも八〇パーセント以上が、北朝鮮政府こそ自分たちの祖国を代表する政府だと信じている。」

（注　徴用者等の人数は第五章中に記した数字と異なるが、日高は当時の資料にもとづいて記したものであろう。）

浦山桐郎監督作品『キューポラのある街』は一九六二年に封切られた映画だが、同映画でも朝鮮人少年の北朝鮮行は王道楽土への帰国のように描かれていた。久しく私たちは北朝鮮、朝鮮民主主義人民共和国の実態を知ることなく、また、朝鮮戦争も北朝鮮による朝鮮統一のために戦端が開かれたことを知らなかった。日高の文章もこうした当時の常識にもとづいているのだが、それでも彼の朝鮮人問題の認識が卓抜だったことは変りない。

私は一九四六年に日高を知り、その後、親しい交友関係をもち、強い薫陶をうけてきた。私は日高普ほど高潔な人格、広い視野、公正な見識をもつ人物を他に知らない。「朝鮮人問題のために」も彼のそうした人格の所産であり、私はこの文章によって蒙を啓かれて以降、終始、朝鮮人問題に関心を持ち続けてきた。

その後、東洋文庫版の吉野作造『中国・朝鮮論』を読む機会があり、ふかい感銘をうけたし、萩原延壽さんからその著書『陸奥宗光』を贈られ、通読して興趣をそそられ陸奥宗光『蹇蹇録』（岩波文庫・新訂版）を感興ふかく読んだ。

一九九〇年代に朝鮮人の従軍慰安婦問題が話題となって以降、日韓ないし日本と朝鮮関係の諸問題に関する書物は、できるだけ広く入手し、正確な理解を得るようにつとめてきた。昨年ころからふたたび従軍慰安婦問題が論議されるようになったので、私なりに日韓関係の歴史認識を書きとめておきたいと考え、『ユリイカ』に連載するつもりで、昨年末には書き上げていた。それは、今年は私として是非一年間かけてとりくみたい詩人論があったためである。

ところが、『ユリイカ』二〇一五年三月号から六月号に最初の二章を連載した段階で、青土社の社長清水一人さんから、この連載はこの段階で中止し、残りは書き下しの形で、できるだけ早く単行本として刊行したい、と言われた。私としては有難い申し出なので、そうしていただくこととし、校閲を郡淳一郎さんにお願いした。

郡さんのじつに丹念な校閲により、こうして本書は刊行されるに至ったわけだが、日高の「朝鮮人問題のために」を読んで以来、私が朝鮮に対し多年抱いてきた関心を本書にあらまし書きとどめたつもりである。私の独断、偏見、誤解にもとづく記述も多いと思うが、あらかじめ読者の寛恕をお願いしたい。

清水一人さんと郡淳一郎さんのご厚意、ご尽力にふかく感謝していることを付言する。

中村　稔

二〇一五年六月

増補新版のための後記

徴用工問題に関する韓国大法院の二〇一八年一〇月三〇日の判決以降、日韓両国政府の愚劣な報復としか思われない応酬が続き、今後も日韓関係は険悪化していくばかりのようにみえる。こうした政府間の応酬にしたがい、韓国では反日感情が高まり、日本製品の不買運動や来日観光客が激減するような状況となり、日本でも韓国および韓国人に対する嫌悪・侮蔑が拡大しているかのようにみえる。私はこうした情勢を憂慮にたえないと感じている。

一方、韓国大法院の判決については依然としてわが国の全国紙各紙にその判決理由の詳細紹介も論評も掲載されていない。あたかも言論統制を自発的に新聞各社が行っているかのようにみえる。

ところが、最近入手した山本晴太他著『徴用工裁判と日韓請求権協定』に資料として前記の韓国大法院判決の訳文が収められていることを知り、さらに、同判決を読み、やはり同書に資料として収められている二〇一二年四月の韓国大法院判決が、いわば徴用工訴訟に関する第一次判決であり、二〇一八年一〇月の判決は二次判決とみるべきものであることを知った。

私は本書を二〇一五年七月に刊行したさい一応請求権協定についてふれていたけれども、韓国大法院の第一次判決を当時知らなかったため、徴用工訴訟についてはまったくふれていなかった。韓国大法院の第二次、第一次判決を精読し、現下の日韓関係と日韓両国民間の心情を考えると、これらの判決理由を検討して紹介し、それに関する私の見解を記して旧著を増補することは私の日韓歴史認識の一項目として必須であると考えた。そこで、旧著に、新たに書き下ろした第七章を追加した増補新版の刊行を青土社社長清水一人氏にお願いし、その承諾を得て、本書の刊行に至ったものである。

日韓両国関係の現状について関心と憂慮を私と共通に持つ方々が本書を手にとってくださることを私は期待している。

二〇一九年九月一三日

中村　稔

私の日韓歴史認識
増補新版

2019年11月 5 日 第1刷印刷
2019年11月15日 第1刷発行

著者 —— 中村 稔

発行人 —— 清水一人
発行所 —— 青土社
東京都千代田区神田神保町1-29 市瀬ビル 〒101-0051
電話 03-3291-9831（編集） 03-3294-7829（営業）
振替 00190-7-192955

印刷・製本 —— 双文社印刷

装幀 —— 菊地信義

ISBN978-4-7917-7227-8